JN062231

日本ワークルール検定協会 編

道幸哲也（北海道大学名誉教授）
加藤智章（北海道大学名誉教授）
開本英幸（弁護士）
淺野高宏（北海学園大学教授・弁護士）
國武英生（小樽商科大学教授）

ワークルール検定

検定

［第5版］

中級テキスト

旬報社

はじめに

ワークルールを身近なものにするために

　「ワークルール」とは、働くときに必要な法律や決まりのことです。ワークルール検定は、ワークルールをより身近なものとする試みとして、「ＮＰＯ法人職場の権利教育ネットワーク」が中心となり、2013 年 6 月に札幌で初級プレ検定を実施しました。その後、2014 年には日本労働組合総連合、労働者福祉中央協議会、公益社団法人教育文化協会、公益財団法人日本労働文化財団、ＮＰＯ法人働く文化ネットなどの協力も得て「一般社団法人日本ワークルール検定協会」を設立し、初級検定は 47 都道府県で、中級検定は、北海道、東京、静岡、愛知、新潟、大阪、福岡、長崎、沖縄で開催しています。

「ワークルール検定」5 つの特徴

　①いつでも誰でもチャレンジできる：正社員はもちろん、学生、パート、アルバイト、派遣社員、そして管理職など、誰でも受検できる自由な検定制度です。

　②自分の知識レベルを客観的に評価できる：一人で学習するだけでなく、検定を受けることで知識の程度や欠点もわかり、自分なりの目標設定ができます。

　③知識レベルを効果的に深められる：初級から中級への進級、また、講習会を受講することで、知識を効果的に得ることができ、さらに知識レベルを深めることができます。

　④職場や家庭で気楽に話題にできる：働くときに必要ですぐに役立つさまざまな問題を取り上げるので、堅苦しくならずに、職場や家庭で気軽に話題にできます。

　⑤資格と連動できる：知識や能力を客観化・外部化する検定は、組合や企業、社会の資格と連動させることができます。

「ワークルール検定」4 つのメリット

　①働く者一人ひとりにとって：自分を守り、働きやすい職場を実現するために実際に役立つ法律知識を身につけることができます。

②労働組合にとって：効果的なワークルール教育が可能となり、職場の問題点も見えてくるので、組織化の契機としたり、要求を結集しやすくなります。

③企業にとって：社員が共通の法的知識をもつことによって、コンプライアンスを促進し、無用な紛争を回避することができ、事業を円滑に進めることができます。

④社会にとって：ワークルールが社会全体に浸透すれば、過剰なサービスや低価格などを追求するのではなく、働く者の立場も尊重する社会や文化の構築にプラスとなります。

テキストの特徴

ワークルール検定のためのテキストとしては、労働法の入門的なものとして日本ワークルール検定協会編『ワークルール検定　初級テキスト［第4版］』（著者：石田眞・道幸哲也・浜村彰・國武英生）を刊行しています。

本書は、『ワークルール検定　中級テキスト』の第5版で、2018年6月に制定された「働き方改革関連法」など新たに制定・改定された法律や言い渡された判例を加え、ワークルールの全体像をほぼ網羅したものとなっています。実際に職場で直面すると思われる主要な論点を取り上げ、関連する裁判例をふまえてワークルールの基本的な考え方を解説しました。本書では、労働法だけでなく、働く際に必要とされる社会保障法上の問題も対象としています。また、巻末には学習に必要な条文も掲載しました。基本的に中級検定用のテキストとして執筆されていますが、ワークルールを本格的に学びたい人や仕事上ワークルールの知識が必要な人にとっても有益な本になっているものと確信しています。

本書の執筆者は、日本ワークルール検定協会の企画委員会メンバーであり、執筆分担は、1章「労働法総論」（開本）、2章「労働契約」（國武）、3章「賃金」（淺野）、4章「労働時間・休日・年次有給休暇」（淺野）、5章「雇用終了」（開本）、6章「労働組合法」（道幸）、7章「社会保障・社会保険」（加藤）となっています。

本書が働きやすい職場の実現と働くことに喜びを見いだす人々への支援に役立つことを願っています。

2022年2月

道幸哲也

ワークルール検定 中級テキスト ● 目次

第4章 労働時間・休日・年次有給休暇

第7章　社会保障・社会保険

本書で使われる法令等の略称

〔法律・政令・省令〕

育介法	育児休業、介護休業等育児又は家族介護を行う労働者の福祉に関する法律（育児介護休業法）
均等法	雇用の分野における男女の均等な機会及び待遇の確保等に関する法律（男女雇用機会均等法）
健保法	健康保険法
厚年法	厚生年金保険法
高年法	高年齢者等の雇用の安定等に関する法律（高年齢者雇用安定法）
国保法	国民健康保険法
国年法	国民年金法
雇保法	雇用保険法
最賃法	最低賃金法
職安法	職業安定法
パート有期法	短時間労働者及び有期雇用労働者の雇用管理の改善等に関する法律（パート有期雇用労働法）
賃確法	賃金の支払の確保等に関する法律
派遣法	労働者派遣事業の適正な運営の確保及び派遣労働者の保護等に関する法律（労働者派遣法）
安衛法	労働安全衛生法
安衛則	労働安全衛生規則
労基法	労働基準法
労基則	労働基準法施行規則
労契法	労働契約法
労災法	労働者災害補償保険法（労災保険法）
労組法	労働組合法
労委規	労働委員会規則
労調法	労働関係調整法

なお、施行令・施行規則は、上記略称の「法」に代えて「令」・「則」を付します。

〔行政通知等〕

厚労告	厚生労働省告示
発基	事務次官通達
基発	労働基準局長通達
基収	労働基準局長が疑義に答えて発する通達
婦発	婦人局長通達

本書で使われる判例・掲載誌の略称

〔判例〕

最大判（決）	最高裁判所大法廷判決（決定）
最○小判（決）	最高裁判所第○小法廷判決（決定）
高判（決）	高等裁判所判決（決定）
地判（決）	地方裁判所判決（決定）

〔判例集・法律雑誌〕

民集	最高裁判所民事判例集
判時	判例時報
判タ	判例タイムズ
労経速	労働経済判例速報
労判	労働判例
労民集	労働関係民事裁判例集
労旬	労働法律旬報
刑集	最高裁判所刑事判例集

労働法総論

第1章で学ぶこと

◇労働条件決定システム：労働契約を締結する場合、労働条件は労働者と使用者との合意によって決まるのが原則です。しかし、労使間で労働契約書（雇用契約書）を作成していても、使用者が一方的に作成する就業規則や、使用者と労働組合との間で締結された労働協約と労働条件が異なる場合があります。ここでは、具体的な労働条件がどのように決定されるかを確認します。

◇就業規則：就業規則は、使用者が一方的に作成するものですが、その記載内容が労働契約の内容になって、実際の労働条件を決定するものとされています。もちろん、就業規則が労働契約の内容になるためには一定の要件が必要ですし、就業規則を変更することによって労働条件を不利益に変更する場合にも、その効力が認められるための要件が必要とされています。ここでは、就業規則の作成・変更にあたっての手続、効力を確認します。

◇労使紛争の解決方法：労使紛争が発生した場合には、行政による解決手続（都道府県労働局の個別労働紛争処理、労働委員会制度）と裁判所による解決手続（主に、労働審判手続、民事訴訟、保全訴訟）があり、いずれの方法を選ぶかは労使の当事者が選ぶことができます。ここでは、それぞれの解決手続の特徴を確認します。

1 労働条件決定システム

(1)総論

　雇う側である使用者が賃金を支払うことを約束し、雇われる側である労働者が使用者の指揮監督のもとで労務を提供することを約束した場合には、労働契約が成立します（労契法6条）。この労働契約の内容、すなわち労働条件は、労使当事者の合意によって決まるのが原則です。

　しかし、労働契約の成立段階では、使用者が求人の際に示している労働条件に対して、労働者がこれを拒否して自分が納得する労働条件を提示して交渉をすることはおよそないといえます。また、いったん労働契約が成立してしまうと、労働者は使用者から指揮命令を受ける関係にありますので、対等な立場で交渉をして、労働条件を改善させることは困難です。このように、労働条件を決定するうえで、労働者はいわば従属的で弱い立場にあるといえます。

　このため、労働法は、労働契約内容を適正なものとするよう、労使の個別合意によって契約内容が決定されるという原則を修正して、法令、就業規則、労働協約によっても、労働契約が規律されることを定めているのです。そこで、労働契約が決定される複数の根拠がある場合に、その優劣を確認しておく必要があります。

　ここで法令とは、労働基準法、最低賃金法等の法律等を、就業規則とは、事業経営の必要上、使用者が定める職場規律や労働条件に関する規則類を、労働協約

とは、労働組合と使用者またはその団体との間の労働条件その他に関する協定であって、両当事者が署名または記名押印したものをいいます。

また、就業規則等のような明文の規定ではないのですが、労使慣行、すなわち一定の取扱いが長い間反復・継続して行なわれることによって成立する労働関係上の慣行が認められる場合には、これが労働契約の内容となる場合もあります。

(2)法令

法令は労働条件の最低基準を定めるものです。このため、労働契約、就業規則、労働協約がこの最低基準を下回る場合には、法律がこれに優先して、法律が定める労働条件が契約内容となります。また、法令が強行規定である場合には、これに労働契約等が違反すると、無効となります。

たとえば、1日10時間労働することが定められている労働契約、あるいは就業規則や労働協約があった場合、これは労基法32条が定める1日8時間労働という労働条件を下回るものです。この点、同法13条は、「この法律で定める基準に達しない労働条件を定める労働契約は、その部分については無効とする。この場合において、無効となった部分は、この法律で定める基準による」と定めていますので、1日8時間労働が契約内容となります。このような、労働契約のうち労基法が定める基準に達しない契約部分を無効とする効力は「強行的効力」、無効となった契約部分を労基法が直接規律する効力は「直律的効力」とよばれるものです。

また、たとえば、北海道で働く労働者の時給が1時間700円に定められている労働契約が締結された場合、これは北海道の最低賃金である861円（2020年3月現在）を下回ります。この点、労基法13条と同様に、最賃法4条2項は、「最低賃金の適用を受ける労働者と使用者との間の労働契約で最低賃金額に達しない賃金を定めるものは、その部分については無効とする。この場合において、無効となった部分は、最低賃金と同様の定をしたものとみなす」と定めていますので、最低賃金である861円が契約内容となるのです。

(3)労働契約、就業規則、労働協約の関係

それでは、労働契約、就業規則、労働協約が、法令で定める最低基準を上回っている場合の関係はどうなるでしょうか。この場合、最低基準を上回っているた

め、労働契約、就業規則、労働協約はいずれも有効なものといえますが、さらに、そのなかで優劣関係を検討することとなります。

第1に、就業規則と労働協約の関係ですが、労基法92条は「就業規則は、法令又は当該事業場について適用される労働協約に反してはならない」、労契法13条は「就業規則が法令又は労働協約に反する場合には、当該反する部分については……当該法令又は労働協約の適用を受ける労働者との間の労働契約については、適用しない」と定めていますので、労働条件の有利不利を問わず、労働協約が優先します。

第2に、労働契約と労働協約の関係ですが、労組法16条は「労働協約に定める労働条件その他の労働者の待遇に関する基準に違反する労働契約の部分は、無効とする。この場合において無効となった部分は、基準の定めるところによる。労働契約に定がない部分についても、同様とする」と定めていますので、労働条件の有利不利を問わず、労働協約が優先します。

第3に、労働契約と就業規則の関係ですが、労契法12条は「就業規則で定める基準に達しない労働条件を定める労働契約は、その部分については、無効とする。この場合において、無効となった部分は、就業規則で定める基準による」と定めています。この労働契約を無効とする「強行的効力」、無効となった部分を補う直律的効力をあわせて、就業規則の最低基準効とよばれています。労働契約の労働条件が就業規則のそれよりも低い場合には、就業規則の労働条件が契約内容となるわけです。

他方で、労契法7条但書が「労働契約において、労働者及び使用者が就業規則の内容と異なる労働条件を合意していた部分については……この限りでない」と定めており、労働契約の労働条件が就業規則のそれより高い場合には、労働契約が優先します。すなわち、労働契約と就業規則は、その労働条件の有利なほうが優先されることとなります。

2 就業規則

◆ポイント

・労基法上、使用者には就業規則の作成、届出、意見聴取、周知義務等が定められている。

・就業規則には最低基準効、労働契約規律効があるが、合理的な労働条件を定め、周知されている必要がある。

・就業規則の変更により労働条件を労働者にとって不利益なものとする場合、変更する合理性が必要である。

(1)就業規則とは

就業規則とは、事業場の労働者集団に対して適用される労働条件や職場規律に関する規則類をいいます。

労働契約を締結すると、賃金の決定方法や額、勤務時間、休憩の取り方、休暇の申請方法、服務規律およびこれに違反した場合の対応などさまざまな権利義務関係を定める必要があります。しかし、これらの労働条件すべてについて、個々の労働者との間で締結する労働契約で取り決めることは困難であり、非効率的といえます。

そこで使用者としては、労働条件等を画一的、統一的に設定することによって事業経営を遂行するために、就業規則を作成して労働条件等を定めます。

判例も「多数の労働者を使用する近代企業において、その事業を合理的に運営するには多数の労働契約関係を集合的・統一的に処理する必要」があると判示しており[1]、多数の労働者を雇用する企業では就業規則により労働条件の基準を決定し、その基準に従って労働条件を決定することになると理解されています。

＊1　秋北バス事件・最大判昭 43. 12. 25 民集 22 巻 13 号 3459 頁。

(2)就業規則の作成・変更に関する労基法上の義務

　労基法は、使用者に対して、次のような就業規則の作成、変更に関する義務を課しており、使用者がこれらの義務を怠ると労基法違反となります。

①作成義務

　常時 10 人以上の労働者がいる事業場では、就業規則を作成しなければなりません（労基法 89 条本文）。ここで「常時」とは、常態として 10 人以上使用しているという意味ですので、繁忙期には一時的に 10 人以上を雇用する使用者には、就業規則の作成義務はないといえます。「労働者」とは正社員にかぎらず、アルバイト、契約社員といった有期契約労働者も含みます。そして、10 人以上かどうかは、「事業場」ごとに判断されます。

　なお、常時 10 人未満の労働者しかいない事業場であっても、使用者が任意に就業規則を作成することは可能です。

②記載事項

　労基法 89 条は、就業規則の作成にあたって記載すべき事項を定めています。これを必要記載事項といいますが、労基法で定められる必要記載事項は以下のように整理されます。

　第 1 に、同条 1 号ないし 3 号が定める次の事項であり、使用者が就業規則に必ず記載しなければならない「絶対的必要記載事項」です。

　ア　労働時間に関する事項（始業・終業時刻、休憩時間、休日、休暇、交替制勤務の場合の就業時転換に関する事項）

　イ　賃金（臨時の賃金等を除く）に関する事項（賃金の決定・計算・支払方法、賃金の締切・支払時期、昇給に関する事項）

　ウ　退職に関する事項（解雇の事由を含む）

　第 2 に、同条 3 号の 2 ないし 10 号が定める次の事項であり、使用者が次の項目について定めをする場合には必ず記載しなければならない「相対的必要記載事項」です。

　エ　退職手当（適用される労働者の範囲、退職手当の決定・計算・支払方法、支払時期）

　オ　臨時の賃金等（退職手当を除く）、最低賃金額

カ　労働者の食費、作業用品その他の負担

キ　安全、衛生

ク　職業訓練

ケ　災害補償、業務外の傷病扶助

コ　表彰、制裁（その種類、程度）

サ　その他、事業場の労働者のすべてに適用される定めをする場合は、それに
　　関する事項

　使用者は就業規則に、社訓、就業規則の基本精神、解釈、適用に関する規定を
設けることもできますが、これは必要記載事項ではありませんので、「任意記載
事項」とよばれています。

③意見聴取義務

　就業規則の作成、変更の際には、使用者は、「当該事業場に、労働者の過半数
で組織する労働組合がある場合においてはその労働組合、労働者の過半数で組織
する労働組合がない場合においては労働者の過半数を代表する者」の意見を聴か
なければなりません（労基法 90 条 1 項）。

　この意見聴取義務は、本来使用者が一方的に作成する就業規則について、労働
者の意見を反映させて、その関心を高めさせることを目的としたものです。しか
し、この「意見聴取」とは、労働者側の承諾、賛成までを要求しているものでは
なく、労働者側の意見さえ聴けば足りるとされています。

④届出、周知義務

　使用者は、労働者側の意見書を添付し（労基法 90 条 1 号）、作成した就業規則を
行政官庁である所轄の労働基準監督署長に届け出なければなりません（同法 89 条
本文）。

　そのうえで、就業規則を、常時各作業場の見やすい場所へ掲示し、備え付ける、
あるいは書面の交付、コンピューターの使用等の方法によって、労働者に周知し
なければなりません（労基法 106 条、労基則 52 条の 2 ）。

⑤罰則

　使用者が就業規則の作成、変更に関する義務を怠った場合には、30 万円以下

の罰金を処する旨の定めがあり（労基法 120 条 1 号）、これをもって使用者はこれらの義務の履行を強制されているといえます。

（3）就業規則の効力

使用者が作成した就業規則には、次のような効力があります。

①最低基準効

まず、就業規則が定める労働条件は、法令または労働協約に反しないかぎり、当該事業場の最低基準となる、最低基準効が挙げられます（労契法 12 条）。

②労働契約規律効

次に、労契法 7 条本文は、「労働者及び使用者が労働契約を締結する場合において、使用者が合理的な労働条件が定められている就業規則を労働者に周知させていた場合には、労働契約の内容は、その就業規則で定める労働条件によるものとする」とし、労働契約規律効を定めています。この労働契約規律効が発生するための要件は 2 つあります。

第 1 に、就業規則が「合理的な労働条件」を定めていることです。この合理性は、就業規則が定める具体的な労働条件それ自体の合理性をいうところ、使用者の人事管理上の必要性があり、労働者の権利、利益を不当に制限していなければ認められるべきものといえます。たとえば、健康診断受診命令の根拠規定[2]、労働者に対する時間外労働命令の根拠規定[3]などは、「合理的な労働条件」といえます。ただし、同条の合理性が認められ、就業規則の拘束力が発生するとしても、その内容が合理的な範囲で限定解釈されることが、服務規律、懲戒、解雇に関して少なくありません。

第 2 に、就業規則を「労働者に周知させていた」ことです。就業規則が労働契約の内容になるという効力がある以上、使用者がルールとして事業場にて周知させていたことが必要とされるわけです[4]。この「周知」とは、労基法上の周知義

---

* 2　電電公社帯広局事件・最一小判昭 61. 3. 13 労判 470 号 6 頁。
* 3　日立製作所武蔵工場事件・最一小判平 3. 11. 28 労判 594 号 7 頁。
* 4　フジ興産事件・最二小判平 15. 10. 10 労判 861 号 5 頁。

務とは異なり、実質的にみて事業場の労働者に対して当該就業規則の内容を知り
うる状態に置いていたことをいいます。就業規則がそのような状態に置かれてい
れば、労働者が労働契約締結時に就業規則の内容を現実に知らなくても、「周知」
が認められます。

　ところで、労基法上の義務である就業規則の届出、または意見聴取がされてい
なくても、この2要件を満たしていれば、労働契約規律効は発生します。労基法
上の義務と労働契約規律効が発生するための要件は異なるものと理解されている
からです。

　また、この労働契約規律効の例外として、労働者と使用者が就業規則の基準を
上回る合意をしていた場合には、その合意が労働契約の内容となることが定めら
れています（労契法7条但書）。

（4）労働契約の変更と就業規則

①合意による労働契約の変更

　労働契約は、労働者および使用者が対等の立場における合意に基づいて締結し、
または変更すべきものですが（労契法3条1項）、労契法8条は、「労働者及び使用
者は、その合意により、労働契約の内容である労働条件を変更することができ
る」としています。これは個別の合意により労働条件を変更する場合の原則を示
すものです。

　そして、労契法9条は、「使用者は、労働者と合意することなく、就業規則を
変更することにより、労働者の不利益に労働契約の内容である労働条件を変更す
ることはできない。ただし、次条の場合は、この限りでない」と定めています。
これは、労働者との合意があれば、就業規則の変更によって労働条件の不利益に
変更することも可能とするものです。しかし、この合意の有無は慎重に判断され
るべきであり、労働者の自由な意思に基づくものであることが必要とされます[*5]。

②就業規則による不利益変更

　使用者が、労働者と合意することなく、就業規則によって労働条件を不利益に
変更する場合、労契法10条は、「変更後の就業規則を労働者に周知させ、かつ、
就業規則の変更が、労働者の受ける不利益の程度、労働条件の変更の必要性、変

＊5　山梨県民信用組合事件・最二小判平28.2.19労判1136号6頁。

更後の就業規則の内容の相当性、労働組合等との交渉の状況その他の就業規則の変更に係る事情に照らして合理的なものであるときは、労働契約の内容である労働条件は、当該変更後の就業規則に定めるところによるものとする。ただし、労働契約において、労働者及び使用者が就業規則の変更によっては変更されない労働条件として合意していた部分については、第12条に該当する場合を除き、この限りでない」と定めています。

労働者が同意していない、就業規則の不利益変更の有効性は、就業規則を周知させたこと、就業規則の変更が合理的であること、という2つの要件によって判断されます。

この点、就業規則の周知は労契法7条の労働契約規律効の要件と同じように考えることができます。しかし、変更の合理性については、同法7条の合理性は労働条件それ自体の合理性を問題にしていましたが、同法10条の合理性は、変更についての合理性であり、異なる「合理性」が問われているものと理解されるべきです。本来、労働条件は労働者と使用者の合意によって変更されるのが原則であり、就業規則による変更は例外ですので、その合理性判断は慎重になされなければなりません。

合理性は、以下の諸要素を総合考慮して判断され、これが認められると変更後の就業規則に労働契約直律規律効が認められます。

ア 労働者の受ける不利益の程度：就業規則の変更によって個々の労働者が被る不利益の程度をいい、これが大きいと合理性が否定される可能性が高くなります。

イ 労働条件の変更の必要性：使用者が現在の労働条件を維持することが困難な事情ですが、賃金・退職金等、重要な労働条件の変更には、高度の必要性が要求されています[6]。

ウ 変更後の就業規則の内容の相当性：変更後の就業規則自体の相当性、代償措置その他の労働条件の改善状況、同種事項に関する一般的状況が考慮されます。

エ 労働組合等との交渉の状況：問題となっている労働組合のみならず、その他の組合、あるいは労働者個人との交渉の経緯をいいます。

---

*6 大曲市農協事件・最三小判昭63.2.16労判512号7頁。

オ　その他の就業規則の変更に係る事情：アないしエ以外に関する事実につい

ても考慮すべき事情となります。

　2008年3月の労契法施行以前に、就業規則の不利益変更の合理性を認めた判例としては、複数の農協組織の合併にともない退職金支給率を引き下げて統一した事案[7]、定年を55歳から60歳まで延長する際に、55歳以降の賃金を削減した事案[8]、週休2日制を導入し、1日の労働時間を延長した事案[9]があります。また、合理性を認めなかった判例としては、55歳以上の管理職を専任職に移行し、賃金を3割以上引き下げた事案[10]があります。

＊7　同上・大曲市農協事件・最三小判。
＊8　第四銀行事件・最二小判平9.2.28労判710号12頁。
＊9　羽後銀行事件・最三小判平12.9.12労判788号23頁。
＊10　みちのく銀行事件・最一小判平12.9.7労判787号6頁。

3 労使紛争の解決手続

◆ポイント

・行政による解決手続には、都道府県労働局の個別労働紛争処理と労働委員会制度がある。
・裁判所による解決手続には、主に、労働審判手続、民事訴訟、保全訴訟があり、それぞれに特徴がある。

(1)行政による解決手続

①都道府県労働局の個別労働紛争処理

2001年に成立した個別労働紛争解決促進法は、国が都道府県労働局における相談、情報提供と同局長による助言、指導、紛争調整委員会によるあっせんを行なうものと定めました。

すなわち、第1に、同局長は、個別労働関係紛争の予防と自主的な解決の促進のため、労働者または事業主等に対して情報の提供、相談その他の援助を行なうものとされています。これは常時、電話または面接により行なう「総合労働相談」によって実現されています。

第2に、同局長は、個別労働関係紛争について当事者の一方または双方から解決のための援助を求められた場合には、必要な助言または指導をすることができるとされています。実際は、総合労働相談の相談員または労働局の職員が、相手方を呼び出して事情聴取のうえで、労働法令に沿った解決策を口頭で助言または指導をすることによって行なわれています。

第3に、当事者の双方または一方からあっせんの申請があった場合において、同局長が必要と認めたときには、各労働局において、学識経験者から任命された委員3名以上で組織される紛争調整委員会による個別労働関係紛争のあっせん手続が設けられています。あっせん手続では、必要に応じて関係者の意見聴取等を行なうほか、事件の解決に必要なあっせん案を作成し、当事者に提示することが

できるとされています。しかし、紛争解決の見込みがない場合には、手続を打ち切られることとなります。

②労働委員会制度

都道府県労働局による解決手続とは別に、労働委員会による解決手続もありますが、これは第6章4（労働委員会制度）の説明に譲ります。

（2）裁判所による解決手続

①労働審判手続

労働審判手続は、2004年に制定された労働審判法による、比較的新しい解決手続です。その特徴は、次のとおりです。

第1に、裁判官1名と労働関係の専門的な知識経験を有する2名の審判員によって構成される労働審判委員会が紛争処理を行ないます。裁判官のみならず労働問題に造詣が深い民間の審判員を関与させることによって、適正な解決を図ろうとするものです。

第2に、原則として、「3回以内の期日において、審理を終結しなければならない」として、速やかな紛争の解決を図っています（労働審判法15条2項）。このように期日に上限を設けることによって、当事者に早期解決を強く要請しています。

第3に、当事者間の和解の成立は速やかな紛争の解決に直結するものであることから、「調停の成立による解決の見込みがある場合にはこれを試みる」として、調停による解決を促進しています（同法1条）。

第4に、調停による解決ができない場合は、事案の実情に即した解決をするために審判をします（同法1条）。この審判に対して、当事者から異議の申立てがある場合は、審判は効力を失い（同法21条3項）、労働審判の申立ての時に遡って訴えの提起があったものとみなされます（同法22条1項）。

労働審判手続は、現在広く利用されており、短期間で適正な解決が図られるものと評価されています。

②民事訴訟

民事訴訟は、いわゆる「裁判」といわれるものであり、当事者が権利の主張を

して訴えを提起することによってはじまる手続です。その結果最終的に判決によって、裁判所が権利義務関係を判断することもありますが、労使紛争においては和解によって民事訴訟が終了することが多いとされています。

　訴状が提出されることによって訴えが提起されると、公開の法廷で労使当事者が対峙する口頭弁論が開かれ、そのなかで審理が行なわれて判決が下されます。判決が言い渡された場合には、当事者はこれに拘束され、違反した場合には差押え等の強制執行がされることとなります。判決に対しては、当事者は不服申立てをすることができ、第一審に対する不服申立てを控訴、第二審に対するそれを上告または上告受理申立てといいます。

③保全訴訟

　保全訴訟は、民事訴訟による権利の実現を保全するために、簡易迅速な審理によって、裁判所が一定の仮の措置をとる暫定的・付随的な訴訟手続といわれます。

　労働関係紛争において多いのは仮処分事件というものであり、典型的なのは、解雇された労働者が従業員たる地位を仮に定めるとともに、賃金の仮払いを命ずる仮処分を求めるというものです。仮処分事件は、民事訴訟より迅速に判断がされますので、労働者の保護にとって有益なものと評価されています。

第2章

労働契約

第2章で学ぶこと

◇**労働契約**：労働者は、使用者と労働契約を締結して、職場で働くことになります。ここでは、労働契約の成立や労働契約の基本原則など、労働契約の基本的な事項について考えます。

◇**採用・内定・試用**：採用内定の取消しや本採用拒否をめぐるトラブルについては、判例によってルールが形成されています。使用者は採用を自由に行なえるのか、労働契約はどの時点で成立するのかなど、労働契約の締結過程における法律関係について考えます。

◇**労働契約上の権利義務**：労働契約を締結することにより、労働者と使用者はさまざまな権利義務を負います。ここでは、労働契約上の権利義務について考えます。

◇**権利保障・人格的利益**：労基法には、労働者の人権と自由を保障するための規定が設けられています。最近では、セクハラやパワハラといった職場の人間関係に関わる紛争も増加しています。ここでは、労基法上の権利保障の内容を確認するとともに、労働者の人格的利益にかかわる問題について考えます。

◇**人事異動**：人事異動とは、配転、出向、昇進・昇格、休職など、企業内において労働者の地位や処遇を変更することをいいます。こうした人事異動についても、労働契約の解釈を通じてルールが形成されています。

◇**労働者派遣**：労働者派遣は、派遣元と労働契約を締結し、派遣先の指揮命令のもとで働くというものです。労働者派遣については、労働者派遣法がさまざまなルールを設定しています。

1 労働契約

◆ポイント

・労働契約の意思表示は、書面によるもののみならず、口頭によるものであっても有効に成立する。
・使用者の指揮命令に従って労務を提供し、賃金を支払われていれば、フリーターもアルバイトも労働者にあたる。
・使用者は、労働者に対し、労働条件を明示しなければならない。

(1)労働契約の成立

　労働契約とは、労働者が労務を提供することに対して、使用者が賃金を支払うことを約束する契約です。労働契約に基づいて、労働者は使用者から指揮命令を受けて労働する義務を負い、使用者は労働者に労働の対価として賃金を支払う義務を負うことになります。労働契約は、賃金の支払いをともなう有償契約であり、契約当事者が相互に債務を負担する双務契約です。

　労契法6条は、「労働者が使用者に使用されて労働し、使用者がこれに対して賃金を支払うことについて、労働者及び使用者が合意することによって成立する」と規定しています。これは、労働者と使用者が合意することによって労働契約が成立することを確認するとともに、労働契約の定義を明示したものといえます。

　民法上は、「雇用契約」とよんでいます。民法は、雇用契約について、「当事者の一方が相手方に対して労働に従事することを約し、相手方がこれに対してその報酬を与えることを約することによって、その効力を生ずる」と定めています（民法623条）。学説には、民法の雇用契約を労働契約と区別する考え方もありますが、一般的には、両者の概念は一致すると解されています。

　労働契約は、労働者と使用者の合意によって成立する諾成契約です。労働契約が成立するためには、労働者と使用者の間で「労働者が使用者に使用されて労

働」すること、そして「使用者がこれに対して賃金を支払うこと」について合意する必要があります。合意には、明示の合意と黙示の合意がありますが、言葉では明確に示されていない内心の意思の合致（黙示の合意）が認定できる場合には、黙示の合意をもって労働契約の成立が認められることになります。

　申込みと承諾の意思表示は、書面によるもののみならず、口頭によるものであっても有効に成立します。労基法は、労働条件を書面により明示することを義務づけていますが（労基法 15 条 1 項、労基則 5 条 2 項、3 項）、使用者が書面での明示義務に違反した場合に、労基法違反として使用者に罰則が科されることがありうるとしても、労働契約そのものは有効に成立します。

　誰と労働契約を締結するかは、原則として当事者の自由です。使用者、労働者いずれも、契約を締結したくない相手との契約締結を強制されません。また、未成年者に代わり、親権者や後見人が労働契約を締結することは禁じられています（労基法 58 条 1 項）。

（2）労働契約の基本原則

　労契法は、労働契約に関する基本原則を規定しています。

　第 1 に、労働契約は、労働者および使用者が対等の立場に立って締結・変更すべきものと定めています（労使対等の原則、労契法 3 条 1 項）。労働者は経済力や情報などの点において使用者よりも不利な地位にあり、当事者の交渉力にも大きな格差があります。労使が対等の立場で合意をすることが労契法において実現されるべき理念であることを確認したものです。

　第 2 に、労働契約は、就業の実態に応じて、均衡を考慮しつつ締結・変更すべきものとされています（均衡考慮の原則、労契法 3 条 2 項）。この規定からは、誰と誰との間の「均衡」を考慮すべきなのかなど、具体的な部分は必ずしも明らかになりませんが、労働条件の差別的取扱いの排除を要請する原則として理解することができます。この点、パート有期法では「均衡」に関して具体的な条文が規定されており、事業主は、通常の労働者との均衡を考慮しつつ、その雇用する短時間・有期雇用労働者の職務の内容、職務の成果、意欲、能力または経験等を勘案し、その賃金を決定するように努めるものとすると定めています（パート有期法 10 条。第 3 章 4（4）非正規労働者の格差是正法理参照）。

　第 3 に、労働契約は、仕事と生活の調和（ワーク・ライフ・バランス）にも配慮し

つつ締結・変更すべきものとされています（仕事と生活の調和の原則、労契法3条3項）。これは、長時間労働による労働者の健康問題や家庭生活の影響、少子高齢化などを背景に、労働契約の理念のひとつとして規定されたものです。配転命令や時間外労働命令の権利濫用判断などの場面において、この規定の趣旨が契約の解釈において考慮されると考えられます。

第4に、労働者および使用者は、信義に従い誠実に権利を行使し、義務を履行しなければなりません（信義誠実の原則、労契法3条4項）。契約の遵守は、労基法2条2項と同様の趣旨であり、信義誠実の原則は、契約の一般原則である信義則（民法1条2項）が労働契約においても適用されることを確認したものです。

第5に、労働者および使用者は、権利の行使にあたってそれを濫用してはならないと規定されています（権利の濫用禁止、労契法3条5項）。これは、民法の一般原則（民法1条3項）を労働契約関係においても適用されることを確認したものです。

これらの規定は理念規定にとどまりますが、労働契約における権利義務を解釈する際には、これらの労働契約に関する基本原則が解釈指針のひとつになります。

（3）労働契約の当事者

①労働者
労基法・労契法上の労働者

労働法上の保護を受けることができるのは、「労働者」です。労働者にあたらなければ労働法上の保護が受けられないので、どのような人が労働者にあたるのかは、きわめて重要な問題です。労働者の概念が一律に決まっていればわかりやすいのですが、それぞれの法律によって労働者の概念が違っています。これは、その法律の趣旨や目的にしたがい、その法律の適用範囲を決めているためです。

労基法9条は、労働者について、「職業の種類を問わず、事業又は事務所……に使用される者で、賃金を支払われる者をいう」と定義しています。この定義にあてはまる働き方をしていれば、職業の種類を問わないのですから、正社員だけでなく、アルバイトやパートタイマー、派遣社員、契約社員などの形式で働く人についても、「労働者」として労基法のルールが適用されます。この労基法9条の「労働者」の定義は、最賃法（2条）、安衛法（2条2項）、労災法（1条）などの法律の「労働者」の定義としても使われます。

労契法は、労基法の定義を基本的に継承して、「この法律において『労働者』

とは、使用者に使用されて労働し、賃金を支払われる者をいう」と定義しています（労契法2条1項）。労基法の定義と共通しており、基本的には、労基法上の「労働者」の定義と同一と理解されています。

　もっとも、いわゆる家政婦などの家事使用人については、労基法と労契法で取扱いが異なります。その家族の指揮命令で働く家事使用人については、労基法の適用除外とされています（労基法116条2項）。他方、労契法は家事使用人を適用除外としておらず（労契法22条2項）、解雇権濫用法理などは適用されると解されています。

　労働者であるかどうかは、①「使用」されていること、②「賃金」を支払われていることの2つの要件をみたすかどうかによって判断されます。ここでいう「使用」されるとは、「労働者が使用者の指揮命令に服して労働すること」を意味すると解されています。また、「賃金」とは、名称の如何を問わず、労働の対償として使用者が払うすべてのものをいいます（労基法11条）。ボランティアなど無償で労働を提供する者は、ここでいう「労働者」には該当しません。

　指揮監督下の労働といえるかどうかは、具体的には、①仕事の依頼・業務従事の指示等に対する諾否の自由の有無、②業務遂行上の指揮監督の有無、③場所的・時間的拘束性の有無、④他の者との労務提供の代替性の有無などの点から評価されます。「賃金」の支払いについては、⑤報酬が労務の対償といえるかが評価されます。さらに、労働者性の判断を補強する要素として、⑥事業者性の有無（機械・器具の負担関係、報酬の額）、⑦専属性の程度等が挙げられます（労働基準法研究会報告「労働基準法の『労働者』の判断基準について」1985（昭和60）年）。

　最高裁判例には、トラックを所有し、特定企業との運送業務に従事していた傭車運転手について、業務の遂行に関し、特段の指揮監督を行なっていたとはいえず、時間的、場所的拘束も緩やかであったことを理由に、労基法上の労働者性を否定したものがあります[*1]。また、作業場をもたずに一人で大工仕事に従事する形態で働く一人親方の労働者性も否定されています[*2]。他方、大学病院の研修医については、指揮監督や時間的・場所的拘束性が認められるとして、労働者性を肯定して最低賃金法を適用したものもあります[*3]。

＊1　横浜南労基署長（旭紙業）事件・最一小判平8.11.28労判714号14頁。
＊2　藤沢労基署長（大工負傷）事件・最一小判平19.6.28労判940号11頁。
＊3　関西医科大学研修医（未払賃金）事件・最二小判平17.6.3労判893号14頁。

当事者が民法上の請負（民法632条）、委任（同法643条）などの形態で労務を提供している場合にも、その労働者性が問題となります。その契約が請負や委任であれば、労基法等の法律が適用されないことになりますが、裁判例は、契約の形式にとらわれず、労務給付の実態に即して労働者性の有無を判断しています。労基法は強行法規ですので、当事者の合意や契約形式を重視することは、簡単に法律の適用をまぬがれることができてしまうため、このような考え方をとっています。

このように、労基法・労契法上の労働者については一応の判断基準が確立されていますが、さまざまな判断要素を総合的に考慮して判断するため、法的安定性に欠けるという部分があります。また、最近では雇用形態が多様化し、労働者性の判断が難しいケースも増えています。働き方が多様化する状況のなかで、労働者性の判断枠組みをどのように考えるべきかが、改めて重要な検討課題になっています。

労組法上の「労働者」

労組法は、労働者について、「職業の種類を問わず、賃金、給料その他これに準じる収入によって生活する者」と定義しています（労組法3条）。この労組法上の労働者概念は、使用者に現に使用されていることが問われていないこと、また、報酬についても賃金に限らず、賃金などに準ずる収入によって生活する者であれば足りるとされている点において、労基法・労契法上の労働者概念と異なります。

こうした違いは、労組法は、労基法と立法趣旨を異にするからです。労組法上の労働者は、団体交渉を中心とした労組法上の保護を及ぼす必要のある人の範囲を画定するための概念であり、その趣旨から、労基法上の労働者より広い概念として理解されています。たとえば、労基法上の労働者にはあたらないとされているプロ野球選手や家内労働者、失業者などは、労組法上の労働者に含まれます。

最高裁は、劇場と出演契約を締結して公演に出演していたオペラ合唱団員の事例や、親会社製品の修理補修を業とする会社と業務委託契約を締結して修理補修業務を行なっていた機器修理技術者の事例等において、労組法上の労働者性を肯定しています[4]。最高裁は、労組法上の労働者性を判断するにあたって、①事業

---

*4　新国立劇場運営財団事件・最三小判平23. 4 .12労判1026号 6 頁、ＩＮＡＸメンテナンス事件・最三小判平23. 4 .12労判1026号27頁、ビクターエンジニアリング事件・最三小判平24. 2 .21労判1043号 5 頁。

組織への組み入れ、②契約内容の一方的決定、③報酬の労務対償性、④諾否の自由の欠如、⑤指揮監督関係の有無を考慮しています。

②使用者
労基法・労働契約上の使用者

　労働契約を締結するもう一方の当事者が使用者です。労契法は、使用者について「その使用する労働者に対して賃金を支払う者をいう」と定義しています（労契法2条2項）。このように、直接の契約関係にある当事者が原則として使用者にあたりますが、労働契約上の使用者としての責任を負う主体は、必ずしも形式的な契約上の当事者にかぎられるわけではありません。直接的な契約関係がない場合であっても、使用者の責任が問題となる場合があります。

　たとえば、派遣社員や出向社員と受入企業との間に、黙示の労働契約が成立していると認められる場合です。黙示の労働契約が認められるためには、受入企業と労働者との間に指揮命令関係が存在することに加え、受入企業が労働者に対して賃金を支払っていると評価できる必要があります。裁判例には、紹介所から派遣されるという形をとって病院に勤務していた付添婦と病院との間に黙示の労働契約の成立を認めたものがあります[5]。他方、いわゆる偽装請負の事例において、最高裁は、たとえ派遣先で長期間にわたって就労し、派遣元に対して派遣先が一定の支配力を有していたとしても、派遣先と派遣労働者との間に労働契約を成立させる意思の合致が見られない場合は、派遣先は労働契約上の使用者とは認められないと判断しています[6]。

　また、いわゆる親子会社の関係では、親会社が子会社を一事業部門として完全に支配しているなど、子会社の法人格が完全に形骸化していると評価される場合や、親会社が違法な目的で子会社の法人格を利用している場合には、親会社が子会社従業員の労働契約上の使用者とされることがあります[7]。

　他方、労基法では、使用者の概念が違う意味で使われています。労基法は、使用者について、①事業主、②事業の経営担当者、③その他その事業の労働者に関

* 5　安田病院事件・大阪高判平10.2.18労判744号63頁、同事件・最三小判平10.9.8労判745号7頁。
* 6　パナソニックプラズマディスプレイ（パスコ）事件・最二小判平21.12.18労判993号5頁。
* 7　第一交通産業ほか（佐野第一交通）事件・大阪高判平19.10.26労判975号50頁。

する事項について、事業主のために行為をするすべての者をいうと定義しています（労基法10条）。ここでいう「事業主」とは、企業、個人事業主などがこれにあたります。「事業の経営担当者」とは、法人の代表者、取締役などの事業経営一般について権限と責任を有する者のことです。また、「事業主のために行為をするすべての者」とは、会社から一定の権限を与えられている者であり、権限を与えられている部長や課長などの個人も使用者に含まれることになります。こうした権限がなく、たんに伝達者にすぎない者は使用者にはあたりません。

このように、労基法の定義する「使用者」は、労基法上の規制について責任を負い、同法違反に対して罰則の適用を受ける者を対象としています。その趣旨は、労基法の規制事項について現実に使用者として行為した者を規制の対象とすることにあります。したがって、労基法に違反する行為をしたときは、事業主に対して罰則が科せられることがあることはもちろん、労基法違反の行為を行なった個人についても罰則の対象になることもあります。

労組法上の使用者

労組法には、使用者の定義規定がありませんが、労組法上の使用者は、不当労働行為制度の目的に照らして、労働契約関係にある者だけではなく、それ以外のものをも含む概念として理解されています。

労働組合との団体交渉に応諾すべき義務（団交応諾義務）を負う使用者かどうかがこの問題の典型例です。判例は、労組法7条にいう「使用者」は、雇用主以外の者であっても、当該労働者の基本的な労働条件等に対して、雇用主と部分的とはいえ同視できる程度に現実的かつ具体的な支配力を有しているといえる場合には、その同視できるかぎりにおいて労組法7条の「使用者」と解しています[8]（第6章3（2）不当労働行為をめぐる総論的課題参照）。

（4）労働条件の明示

労働者と使用者の間で結ばれる労働契約は、口頭による場合でも有効に成立しますが、契約内容が曖昧になっていると、トラブルの原因になりかねません。そこで、労基法は、使用者に対して、労働者に労働条件を明示することを義務づけています（労基法15条1項）。とくに重要な労働条件については、書面で明示する

---

[8] 朝日放送事件・最三小判平7.2.28労判668号11頁。

必要があります（労基則5条）。

　書面で明示することが義務づけられているのは、①契約はいつまでか（労働契約の期間に関する事項、期間の定めのある労働契約を更新する場合の基準に関する事項）、②どこでどのような仕事をするか（就業の場所および従事する業務に関する事項）、③労働時間、休憩、休日などがどうなっているか（始業および終業の時刻、所定労働時間を超える労働の有無、休憩時間、休日、休暇並びに労働者を2組以上に分けて就業させる場合における就業時転換に関する事項）、④賃金がどのように支払われるか（賃金の決定、計算および支払いの方法、賃金の締切りおよび支払いの時期並びに昇給に関する事項）、⑤辞めるときどうなるのか（退職、解雇に関する事項）です。

　さらに、短時間・有期雇用労働者に対しては、上記事項に加えて、⑥昇給の有無、⑦退職手当の有無、⑧賞与の有無について、文書の交付（労働者の希望があればファクス、メールでもよい）により、明示することが義務づけられています（パート有期法6条）。

　明示すべき時期は、労働契約締結時と解されています。採用内定が行なわれる場合には、採用内定の際に労働条件の明示が求められます。

　使用者が、明示すべき範囲の労働条件を明示しない場合や、厚生労働省令に定められた事項について定められた方法で明示しない場合には、30万円以下の罰金に処せられます（労基法120条）。また、明示された労働条件が事実と異なる場合には、労働者は即時に労働契約を解除することができます（同法15条2項）。このうち、就業のために住居を変更した労働者が、契約解除の日から14日以内に帰郷する場合においては、使用者は、必要な旅費を負担しなければなりません（同条3項）。

　労働契約の内容については、労働者の理解を深め、できるだけ契約内容を書面で確認することにより、労働契約内容をめぐる紛争を防止することが望ましいといえます。労契法は、「使用者は、労働者に提示する労働条件及び労働契約の内容について、労働者の理解を深めるようにするものとする」と規定し（労契法4条1項）、「労働者及び使用者は、労働契約の内容（期間の定めのある労働契約に関する事項を含む。）について、できる限り書面により確認するものとする」と規定しています（同条2項）。

　短時間・有期雇用労働者に対しては、労働条件のより具体的な説明が求められます。短時間・有期雇用労働者を雇い入れる際には、事業主は、待遇の差や賃金

の決定方法、教育訓練、福利厚生施設の利用、通常の労働者への転換を推進するための措置等について説明しなければなりません（パート有期法14条1項）。また、短時間・有期雇用労働者から求めがあったときは、通常の労働者との間の待遇差の内容やその理由等についても説明しなければなりません（同条2項）。待遇の説明を求めたことを理由とする不利益取扱いは禁止されます（同条3項）。

　労働条件の明示との関係で問題となるのは、求人票などの労働条件と実際の労働条件が食い違う場合です。裁判例では、新入社員のケースにおいて、賃金は最も重要な労働条件であり、使用者から低額の確定額を提示されても、新入社員としてはこれを受け入れざるをえないのであるから、使用者はみだりに求人票記載の見込額を著しく下回る額で賃金を確定すべきではないことは信義則上明らかであると判断されています[9]。また、中途採用者のケースにおいて、求人票記載の賃金見込額の支給が受けられるものと信じて応募しているのであり、実際の賃金が求人票記載の見込額と比べ、社会の常識や通念に照らして著しく下回ることは不法行為を構成するとして慰謝料の支払いが命じられています[10]。

＊9　八洲測量事件・東京高判昭58.12.19労判421号33頁。
＊10　日新火災海上保険事件・東京高判平12.4.19労判787号35頁。

2 採用・内定・試用

- 求人募集の際には、使用者は、労働者に誤解を生じさせることのないように平易な表現を用いて労働条件を示す必要がある。
- 使用者には採用の自由が広く認められているが、法律の制限がある場合には制約される。
- 採用内定により、「解約権留保付始期付労働契約」が成立する。
- 試用期間が不当に長い場合には公序良俗により無効となる。

(1) 募集・職業紹介

採用は、まず使用者が労働者を募集することからはじまります。

募集は、使用者みずからが行なう直接募集と、第三者に委託して行なう委託募集に分かれます。直接募集は原則として自由に行なうことができますが、委託募集の場合は、厚生労働大臣の許可（求人者が報酬を与える場合）または届出（無報酬の場合）が必要です（職安法 36 条）。

職業紹介とは、求人および求職の申込みを受け、使用者（求人者）と労働者（求職者）に雇用関係の成立をあっせんすることをいいます（職安法 4 条 1 項）。このような機関の代表的なものがハローワーク（公共職業安定所）ですが、1999 年の職安法改正により、民間の事業者も、一定の基準のもとに、職業紹介事業を行なうことが認められています。有料の職業紹介事業を行なうには、厚生労働大臣の許可を得る必要があります（同法 30 条 1 項）。

労働者が応募するかどうかの判断をするためには、労働条件が明確に示されていることが重要です。使用者（求人者）は、募集に際して、労働者（求職者）に業務内容、賃金、労働時間その他の労働条件を明示しなければなりません（職安法 5 条の 3）。賃金や労働時間等については、書面によって明示する必要があります。職業紹介の場合は、使用者（求人者）は求人の申込みに際して職業紹介機関に対

し、職業紹介機関は紹介に際して労働者（求職者）に対して労働条件を明示しなければなりません。

　新聞や広告などで募集を行なう場合は、使用者（求人者）は、業務の内容等を明示するにあたり、労働者に誤解を生じさせることのないように平易な表現を用いる等その的確な表示に努めなければならないとされています（職安法42条）。

(2) 採用の自由

　労働者を採用するかどうかは、原則として使用者の自由に委ねられます。契約には契約自由の原則があり、その一環として、契約を締結するか否かの自由が保障されているからです。最高裁においても、企業者は、憲法22条、29条等において保障されている経済活動の自由の一環として、契約締結の自由を有しており、自己の営業のために労働者を雇用するにあたり、いかなる者を雇い入れるか、いかなる条件でこれを雇うかについて、法律その他による特別な制限がないかぎり、原則として自由にこれを決定することができると判断しています[*11]。

　最高裁は、特定の思想・信条を有する者をそのことを理由に採用拒否しても当然に違法とすることはできないと判断しています[*12]。最高裁は、その理由として、憲法14条、19条は国または地方公共団体と個人との関係を規律するものであり、私人（会社と労働者）の関係を直接規律することを予定するものではないこと、労基法3条は、労働者の信条によって賃金その他の労働条件につき差別をすることを禁止しているが、これは、雇入れ後における労働条件についての制限であり、雇入れそのものを制約する規定ではないことをあげています。

　もっとも、「法律その他による特別の制限」がある場合には、採用の自由も制限されることになります。

　まず、募集および採用に関して、性別による差別を行なうことは禁止されています（均等法5条）。具体的には、①募集・採用にあたって、その対象から男女のいずれかを排除すること、②募集・採用にあたっての条件を男女で異なるものとすること、③採用選考において、能力および資質の有無等を判断する場合に、そ

---

*11　三菱樹脂事件・最大判昭48. 12. 12民集27巻11号1536頁。
*12　同上・三菱樹脂事件・最大判。

の方法や基準について男女で異なる取扱いをすること、④募集・採用にあたって男女のいずれかを優先すること、⑤求人の内容の説明等募集または採用に係る情報の提供について、男女で異なる取扱いをすることなどが違反にあたります。また、合理的な理由なく、身長、体重、体力、あるいは転勤を採用条件とすることを禁止しています（均等法7条、均等則2条）。

次に、募集および採用にあたり、労働施策総合推進法は、年齢にかかわりなく均等な機会を与えるよう義務づけています（同法9条）。ただし、定年年齢を上限として、その上限年齢未満の労働者を期間の定めのない労働契約の対象として募集・採用する場合や、長期勤続によるキャリア形成を図る観点から若年者等を期間の定めのない労働契約の対象として募集・採用する場合、技能・ノウハウの継承の観点から、特定の職種において特定の年齢層に限定して採用する場合などについては、その例外として年齢制限をつけることも認められます（同法施行規則1条の3）。事業主が募集・採用する際に、やむをえない理由で65歳未満の上限を設定することは許されていますが、その場合には、その理由を明示する必要があります（高年法18条の2）。

この他に、組合所属等を理由とする採用差別は不当労働行為として禁止されています*13。障害者雇用促進法では、事業主に一定の比率で障害者を雇用すべきことを義務づけています。

使用者には採用の自由が広く認められていますが、だからといって企業が採用面接の際に何を聞いてもよいということにはなりません。本籍地や家族構成などの本人に責任のない事柄や、本来自由であるべき思想信条に関わる事柄について質問することは適切とはいえません。使用者には、採用基準を適切に設定したうえで、採用面接を実施することが求められます。

(3)採用内定

①採用内定とは

正社員の採用、とくに新規学卒者の採用に際しては、正式に採用を決定する前に採用内定という手続をとることが慣行になっています。採用内定は、大卒採用者の場合、10月1日に出されることが多くなっています。この採用内定の前に、

＊13　青山会事件・東京高判平14.2.27労判824号17頁。

採用担当者から採用を通知する採用内々定によって学生を事実上確保することが一般的です。

　では、採用内定は、法的にはどのような意味をもつのでしょうか。採用内定の法的性質が問題となりますが、判例は、採用内定によって労働契約の成立を認める見解を採用しています*14。すなわち、この判例によると、採用内定の法的性質は事実関係に則して判断されるべきであるが、通常の新卒者の内定の場合は、①企業の募集は労働契約の申込みの誘引にあたり、②これに対する応募は労働契約の申込みになり、③会社からの内定通知は、申込みに対する承諾となるとし、内定により「解約権留保付始期付労働契約」が成立すると判断しています。これにより、留保された解約権の行使である内定取消は解雇に類似するものとして、内定者は、使用者からの不当な内定取消しに対し、損害賠償とともに地位確認を請求することができるとしています。

　ところで、始期については、「就労の始期」を定めた労働契約の成立を認める判例*15と「効力の始期」を定めた労働契約の成立を認める判例*16の2つの考え方があります。就労の始期と考えると、労働契約の効力は契約の締結時に発生していることになります。これに対し、効力の始期と考えると、契約の効力が入社日に発生することになります。どちらの契約が成立したかは事実関係によりますが、内定者の地位が学生である場合には、契約成立後も学生の身分にあるので、原則として、効力始期付労働契約が成立すると考えるべきでしょう。

　採用内定の前に行なわれる内々定というものがあります。名称は内々定であっても、通知を受けたときの状況、時期、通知の具体的内容や説明、当事者間の認識などから、実質的に内定と評価できる場合もあります。裁判例には、内々定は、正式な内定とは明らかに性質を異にするものであって、始期付解約権留保付労働契約が成立したものとはいえないが、採用直前に内々定を取り消すことは、労働契約締結過程における信義則に反し、原告の期待利益を侵害するものとして不法行為を構成するとしたものがあります*17。

＊14　大日本印刷事件・最二小判昭54．7．20労判323号19頁。

＊15　同上・大日本印刷事件・最二小判。

＊16　電電公社近畿電通局事件・最二小判昭55．5．30労判342号16頁。

＊17　コーセーアールイー（第2）事件・福岡高判平23．3．10労判1020号82頁、同事件・福岡地判平22．6．2労判1008号5頁。

②採用内定の取消し

採用内定が取り消された場合、内定者には大きな不利益が生じます。企業による内定取消しは、すでに成立した労働契約の一方的な解約（解雇）であり、それが適法と認められるのは、「内定当時知ることができず、また知ることが期待できない事実であって、これを理由として採用内定を取消すことが解約権留保の趣旨、目的に照らして客観的に合理的と認められ社会通念上相当として是認」することができる場合にかぎられます[18]。

具体的には、学校を卒業できなかった場合、就労可能性がなくなるほど健康状態が悪化した場合、犯罪行為によって現行犯逮捕された場合、履歴書等に重大な虚偽があった場合などです。

経営状況の悪化を理由とする内定取消しについては、いわゆる整理解雇法理に基づいて、その相当性が判断されています。裁判例には、人員削減の必要性や内定の取消回避のための努力は認められるものの、会社の内定取消しの前後の対応に誠実性が欠如している点があり、労働者側が被る著しい不利益を考慮すれば、本件内定取消しは社会通念に照らし相当と是認することはできないと判断したものがあります[19]。

判例では、採用内定を取り消す理由として「グルーミー（陰鬱）」な印象だったからというのは、内定取消しとするには社会通念上、認められるものではなく、解約権の濫用であると判断されています[20]。

他方で、学生が企業から採用内定を受けた後に行なう内定辞退が、法的に許されるかも問題になります。内定辞退についても労働契約の解約にあたりますが、労働者側からの解約については、2週間前の予告期間を置くかぎり法的責任は生じません（民法627条1項）。ただし、内定辞退が信義に反する態様でなされた場合には、不法行為が成立する余地が残されています。

③内定期間中の法律関係

内定者は、入社までの間に集合研修の参加、通信教育受講、レポートの提出などを会社から求められることがあります。このように、内定期間中に研修等が実施

---

*18　前掲・大日本印刷事件・最二小判昭54.7.20。
*19　インフォミックス事件・東京地決平9.10.31労判726号3頁。
*20　前掲・大日本印刷事件・最二小判。

されることがありますが、内定者に研修等に参加する義務があるのかが問題となります。裁判例では、入社前研修への参加に合意があったとしても、学業への支障など合理的な理由がある場合には、研修参加をとりやめたいと内定者が申し出たときは、企業は信義則上、研修を免除する義務を負うとしたものがあります[*21]。

(4)試用期間

　試用期間とは、本採用決定前の「試みの期間」であり、その間に労働者の人物、能力、勤務態度等を評価して社員としての適格性を判断し、本採用するか否かを決定するための期間です。

　試用期間についても、その法的性質が問題となります。判例では、大学卒業の新規採用者を試用期間終了後に本採用しなかった実例がかつてなかったなどの実態からすれば、本採用拒否は留保解約権の行使にあたると判断されています[*22]。そして、試用期間中の解雇は、通常の解雇よりも広い範囲における解雇の自由が認められるが、試用期間中の解雇が許されるのは、企業が採用決定後の調査結果、または試用期間中の勤務状態等により当初知ることができず、また知ることが期待できないような事実を知るにいたった場合に、その者を引き続き企業に雇用しておくのが適当でないと判断することに合理的理由があるときにかぎられるとしています。

　試用期間の長さは、当事者の合意によりますが、３カ月から６カ月程度の試用期間が一般的です。しかし、試用期間が不当に長い場合には公序良俗により無効とされます。裁判例は、入社後に６カ月から１年３カ月の見習い社員期間を設定し、その後さらに６カ月から１年の試用期間を設けた事案において、合理的範囲を越えた長期の試用期間の定めは公序良俗に反し、そのかぎりにおいて無効であると判断しています[*23]。

＊21　宣伝会議事件・東京地判平17．1．28労判890号5頁。
＊22　前掲・三菱樹脂事件・最大判昭48．12．12。
＊23　ブラザー工業事件・名古屋地判昭59．3．23労判439号64頁。

3 労働契約上の権利義務

◆ポイント

・労働契約に基づいて、労働者は使用者に対して労務提供義務を負い、使用者は
労働者に対して賃金支払義務を負う。

・信義則に基づいて労働契約上の付随義務を負うことになり、労働者は、秘密保
持義務などを負い、使用者は、安全配慮義務、職場環境配慮義務などを負う。

・業務遂行中に生じた損害については、労働者の損害賠償責任は限定されうる。

(1) 労働契約の主たる権利義務

　労働契約は、労働者が使用されて労働し、使用者が賃金を支払うことを基本的
な内容とする契約です（労契法6条）。労働者は、労働契約に基づき、使用者に対
して労務提供義務を負います。その内容の大枠については、労働契約において個
別的に合意する場合のほか、就業規則、労働協約、労使慣行によって決まること
になります。これに対し、使用者は、労働契約の基本的義務として、賃金支払義
務を負います。

① 労務提供をめぐる権利義務
業務命令権の根拠

　労働者は、労働契約上、使用者の指揮命令を受けながら労務を提供する義務を
負っています。業務命令権とは、使用者が業務遂行のために労働者に対して行な
う指示または命令のことであり、本来的な職務のほかに、出張、研修や健康診断、
自宅待機などにも及びうるものです。使用者の業務命令に従わないことは義務違
反と評価され、懲戒処分を受けたり、解雇されることもあります。

　業務命令権の法的根拠は、労働者が自己の労働力の処分を使用者に委ねること
を約した労働契約に求められます。労働者は、たんに労働をするだけでなく、使
用者の業務命令に従って労働する義務を負うことになります。判例は、労働者は

「使用者に対して一定の範囲での労働力の自由な処分を許諾して労働契約を締結する」のであるから、「その一定の範囲での労働力の処分に関する指示、命令としての業務命令に従う義務がある」としています[24]。

　また、労働協約の定めや就業規則の規定も業務命令権の根拠になります。判例は、「就業規則が労働者に対し、一定の事項につき使用者の業務命令に服従すべき旨を定めているときは、そのような就業規則の規定内容が合理的なものであるかぎりにおいて当該具体的労働契約の内容をなしているものということができる」としています[25]。

業務命令権の限界

　業務命令権は労働契約に基づいて発生するものですので、業務命令権の範囲は労働契約によって決定されます。たとえば、労働者の生命や身体に予測困難な危険をもたらす業務命令は、その範囲を超えるものとして効力を否定されます[26]。また、業務上の必要性が乏しく、労働者の人格権を不当に侵害するような業務命令は、権利の濫用にあたり不法行為となりえます。裁判例のなかには、教育訓練として就業規則の書き写しを命じたことが正当な業務命令の範囲を逸脱する違法なものであると判断したものがあります[27]。また、踏切横断におけるトラブルが原因でなされた炎天下での踏切での点検業務命令が、著しく過酷なもので使用者の裁量権を逸脱する違法なものであるとされています[28]。他方、火山灰の除去作業は労働契約上の義務の範囲内であり、違法、不当な目的でされたものであるとは認められないとしたものもあります[29]。

　労働者の服装や髪型等の身だしなみについては、もともとは労働者個人が自由に決められる事柄です。裁判例は、髪型やヒゲに関する服務規律は、「事業遂行上の必要性が認められ、具体的な制限の内容が労働者の利益や自由を過度に侵害しない合理的な内容の限度で拘束力が認められる」としています[30]。

＊24　電電公社帯広局事件・最一小判昭61．3．13労判470号6頁。

＊25　同上・電電公社帯広局事件・最一小判。

＊26　電電公社千代田丸事件・最三小判昭43．12．24民集22巻13号3050頁。

＊27　ＪＲ東日本（本荘保線区）事件・最二小判平8．2．23労判690号12頁。

＊28　ＪＲ西日本吹田工場（踏切確認作業）事件・大阪高判平15．3．27労判858号154頁。

＊29　国鉄鹿児島自動車営業所事件・最二小判平5．6．11労判632号10頁。

＊30　郵便事業（身だしなみ基準）事件・大阪高判平22.10.27労判1020号87頁、同事件・神戸地判平22．3.26労判1006号49頁。

誠実労働義務・職務専念義務

　労働者は、使用者の指揮命令に従って、誠実に労働する義務（誠実労働義務）を負います。判例には、職員が勤務時間中に「戦争反対」と記したプレートを着用して仕事をしたケースにおいて、労働者は、「勤務時間及び職務上の注意力のすべてをその職務遂行のために用い職務にのみ従事しなければならない」義務を負うとし、当該義務違反が成立するためには、現実に職務の遂行が阻害されるなど実害の発生を必ずしも要件とするものではないと判断したものがあります[*31]。

　しかし、このように高度に職務専念義務を理解することは、労働者は、少なくとも就業時間中は使用者にいわば全人格的に従属することになり、妥当な解釈とはいえないでしょう。大成観光事件[*32] の補足意見において、伊藤正己裁判官は、職務専念義務とは、労働者が労働契約に基づきその職務を誠実に履行しなければならないという義務であって、この義務と何ら支障なく両立し、使用者の業務を具体的に阻害することのない行動は、必ずしも職務専念義務に違背するものではないと解しています。

　職務専念義務との関係では、職務時間中に私用メールをすることも問題になります。職務時間中に私用メールをしている場合は、その時間職務に従事していないため、労働者が社会通念上相当な範囲を超えてパソコンを私的に利用することは、懲戒処分の対象となるでしょう。しかし、職務遂行の妨げとならず、会社の経済的負担も極めて軽微な場合は、必要かつ合理的な限度の範囲内において、社会通念上許容されると考えられます[*33]。

②賃金支払いをめぐる権利義務

　使用者は、労働者の労務提供に対して賃金支払義務を負います。使用者の賃金支払義務は、原則として、労働者が労務提供義務を履行することによって発生します（民法624条）。

　労働者が労務を提供しないときは、当事者間に別段の合意がないかぎり、賃金支払義務は発生しません（ノーワーク・ノーペイの原則）。ただし、労働者が労務を

[*31]　目黒電報電話局事件・最三小判昭52.12.13労判287号26頁。
[*32]　大成観光事件・最三小判昭57.4.13労判383号19頁。
[*33]　F社Z事業部（電子メール）事件・東京地判平13.12.3労判826号76頁。

提供しない場合であっても、労働者が労働契約に従った労務の提供（民法493条）を申し出ているにもかかわらず、使用者が不当に労働者の就労を拒否している場合には、労働者は賃金請求権を失いません（同536条2項）。

　賃金請求権が発生するためには、使用者の指揮命令にしたがって「債務の本旨」に従った労務提供がなされることが必要です。判例は、出張・外勤業務を拒否して内勤のみに従事した事案において、労務の提供が「債務の本旨」に従った労務の提供をしたものとはいえないとして、使用者は賃金支払義務を負わないと判断しています[34]。

（2）労働契約に付随する権利義務

①労働者の付随義務

　労働契約には、基本的な労務提供義務や賃金支払義務の他にも、さまざまな付随義務が含まれています。

競業避止義務

　競業避止義務とは、労働者は所属する企業と競合する会社・組織に就職したり、競合する会社を自ら設立したりするなどの競業行為を行なってはならないという義務のことです。企業が保有している顧客や技術等の情報を競業他社に利用されてしまうと、企業活動に大きな影響を受けます。そのため、企業の利益を守る手段として、労働者との間で退職後の競業避止義務契約を締結する場合があります。

　一般に在職中は、労働契約における信義誠実の原則に基づく付随義務として競業避止義務を負うことになります。ただし、使用者と競争関係に立つ企業を退職後に設立することを在職中に計画する程度では義務違反とはならないというべきでしょう[35]。

　退職後においては、職業選択の自由の観点から競業避止義務は生じないと解されており、使用者が退職後の労働者にもこれを課す場合は就業規則などに必要かつ合理的な範囲で法的根拠を明示する必要があります。退職後の競業避止義務特約の有効性について、判例は、職業選択の自由との関係で「特約締結につき合理的な事情の存在することの立証がないときは営業の自由に対する干渉とみなされ、

---

*34　水道機工事件・最一小判昭60．3．7労判449号49頁。
*35　日本コンベンションサービス事件・大阪高判平10．5．29労判745号42頁。

とくにその特約が単に競争者の排除、抑制を目的とする場合には、公序良俗に反し無効である」として無制限に認められるものではないことを確認しています[*36]。

そして、競業制限の合理的範囲を確定するにあたっては、制限の期間、場所的範囲、制限の対象となる職種の範囲、代償の有無等が考慮され、使用者の利益（企業秘密の保護）、労働者の不利益（転職・再就職の不自由）および社会的利害（独占集中のおそれ、それにともなう一般消費者の利害）の3つの視点に立って慎重に検討していくことを要すると述べています。

なお、競業避止義務を根拠づける特約がない場合でも、社会通念上自由競争を逸脱した態様である場合には、使用者の営業の利益を侵害する行為として、不法行為となる場合も考えられます。判例には、退職後の競業行為について、自由競争の範囲を逸脱するものではないとして不法行為の成立を否定したものがあります[*37]。

兼職・兼業

労働者が労働時間外にほかの場所で働いたり、自ら起業することを兼職・兼業といいます。こうした兼職・兼業については、会社の許可なく業を営むことや、在籍のまま他に雇われてはならないと就業規則に定め、違反した場合には懲戒事由とされている企業が少なくありません。

しかし、兼職・兼業の規制は、無制限に認められるわけではありません。勤務時間外に何をするのかは、従業員の自由ですし、その時間に働くことも職業選択の自由（憲法22条1項）として保障されているからです。

兼職・兼業については、就業規則等に規定があった場合でも、労働者の自由を考慮して限定的に解釈されています。具体的には、深夜の長時間アルバイトなど、労働者の使用者に対する労務の提供が不能または不完全になる場合や、使用者の企業秘密が漏洩するなど経営秩序を乱す事態が生じるなど、業務に支障が生じる事情がある場合については、兼職・兼業を許可しないことに合理性が認められることになります。

秘密保持義務

労働者は、労働契約上、職務上知り得た秘密を不正に使用、開示しない義務を

---

*36　フォセコ・ジャパン・リミティッド事件・奈良地判昭45.10.23判時624号78頁。
*37　サクセスほか（三佳テック）事件・最一小判平22.3.25労判1005号5頁。

負います。在職中は、就業規則や労働契約に定めがなかったとしても、労働者は秘密保持義務を負うと解されています[38]。退職後については、就業規則の定めや労働契約上の合意に基づいて労働者は秘密保持義務を負うことになります。

　また、不正競争防止法は、「営業秘密」の保護を定めています。同法は、不正の競業その他不正の利益を得る目的またはその保有者に損害を与える目的で、その営業秘密を使用し、または開示する行為を「不正競争」に該当する行為である旨規定しています（同法2条1項7号）。同法によって保護される「営業秘密」に該当すると言えるためには、①秘密管理性、②有用性、③非公知性の要件を満たす必要があります。不正競争防止法上の秘密保持義務は、在職中だけでなく、退職後にも及びます。

　退職した労働者が重要な営業秘密を不正に取得・使用・開示すれば、不正競争に該当します。不正競争防止法は、差止請求、損害賠償請求、信用回復請求などの救済措置を定めています。

企業秩序遵守義務

　労働者は、企業秩序を遵守する義務（企業秩序遵守義務）を負うと解されています。労働者が企業秩序遵守義務に違反し企業秩序違反行為をした場合は、これに対する制裁として、懲戒処分がなされることがあります。具体的には、就業規則の懲戒事由規定があり、かつ当該規定に該当するかどうか、処分に相当性があるかどうかが問題になります。

　企業秩序遵守義務は労働契約に基づくものですから、仕事に必要な範囲を超えて、労働者に対して制約を加えることはできません。とりわけ、労働者個人の人格的利益やプライバシーについては、慎重に取り扱う必要があります。

②使用者の付随的義務

　使用者は、賃金支払義務とともに、信義則上、労働者の正当な利益を侵害しないよう配慮すべき義務を負います。使用者の配慮義務としては、安全配慮義務、職場環境配慮義務、人事上の配慮義務などがあります。

安全配慮義務

　使用者は労働者の生命・健康を危険から保護するよう配慮する義務（安全配慮

---

[38]　古河鉱業足尾製作所事件・東京高判昭55．2．18労民集31巻1号49頁。

義務）を負っています。労働契約の内容として具体的に定めなくても、信義則上、使用者は、労働者を危険から保護するよう配慮すべき安全配慮義務を負っています（労契法5条）。

職場環境配慮義務

裁判例は、セクシュアル・ハラスメントの事案において、「使用者は、被用者との関係において社会通念上伴う義務として、被用者が労務に服する過程で生命及び健康を害しないよう職場環境等につき配慮すべき注意義務を負い、更に労務遂行に関して被用者の人格尊厳を侵しその労務提供に重大な支障を来たす事由が発生することを防ぎ、またはこれに適切に対処して職場が被用者にとって働きやすい環境を保つよう配慮する義務がある」としています[39]。

職場環境配慮義務は、セクハラだけでなく、職場でのいじめや嫌がらせに対しても、労働者の働きやすい就業環境を阻害するものを排除する義務です。セクハラが起きるような職場を放置した使用者は、この義務に違反することになり、損害賠償責任が生じることになります。

人事上の配慮義務

使用者は、労働契約の締結または変更の際に、仕事と生活の調和に配慮する人事上の配慮義務を負うものと考えられます（労契法3条3項）。育児介護休業法は、育児・介護に従事する労働者については、労働者の転勤によって子の養育や家族の介護が困難となる場合、使用者がその状況に配慮すべき義務を定めています（育介法26条）。他方、単身赴任をもたらす配転については、不利益を回避・軽減するための措置をとるべき信義則上の配慮義務を負うと考えるべきでしょう[40]。

労働受領義務（就労請求権）

労働者が使用者に対し、自己を就労させることを請求する権利を「就労請求権」といいます。労働者の就労請求権は、使用者の義務としては労働受領義務を負うか否かという問題となります。

就労することは、労働者の義務ではあっても権利ではないと解されており、就労請求権は原則として否定されています。判例においても、「労働契約等に特別の定めがある場合又は業務の性質上労働者が労務の提供について特別の合理的な

---

*39　京都セクシュアル・ハラスメント事件・京都地判平9.4.17労判716号49頁。
*40　帝国臓器製薬事件・東京地判平5.9.29労判636号19頁。

性質を有する場合を除いて、一般的には労働者は就労請求権を有するものではない」と判断されています[41]。ただし、特約がある場合や、特別な技能をもつ場合などは例外的に就労請求権が認められるという学説も有力です。

(3)労働者の損害賠償義務

　民法上の一般原則からすると、労働者が業務の遂行中に必要な注意を怠り、労務提供義務ないし付随義務に違反した場合には、労働者は使用者に対して債務不履行に基づく損害賠償責任を負うことになります（民法415条）。また、業務遂行中の過失により使用者に損害をもたらした場合には、不法行為に基づく損害賠償責任を負うこととなります（同法709条）。労働者は、加害行為との間に相当因果関係が認められる損害額を賠償する義務を負うことになります。

　しかし、この原則をそのまま適用することは、労働者にとって過酷な結果となりかねません。そこで、労働者が賠償すべき金額については、損害の公平な分担という見地から、信義則（民法1条2項）を根拠に減額されています[42]。労働者が居眠りにより操作を誤って機械を破損した事案において、裁判所は、使用者は労働者に重過失がある場合にのみ損害賠償を請求しうるとしたうえ、損害額の2割5分にかぎって賠償責任を認めています[43]。損害額の算定にあたっては、事業の性格、規模、施設の状況、被用者の業務の内容、労働条件、勤務態度、加害行為の態様、加害行為の予防もしくは損失の分散についての使用者の配慮の程度等が考慮されることになります。

　他方、労働者が業務遂行中に第三者に損害をあたえ、労働者がその第三者に損害を賠償した場合、労働者は使用者に対して求償できるか（いわゆる逆求償）が問題となることもあります。運送会社の労働者が業務中に起こした交通事故の損害を被害者に賠償した事案において、最高裁は、損害の公平な分担という見地から相当と認められる額について、労働者は使用者に対して求償することができると判断しています[44]。

---

[41]　読売新聞社事件・東京高決昭33．8．2労民集9巻5号831頁。
[42]　茨城石炭商事事件・最一小判昭51．7．8民集30巻7号689頁。
[43]　大隈鐵工所事件・名古屋地判昭62．7．27労判505号66頁。
[44]　福山通運事件・最二小判令2.2.28民集74巻2号106頁。

4 権利保障・人格的利益

◆ポイント

・労基法は、強制労働の禁止、中間搾取の排除など、労働者の権利に関する基本
原則を定めている。

・セクシュアル・ハラスメントは、被害者の人格的利益や働きやすい職場環境の
なかで働く利益を侵害する行為として不法行為を構成する。

・職場におけるいじめやパワー・ハラスメントは、上司から部下に対しての行為
だけでなく、同僚間、部下から上司への行為も問題となる。

・使用者は、労働者のプライバシーを過度に干渉してはならない。

(1)労働者の人権と自由の保障

　労基法は、労働者の人権を保障するための規定を設けるとともに、不当な人身
拘束を防ぐ観点から、労働契約に関する規制を行なっています。

①強制労働の禁止

　労基法は、暴行、脅迫、監禁その他精神または身体の自由を不当に拘束する手
段によって、労働者の意思に反して労働を強制することを禁止しています（労基
法5条）。この規定は、非人道的な強制労働が広く行なわれていたことを反省し、
封建的な悪習を排除しようとした規定であり、違反した使用者には、労基法で一
番厳しい刑罰が科されます（同法117条）。

②中間搾取の排除

　何人も、法律に基づいて許される場合のほか、業として他人の就業に介入して
利益を得てはなりません（労基法6条）。かつて仲介者が中間搾取（ピンハネ）など
を行なったため、そうした悪習を排除するために規定されたものです。

　労基法6条は、「業として」なされたものを禁止しており、同種の行為を反復

継続する場合、反復する意図がある場合の関与行為がこれにあたります。職安法は、有料職業紹介、労働者委託募集、労働者職業紹介事業の規制を行なっていますが、同法により許されている行為については適法となります。しかし、職安法に違反してこれら行為を行なって利益を得ることは労基法6条違反にあたります。

③公民権行使の保障

使用者は、労働者が労働時間中に、選挙権その他公民としての権利を行使し、または公の職務を執行するために、必要な時間を請求した場合においては拒んではなりません（労基法7条）。ただし、権利の行使または職務の執行に妨げがないかぎり、請求された時刻を変更することができます。

公民権とは、公職選挙法上の選挙権および被選挙権、最高裁判所裁判官の国民審査、地方自治法による住民の直接請求権などをいいますが、他人の選挙運動に対する応援、一般に訴権（訴えを提起する権利）の行使はこれに含まれません。公の職務とは、国会・地方議会議員、労働委員会委員および審議会委員としての職務、あるいは、裁判所の証人としての出廷や公職選挙法上の選挙立会人の職務などをいいます。

使用者は必要な時間を与える義務はありますが、その時間を有給にするか無給にするかは契約で決めることができます。

④契約期間の制限

期間の定めのある労働契約が締結された場合、その期間中はやむをえない事由がなければ使用者も労働者も契約を解約することができません（民法628条、労契法17条1項）。そこで、労基法は、原則として、3年を超えて労働契約を結んではならないとしています（労基法14条）。

ただし、例外として、一定の事業の完了に必要な期間を定める場合にはその期間、専門的な知識や技術を有する労働者と、60歳以上の高齢者については、3年を超えて5年以内の期間を定めることが認められています。

⑤賠償予定の禁止

労基法は、労働契約の不履行について違約金を定めることや、損害賠償額を予定する契約をすることを禁止しています（労基法16条）。これは、かつて契約期間

の途中で退職する労働者に対して違約金や損害賠償を課す旨を定めることにより、労働者を身分的に拘束するという弊害がみられたことから、こうした事態を防ぐために規定されたものです。

近年では、使用者が海外研修派遣・海外留学に関する費用を支出する場合、労働者が研修・留学終了後に短期間で退職したときに、その労働者に対して返還義務を定めた就業規則の規定や個別の合意などが、労基法16条に違反しないかが問題となっています。裁判例は、留学等の業務性、返還免除の基準の合理性（免除される勤続年数が合理的か等）、返還額の相当性（労働者の賃金と比較して合理的か、勤続年数に応じて減額されているか等）を考慮して個別に判断しています[45]。

⑥前借金相殺の禁止

使用者は、前借金その他労働することを条件とする前貸の債権と賃金とを相殺してはなりません（労基法17条）。その趣旨は金銭貸借関係と労働関係とを完全に分離し、金銭貸借関係に基づく身分的拘束を防止することにあります。

⑦強制貯金の禁止

使用者は、労働契約に付随して貯蓄の契約をさせ、または貯蓄額を管理する契約をしてはなりません（労基法18条1項）。労働者の委託を受けて貯蓄金を関する場合にも、過半数組合または過半数代表者との労使協定の締結および届出、貯蓄金管理規程の周知、命令で定める以上の率の利息の付与等の規制が課されています（同条2項以下）。強制貯金は、労働者の足止め策として利用されたり、使用者の経営状況の悪化等により、貯金の払戻しが受けられなくなるおそれがあるため、強制貯金を禁止しています。

(2)セクシュアル・ハラスメント

セクシュアル・ハラスメントとは、相手方の意に反する性的言動のことをいいます。セクシュアル・ハラスメントは、①性的要求を拒否したことなどを理由として当該労働者が解雇、降格、減給等の不利益を受ける「対価型セクハラ」と、②性的な言動により労働者の就業環境を悪化させる「環境型セクハラ」の2つに

---

*45　長谷工コーポレーション事件・東京地判平9．5．26労判717号14頁、野村證券（留学費用返還請求）事件・東京地判平14．4．16労判827号40頁。

分類されます。

　対価型セクハラとは、たとえば、事務所内において上司が労働者に対して性的な関係を要求したが、拒否されたため、その労働者を解雇する、出張中の車中において上司が労働者の腰、胸等に触ったが、抵抗されたため、その労働者について不利益な配置転換をするといった行為がこれにあたります。

　環境型セクハラとは、事務所内において上司が労働者の腰、胸等に度々触ったため、その労働者が苦痛に感じてその就業意欲が低下してしまう、同僚が取引先において労働者に係る性的な内容の情報を意図的かつ継続的に流布したため、その労働者が苦痛に感じて仕事が手につかないといったケースです。

　セクシュアル・ハラスメントは、被害者の人格的利益や働きやすい職場環境のなかで働く利益を侵害する行為[46]、もしくは性的自由ないし性的自己決定権等の人格権を侵害する行為[47]として、不法行為を成立させます。

　もっとも、セクシュアル・ハラスメントがすべて違法となるわけではなく、不法行為となるのは、社会通念上許容される限度を超える態様で行なわれた場合にかぎられます。具体的には、行為の具体的態様、反復継続性、相手に与えた不利益・不快の程度、行為の目的・時間・場所、加害者・被害者の職務上の地位・関係等を総合的にみて判断されます。セクシュアル・ハラスメントは、男性が女性に対して行なう場合だけではなく、女性が男性に対して行なう場合も問題となりえます。

　セクシュアル・ハラスメントの行為が「事業の執行につき」なされたときには、使用者もその法的責任を負います（民法715条）。この業務関連性の有無については、行為の場所・時間、加害者の言動等の職務関連性、加害者と被害者の関係などを考慮して判断されます。

　均等法は、事業主に対し、対価型および環境型セクシュアル・ハラスメントが行なわれることがないよう、雇用管理上必要な措置を講じることを義務づけています（均等法11条）。具体的には、事業主の方針の明確化およびその周知・啓発を図ること、相談に応じ適切に対応するために必要な体制の整備を図ること、職場におけるセクシュアル・ハラスメントに係る事後の迅速かつ適切な対応をとるこ

---

*46　福岡セクシュアル・ハラスメント事件・福岡地判平4．4．16労判607号6頁。

*47　金沢セクシュアル・ハラスメント（土木建築会社）事件・名古屋高金沢支判平8．10．30
　　労判707号37頁。

となどがこれにあたります。

　女性従業員にセクハラ発言を繰り返した男性社員の懲戒処分をめぐり、最高裁は、「会社内でセクハラ禁止は周知されており、処分は重すぎない」として、処分を無効とした原審を取り消し、出勤停止などの処分を有効であるとして、男性社員らの請求を棄却しています[48]。

(3)いじめ、パワー・ハラスメント

　職場でのいじめやパワーハラスメントが問題となっています。労働施策総合推進法は、職場におけるパワー・ハラスメントについて、「職場において行われる優越的な関係を背景とした言動であって、業務上必要かつ相当な範囲を超えたものによりその雇用する労働者の就業環境が害されること」と定義しています（30条の2第1項）。

　すなわち、職場におけるパワー・ハラスメントとは、①優越的な関係を背景としており、②業務上必要かつ相当な範囲を超えた言動により、③就業環境を害することであり、この3つの要素すべてを満たすものです。

　ここでいう「優越的な関係」とは、上司から部下に対しての行為だけでなく、先輩・後輩間や同僚間、さらには部下から上司など、様々な職務上の地位や人間関係の優位性を背景に行なわれるケースが含まれます。もっとも、個人の受けとめ方によっては不満に感じる指示や注意、指導があっても、「業務の適正な範囲」内であればパワー・ハラスメントには該当しません。

　パワー・ハラスメントの行為態様については、①暴行、傷害（身体的な攻撃）、②脅迫、名誉毀損、侮辱、ひどい暴言（精神的な攻撃）、③隔離、仲間外し、無視（人間関係からの切り離し）、④業務上明らかに不要なことや遂行不可能なことの強制、仕事の妨害（過大な要求）、⑤業務上の合理性なく、程度の低い仕事を命じることや仕事を与えないこと（過小な要求）、⑥私的なことに過度に立ち入ること（個の侵害）が想定されています。

　労働施策総合推進法では、職場におけるパワー・ハラスメント防止のために、雇用管理上必要な措置を講じることを義務づけています。具体的には、事業主によるパワハラ防止の社内指針の明確化と周知・啓発、相談体制の整備等が求めら

---

*48　L館事件・最一小判平27. 2. 26労判1109号5頁。

れます。

　パワー・ハラスメントに関する紛争が生じた場合、都道府県労働局長による助言、指導、勧告、紛争調整委員会による調停を利用できます。

　これまでの裁判例では、仕事をさせないこと[*49]、退職に追い込むための配転[*50]、業務上必要のない作業をさせるなどの報復的な業務命令[*51] については、不当な動機・目的による権利の濫用、または、被害者の人格権を不当に侵害した不法行為として、違法・無効であると判断しています。

　また、職場において孤立化させることは、職場における自由な人間関係を形成する自由を不当に侵害するとともに、その名誉を毀損するものです[*52]。冷やかし、からかい、嘲笑、悪口、暴力等のいじめについても、それらが原因で自殺したケースにおいて、損害賠償責任が肯定されています[*53]。さらに、「やる気がないなら会社を辞めるべき」という内容のメールを労働者の本人および職場の十数人に送信した上司の行為が、労働者の名誉感情を毀損するものであるとして上司に慰謝料が命じられた裁判例もあります[*54]。

（4）プライバシー

　プライバシーとは、他人の私生活や個人的な情報について他人から干渉を受けない権利を意味します。雇用関係においても、労働者のプライバシーが適切に保護される必要があります。

　まず、労働者のプライバシーに干渉することは許されません。たとえば、従業員に対し、思想調査のために監視や尾行をしたり、私物を無断で写真撮影する行為は、人格的利益の侵害にあたります[*55]。また、従業員の電子メールの閲覧・監視については、私的利用の程度、監視の目的・手段・態様などを総合考慮し、社会通念上相当な程度を逸脱した場合には、プライバシー侵害にあたることにな

＊49　東京教育図書事件・東京地判平４.３.30労判605号37頁。

＊50　バンク・オブ・アメリカ・イリノイ事件・東京地判平７.12.４労判685号17頁。

＊51　前掲・ＪＲ東日本（本荘保線区）事件・最二小判平８.２.23。

＊52　関西電力事件・最三小判平７.９.５労判680号28頁。

＊53　誠昇会北本共済病院事件・さいたま地判平16.９.24労判883号38頁。

＊54　Ａ保険会社上司（損害賠償）事件・東京高判平17.４.20労判914号82頁。

＊55　前掲・関西電力事件・最三小判。

ります[*56]。

　そして、労働者の個人情報を取得・開示することも許されません。個人の病状に関する情報はプライバシーに属する事項であり、みだりに第三者に漏洩した場合にはプライバシーの権利を侵害したことになります[*57]。また、無断で身体上の検査を行なうことは不法行為にあたります[*58]

＊56　否定された例として、前掲・Ｆ社Ｚ事業部（電子メール）事件・東京地判。
＊57　ＨＩＶ感染者解雇事件・東京地判平7．3．30労判667号14頁。
＊58　東京都（警察学校・警察病院ＨＩＶ検査）事件・東京地判平15．5．28労判852号11頁。

5 人事異動

◆ポイント

・使用者は、配転を命じる際に、職業生活と家庭生活の調和に配慮することが求められている。

・出向とは、労働者が出向元会社の地位を保持したまま、一定期間、他企業の業務に従事することをいう。

・転籍とは、現在雇用されている使用者との労働契約を終了させ、他企業との間に新たに労働契約関係に入ることをいい、転籍を命じるには個別の同意が必要である。

・休職期間終了時の復職を判断するときは、従前の職務を行なえる状態に回復していなくとも、相当期間内に治癒することが見込まれ、かつ当人に適切なより軽い業務がある場合には、使用者はそのような業務に配置すべき信義則上の義務を負う。

　人事異動とは、配転、出向、昇進・昇格、休職など、企業内において労働者の地位や処遇を変更することをいいます。

(1)配転

①配転命令権の根拠

　配転とは、企業組織内における労働者の配置の変更のことです。配転は、勤務場所の変更をともなう転勤と職務内容の変更をともなう配置転換に分けられます。

　わが国では、人事異動を通じて人材の育成を図ることが企業で一般的に行なわれており、配転は能力開発や適正配置を目的として実施されています（ジョブローテーション）。また、従業員の補充、余剰人員の雇用調整などを目的として配転が行なわれることもあります。

　では、使用者は配転を一方的に命じることができるでしょうか。配転命令の法的根拠については、次のような学説の考え方があります。1つは、労働契約にお

いて、労働者は労働力の処分を包括的に使用者に委ねるから、使用者は、包括的な処分権を取得するという包括的合意説とよばれる考え方です。もう1つは、配転はあくまで契約上の合意に基づくものであり、労働者は合意の範囲内でのみ命令に従う義務があるとする契約説とよばれる考え方です。

判例は、職種・勤務地限定の合意の有無、就業規則上の配転条項などに基づき、労働契約を解釈したうえで、配転命令権の有無を判断しています[*59]。一般に、正社員の場合には、就業規則や労働協約上の配転条項があれば、労働協約や就業規則によって配転命令権が労働契約上根拠づけられることになり、使用者に配転命令権が肯定されることになります。

労働契約において職種や勤務地を限定する合意がある場合には、配転命令権は合意の範囲内に限定されることになります。ただし、判例はそのような合意を容易には認めていません。たとえば、20年以上にわたり機械工として勤務してきた場合[*60]、放送局のアナウンサーとして業務に従事してきた場合[*61]でも職種限定の合意は認められていません。

労働契約で、職種を限定して採用された場合、他の職種に配転するには、本人の同意が必要です。また、勤務場所を決めて採用されている場合、住居の変更をともなう勤務地の変更にも本人の同意が必要です。

②配転命令権の濫用

配転が、労働契約の範囲内であっても、権利濫用の有無が判断され、権利行使の不当性が問題となります。判例は、濫用とみなされる場合を次のように整理しています[*62]。まず、①業務上の必要性が存しない場合です。そして、業務上の必要性が認められる場合であっても、②不当な動機・目的をもってなされた場合、③労働者に対し通常甘受すべき程度を著しく超える不利益を負わせる場合、配転命令は権利の濫用となります。

---

*59 東亜ペイント事件・最二小判昭61．7．14労判477号6頁。
*60 日産自動車村山工場事件・最一小判平元．12．7労判554号6頁。
*61 九州朝日放送事件・最一小判平10．9．10労判757号20頁。
*62 前掲・東亜ペイント事件・最二小判。

配転を命じる際には、職業生活と家庭生活の調和が要請されています（労契法
3条3項）。また、使用者は、労働者の就業場所の変更にあたって、子の養育また
は家族の介護状況に配慮する義務を負っています（育介法26条）。配転命令権の濫
用を判断する際には、使用者が労働者の生活上の不利益にどの程度配慮したかが
考慮されることになります。

　濫用判断について個別にみると、業務上の必要性については、当該転勤先への
異動が余人をもっては容易に替え難いといった高度の必要性までは求められてお
らず、「労働力の適性配置、業務の能力増進、労働者の能力開発、勤務意欲の高
揚、業務運営の円滑化など企業の合理的運営に寄与する点が認められる限りは、
業務上の必要性の存在を肯定すべきである」として、緩やかにその必要性が認め
られています[63]。

　不当な動機・目的としては、組合嫌悪による場合[64]、内部通報等に対する報
復などの場合[65]が典型です。

　労働者の不利益については、単身赴任せざるをえないという事情だけでは、
「通常甘受すべき程度を著しく超える不利益」とは認められていません[66]。また、
3歳の子を養育している女性労働者に対する片道1時間45分を要する勤務地へ
の配転命令についても、保育園に預けている子どもの送迎等で支障が生じる不利
益は少なくないとしながらも、配転命令は有効と判断されています[67]。

　これに対して、病気の子ども2人と高齢の両親の面倒をみなければならない場
合[68]、重度のアトピー性皮膚炎の子ども2人を看護していた場合[69]、重度の心
臓病にり患した子どもを看護していた場合[70]には、配転命令権の濫用と判断さ
れています。使用者は、配転を命じる際に、職業生活と家庭生活の調和に配慮す
ることを求められています。

＊63　前掲・東亜ペイント事件・最二小判昭61.7.14。
＊64　朝日火災海上保険事件・最二小判平5.2.12労判623号9頁。
＊65　オリンパス事件・東京高判平23.8.31労判1035号42頁、同事件・最一小決平24.6.28
　　　〔不受理決定〕。
＊66　帝国臓器製薬事件・最二小判平11.9.17労判768号16頁。
＊67　ケンウッド事件・最三小判平12.1.28労判774号7頁。
＊68　北海道コカ・コーラボトリング事件・札幌地決平9.7.23労判723号62頁。
＊69　明治図書出版事件・東京地決平14.12.27労判861号69頁。
＊70　日本レストランシステム事件・大阪高判平17.1.25労判890号27頁。

（2）出向・転籍

①出向命令権とその濫用

　出向とは、労働者が出向元会社の地位を保持したまま、一定期間、他企業の業務に従事することをいいます。こうした出向は、在籍出向とよばれ、元の会社との労働契約は終了する転籍と区別されます。出向は、勤務する職場が同一会社内の配転と異なり、他の会社の事業所等に勤務し、出向先の会社の指揮命令に服する点に特徴があります。

　では、使用者は何を根拠に労働者に出向を命じることができるのでしょうか。出向は本来の使用者とは異なる第三者の指揮命令のもとで就労させるものですので、労働者の承諾が必要であると解されています。その根拠としては、使用者の権利の譲渡には労働者の承諾を要すると規定する民法625条1項があります。

　問題は、この場合の承諾が事前の包括的同意で足りるのか、それとも労働者の個別的同意を要するのかという点です。判例は、就業規則上に根拠規定があり、出向先での賃金や出向期間、復帰の仕方等に関して労働者の利益に配慮して規定されているケースにおいて、労働者の個別同意なしに出向を命じることができると判断しています[71]。

　ただし、出向命令が権利濫用になることがあります。労契法14条は、使用者が労働者に出向を命ずることができる場合であっても、その出向命令が権利を濫用したものと認められる場合には、無効となることを明らかにしています。その出向命令が権利濫用であるかどうかを判断にあたっては、出向を命ずる必要性、対象労働者の人選基準の合理性、生活関係、労働条件等における不利益、手続の相当性などの事情が考慮されます[72]。

②出向中の法律関係

　一般に、出向においては、労使間の権利義務が出向元と出向先の間で分割され、部分的に出向先に移転すると解されています。出向元企業の権利義務のうちどの部分が譲渡されるかは、通常出向協定によって定められることになります。一般的に、出向先には、就労に関わる指揮命令権、安全配慮義務などは出向先が負う

---

*71　新日本製鐵（日鐵運輸第2）事件・最二小判平15. 4. 18労判847号14頁。
*72　同上・新日本製鐵（日鐵運輸第2）事件・最二小判。

ことになります。これに対して、出向元には、解雇などの労働契約上の地位に関わる権限が残ると解されています。

出向から復帰する場合に、労働者の同意が必要という点については、判例は、将来出向元へ復帰することを予定して出向が命じられているかぎり、復帰命令に改めて労働者の同意を得る必要はないと解しています[*73]。

③転籍

転籍とは、現在雇用されている使用者との労働契約を終了させ、他企業との間に新たに労働契約関係に入ることをいいます。一般的には、従前の使用者との労働契約を合意解約し、新たな使用者と労働契約を締結するという方法がとられています。

転籍は、労働者の合意解約の意思表示を前提としているので、労働者の同意が必要となります。就業規則や事前の合意では足りず、労働者本人の個別の同意が必要であり、使用者は一方的に転籍を命じることはできません[*74]。

(3)昇進・昇格・降格

昇進とは、係長、課長、部長などの企業組織上の職位の引上げを意味します。昇格とは、職能資格・等級の引上げを意味します。降格は、資格・等級の引下げと職位の引下げの双方が含まれます。

一般に、昇進や昇格の判断は、人事考課に基づいて行なわれるため、使用者の裁量が広く認められています。もっとも、特定の労働者を差別的に昇進・昇格させない場合には違法性が問題になります。組合活動を理由にするなど不当労働行為にあたる場合（労組法7条）や、差別的取扱いや嫌がらせによって昇進・昇格をさせない場合（労基法3条、均等法6条）は違法となり、労働者は不法行為に基づき損害賠償を請求することができます。

管理職等の職位に関する降格については、使用者の裁量が認められますが、人事権の行使は、労働者の人格権を侵害する等の違法・不当な目的・態様をもってすることは許されません。使用者の裁量を逸脱しているかどうかは、業務上・組織上の必要性の有無およびその程度、能力・適性の欠如等の労働者側における帰

*73　古河電気工業・原子燃料工業事件・最二小判昭60. 4. 5労判450号48頁。

*74　三和機材事件・東京地判平7. 12. 25労判689号31頁。

責性の有無およびその程度、労働者の被る不利益の性質およびその程度等を総合考慮して判断されます[75]。これに対し、資格の引下げにより、賃金が連動して減額される場合には、労働者の同意や就業規則上の規定など契約上の根拠が必要です[76]。

(4)休職

　休職とは、労働者に就労させることが適切でない場合に、労働契約関係そのものは存続させながら、就労を一時禁止または免除することをいいます。その例として、①労働者の業務外の疾病や負傷を理由とする傷病休職、②事故による欠勤を理由とする事故欠勤休職、③刑事事件で起訴された者を休職させる起訴休職、④出向期間中の出向休職、⑤留学などのために行なわれる自己都合休職などがあります。法律上の休職制度としては、産前産後休業、育児休業、介護休業および子の看護休業などがあります。病気休職、起訴休職などは、就業規則などに基づく休職制度になります。

　問題になるのは、休職の終了時の取扱いです。休職していた理由がなくなることで休職は終了し、職場に復帰することになりますが、休職期間満了時点において当該休職事由が存続している場合には、自動退職扱いとされることが多いため、いかなる場合に復職可能になったといえるかが問題となります。

　傷病休職において休職事由の消滅を認めるためには、原則として、従前の職務を支障なく行ないうる状態に復帰したことが必要です。裁判例は、復職の要件とされる「治癒」とは、「従前の職務を通常の程度に行える健康状態に復したとき」をいうと解しています[77]。もっとも、休職期間満了時にそうした状態に達していない場合であっても、相当期間内に治癒することが見込まれ、かつ当人に適切なより軽い業務がある場合には、使用者はそのような業務に配置すべき信義則上の義務を負い、契約の自動終了という効果は発生しないと解釈されています[78]。

＊75　前掲・バンク・オブ・アメリカ・イリノイ事件・東京地判平7.12.4。

＊76　アーク証券事件・東京地判平12.1.31労判785号45頁。

＊77　平仙レース事件・浦和地判昭40.12.16労判15号6頁。

＊78　エール・フランス事件・東京地判昭59.1.27労判423号23頁、JR東海事件・大阪地判平11.11.4労判771号25頁。

6 労働者派遣

2

◆ポイント

・労働者派遣の特徴は、派遣労働者と派遣元との間に労働契約関係がある一方、労働者と派遣先との間には契約関係がなく、指揮命令関係だけがある。

・派遣労働者の保護を目的として労働者派遣法がさまざまなルールを設けている。

・2015年改正派遣法の趣旨は、常用代替を防止するとともに、派遣労働者の雇用の安定、キャリアアップを図ることにある。

(1)労働者派遣とは

労働者派遣とは、「自己の雇用する労働者を、当該雇用関係の下に、かつ、他人の指揮命令を受けて、当該他人のために労働に従事させる」ことをいいます（派遣法2条1項）。労働者派遣とは、派遣労働者と派遣元、派遣先という三者の関係であり、その特徴としては、①派遣労働者と派遣元との間に労働契約関係があること、②派遣労働者と派遣先との間には指揮命令関係だけがあることを指摘できます。このように、労働者派遣の特徴は、雇用関係と指揮命令関係が分離している点にあり、その法律関係も複雑になります。そこで、派遣労働者の保護を目的に制定されたのが労働者派遣法です。

職安法は、労働者供給を業として行なうこと、および違法な事業から供給された労働者を使用することを禁止しています（職安法44条）。労働者派遣事業については、職安法により労働者供給として禁止されてきました。しかし、派遣のニーズに対応して、1985年労働者派遣法が制定され、一定の専門的業務に限定して派遣を解禁しました。当時、派遣社員は例外的な働き方とされ、対象は専門業務に限られていましたが、1999年と2003年の派遣法改正により、派遣可能業務の制限は原則撤廃となり、派遣の対象はより一般的な業務にも広がっています。

労働者派遣と似たものに請負というものがありますが、偽装請負が横行して問題になりました。請負とは、民法で定められた契約のひとつで、当事者の一方が

ある仕事を完成させ、その相手方が、仕事の結果に対して報酬を支払うことを約束する契約です（民法632条）。請負の特徴は、注文主と労働者との間に指揮命令関係が生じないという点にあります。請負の場合には、労働者派遣法は適用されません。労働者派遣と請負の違いは、労働者が注文主（派遣先）から指揮命令を受けるかどうかにあります。労働者派遣法の適用を免れるために、請負の形式をとりながら、注文主が労働者に指揮命令をしたりすることは、違法な労働者派遣（偽装請負）にあたります。

（2）労働者派遣法の規制内容

　派遣法は、2015年改正により、常用代替の防止、派遣労働者の雇用の安定、キャリアアップ措置の強化がなされるとともに、働き方改革法に基づく2020年改正により、待遇の説明義務、均等・均衡処遇等の規定が強化されました。

①労働者派遣の対象業務と派遣期間

　2015年改正により、特定労働者派遣事業と一般労働者派遣事業の区別が廃止され、すべての労働者派遣事業は許可制に統一されました（派遣法5条1項）。労働者派遣が禁止されている業務は法令に列挙された業務（港湾運送、建設、警備、医療業務）です。それ以外の業務は派遣を行なうことが可能となっています（同法4条1項）。

　事業所単位の派遣可能期間は3年が限度とされていますが、派遣先の過半数労働組合等から意見聴取した場合、3年延長することができます（事業所単位の派遣可能期間。派遣法40条の2）。派遣労働者個人単位の場合、同一の派遣労働者を派遣先の事業所における同一の組織単位で派遣できる期間は、原則として3年です（個人単位の派遣可能期間。同法35条の3、40条の3）。派遣元に期間の定めのない労働契約で雇用されている派遣労働者、60歳以上の者等については期間制限の規制は適用されません（同法40条の2第1項1号、2号）。

②労働者派遣の雇用安定措置

　派遣元には雇用安定措置の実施が義務づけられています。派遣期間等により措置の内容は異なりますが、たとえば、同一の組織単位に継続して3年間派遣される見込みがある場合には、派遣先への直接雇用の依頼、新たな派遣先の提供、

派遣元事業主による無期雇用、その他雇用の安定を図るために必要な措置のいずれかの措置を講じなければならないとされています（派遣法30条1項、2項）。また、派遣元は、雇用している派遣労働者のキャリアアップを図るための措置を講じなければなりません（同30条の2）。

　派遣先についても、講ずべき措置が定められています。具体的には、①派遣労働者から申出のあった派遣就業に関する苦情の適切かつ迅速な処理（派遣法40条1項）、②教育訓練実施、福利厚生施設の利用機会の付与義務（同40条2項・3項）、③一定の有期契約の派遣労働者に係る雇い入れ努力義務（同40条の4）、④派遣先における労働者の募集情報の提供義務（同40条の5）などの措置を行うことを派遣先は求められています。

③派遣先による労働契約申込みみなし

　違法派遣の場合には、派遣先が派遣労働者に労働契約の申込みをしたものとみなされます。具体的には、①労働者派遣が禁止されている業務での派遣労働者の受け入れ、②無許可の業者からの派遣労働者の受け入れ、③事業所単位ないし個人単位の派遣可能期間の制限を超える派遣労働者の受け入れ、④偽装請負に該当する違法な労働者派遣での派遣労働者受け入れの場合については、派遣先は、当該派遣労働者に対して、その時点における労働条件と同一の労働条件を内容とする労働契約の申込みをしたものとみなされます（派遣法40条の6）。ただし、派遣先が、その行為が違法であることを知らず、かつ、知らなかったことにつき過失がなかったときは、この限りではないと規定されています。

　この申込みは、これらの違法な労働者派遣終了から1年間は撤回できません。この労働契約申込みみなしに対して、派遣労働者が承諾の意思表示をした場合には、派遣先と派遣労働者との間に労働契約が成立することになります。

④待遇に関する情報提供・説明義務

　労働者派遣は、派遣元と派遣先の間の労働者派遣契約について一定の事項を定め（派遣法26条1項）、派遣元は、派遣労働者に就業条件等を明示しなければなりません（同法34条）。

　また、派遣先は、新たに労働者派遣契約を締結するにあたって、あらかじめ派遣元に対し、比較対象労働者の賃金その他の待遇に関する情報その他の厚生労働

省令で定める情報を提供しなければならないとされています（同法26条7項）。派遣先がこの情報提供を行なわない場合には、派遣元は労働者派遣契約を当該企業と締結することはできません（同条9項）。

　派遣元は、派遣労働者に対して、次の説明義務を負います。まず、雇入れ時及び派遣時に、労働者に対し、文書の交付等により特定事項（昇給・賞与・退職手当の有無）を明示する義務（同法31条の2第2項1号）、職務内容等を勘案した賃金決定（同法30条の5）に関して講ずることとされている措置の内容を説明する義務（同法31条の2第2項2号）を負います。

　また、派遣元は、派遣労働者から求めがあったときは、待遇決定に当たって考慮した事項を説明しなければなりません（同法31条の2第4項）。説明を求めたことを理由とする不利益取扱いは許されません（同条5項）。

⑤派遣労働者に対する均等・均衡待遇

　派遣労働者に対しては、短時間・有期雇用労働者と同様に、派遣先企業で働く者との均等・均衡待遇の確保が求められます。労働者派遣は三者関係であるため、均等・均衡待遇の方式とともに、労使協定を締結する方式も認めているところに法規制の特徴があります。

　均等・均衡待遇の方式を採用する場合、「均等待遇」の確保として、当該派遣先における派遣就業が終了するまでの全期間において、その職務の内容及び配置が当該派遣先との雇用関係が終了するまでの全期間における当該通常の労働者の職務の内容及び配置の変更の範囲と同一の範囲で変更されることが見込まれるものについては、派遣元事業主は、正当な理由がなく、基本給、賞与その他の待遇のそれぞれについて、当該待遇に対応する当該通常の労働者の待遇に比して不利なものとすることができません（派遣法30条の3第2項）。

　「均衡待遇」の確保としては、派遣元はその雇用する派遣労働者の基本給、賞与、その他の待遇のそれぞれについて、当該待遇に対応する派遣先に雇用される通常の労働者の待遇との間において、不合理と認められる相違を設けてはならないと規定されています（同法30条の3第1項）。しかし、現状では、職務給が定着していないわが国において、三者関係である労働者派遣について、労働者の均衡処遇を講じることは容易なことではありません。

　そこで、労働者派遣の場合は、労使協定による待遇の決定方式も例外として設

定されています。派遣労働者と派遣元事業者が一定の要件を満たす労使協定を締結し、それが実際に履行されている場合には、その例外として派遣先労働者との均等・均衡待遇の規定は適用されないことになります（同法30条の4）。労使協定方式の場合、適用対象の労働者に周知や通知（同条の4第2項、35条）、派遣元と派遣先の管理台帳に対象労働者の記載（同法37条、42条）等が求められます。

第3章

賃　金

第3章で学ぶこと

◇**賃金とは**：労基法・労契法上の「賃金」とは、労働の対価として使用者が労働者に支払うもの全般を指し、差別禁止や支払確保のための規定が設けられています。

◇**賃金請求権の発生**：労働者が「債務の本旨」に従った労務の提供を行なうと、賃金請求権が発生します。使用者の故意、過失等により労務提供が不可能となった場合、労働者は100％の賃金を請求できます。

◇**賃金の支払い**：労働者の手元に賃金を確実に渡らせるために、労基法は賃金支払いの4つの原則を定めています。使用者の都合で休業する場合は、平均賃金の60％の休業手当を支払わなければなりません。

◇**賃金の支払形態と賃金の決定**：時間給・月給・年俸制などの賃金の支払形態は契約によって決められますが、その決め方や支払い方にも法の規制があります。

◇**割増賃金**：法定の時間外労働や休日労働、深夜労働を行なった場合には、割増で賃金が支払われます。近年とくに問題化している固定時間外手当の法的な課題についても見ていきます。

◇**賞与**：一般に、夏・冬の年2回支給される金員ですが、通常の賃金とは性格が異なります。支給義務の有無や支給条件は、労働契約や就業規則等の規定によって決められます。

◇**退職金**：労働契約や就業規則等で支給の時期や金額等の定めがある場合に支給されます。使用者には支給対象者や金額の決定に裁量があるといえますが、懲戒解雇に対する退職金の不支給は、永年の功労を抹消するほどに重大な事由がある場合にのみ許されるという考え方があります。

◇**最低賃金**：都道府県単位で決定される地域別最低賃金が一般的ですが、特定の産業についてのみ定める特定最低賃金（産業別最賃）というものもあります。

◇**賃金の確保**：使用者が資金難などにより倒産状態に陥っても、賃金債権は、民法や破産法、賃確法等の規定により、優先的に保護されます。

1 賃金とは

◆ポイント

・賃金の考え方は、労契法も労基法も基本的には同一のものである。

・労基法には、賃金の支払いの確保等のため、刑罰も含めた保護規制がある。

・労基法上の「賃金」とは、名称を問わず、①「労働の対価」として②「使用者が労働者に支払うもの」である。

・支給条件の明確性は「賃金」にあたるかどうかを区別する指標となる。

(1)労契法上の賃金

　労契法では「労働契約は、労働者が使用者に使用されて労働し、使用者がこれに対して賃金を支払うことについて、労働者及び使用者が合意することによって成立する」（労契法6条）と定義しており、「賃金」とは労働の対価として当事者間で合意され、使用者が支払うものということができます。これは、後述する労基法上の「賃金」と基本的には同一の概念です。もっとも、労基法上の「賃金」については、賃金決定における差別の禁止のほか、支払いを確保する等の目的から各種の保護規制が設けられており（労基法24条、4条、15条、17条、23条、25条、26条、27条、37条、89条2号、108条）、それらの賃金保護規定の違反については刑事罰が科されます。

(2)労基法上の賃金

　賃金とは、「労働の対償として使用者が労働者に支払うすべてのもの」をいいます（労基法11条）。労基法上の賃金に該当するかどうかは、後に説明する賃金支払いの諸原則の適用の有無や平均賃金の算定基礎となる「賃金」とは何かを判断するうえで重要となります。

　まず、賃金は「使用者が労働者に支払うもの」でなければなりませんから、ホテルやレストランなどで顧客が労働者に支払うチップなどは賃金とはいえません。

次に、実際に問題となるのは「労働の対償」といえるか否かという点です。これは賃金、給料、賞与その他名称を問わず実質的・客観的に見て「労働の対償」といえるかという視点で判断がなされます。一般的には、労働契約、就業規則、労働協約においてその支給条件が明白なものは、「労働の対償」であることが明らかですので、賃金にあたります。

　しかし、賃金と賃金以外のものについて、必ずしも明確な基準があるわけではありません。そのため、実際に労基法上の賃金に該当するかどうかが、実務上問題となってきます。

　裁判例・行政解釈によると、「労働の対償」の意味を、「任意的恩恵的給付」、「福利厚生給付」、「企業設備・業務費」という3つのカテゴリーに該当するかどうかという観点から、これらに当たらなければ広く「労働の対償」といえるとしています。

任意・恩恵的な給付：結婚祝金、死亡弔慰金、災害見舞金等は、原則として任意・恩恵的給付とされます。ただし、結婚祝金等であっても労働協約、就業規則、労働契約等であらかじめ支給条件が明確で、使用者に支払義務のあるものは、「労働の対償」とされ、賃金と取り扱われます（昭22．9．13発基17号）。

福利厚生給付：典型的なものは、均等法6条2号および施行規則1条に列挙されている、①生活資金、教育資金その他労働者の福祉の増進のために行われる資金の貸付け（住宅資金の貸付け等）、②労働者の福祉の増進のために定期的に行われる金銭の給付（奨学金の支給、自己啓発セミナーの受講料の補助等）、③労働者の資産形成のために行われる金銭の給付、④住宅の貸与、があります。ただし、事業主が行う種々の給付や利益の供与のうち「賃金」と認められるものは、そもそも福利厚生の措置に当たりませんので、家族手当や住宅手当は、賃金規程等で制度化されて支給条件が明確にされているかぎり賃金として取り扱われます。

企業設備・業務費：企業が業務遂行のために負担するものであり、制服、作業用品代、出張旅費、交際費、器具損料、労働者のマイカーを業務に使用する場合のガソリン代等のような実費弁償や器具の使用料にあたる場合には、賃金にはあたりません（昭23.2．20基発297号、昭27.5.10基収2162号等）。通勤手当については、使用者は通勤費を必ずしも負担する義務はなく、労働者負担でも差し支えないと解されます。そのため使用者が労働者に対して支払う通勤費は実費弁償といえそうですが、支給基準が就業規則等に定められているときには通勤手当や通勤定期

乗車券の現物支給も、賃金として取り扱うものとされています（昭25.1.18基収130号、昭33.2.13基発90号、昭28.2.10基収6212号、昭63.3.14基発150号）。

3

2 賃金請求権の発生

◆ポイント

・賃金は、後払いが原則である。

・労働者の労務の提供は、「債務の本旨」に従った履行の提供であることが必要であり、債務の本旨に従った労務の提供がない場合には賃金請求権は発生しない（ノーワーク・ノーペイの原則）。

・使用者の故意、過失等の帰責事由により労務提供が不可能となった場合、労働者は 100％の賃金を請求できる。

(1)賃金請求権の要件

労働契約上の賃金請求権の発生については、労基法や労契法に規定がないため、民法における雇用の規定や契約の一般規定の解釈に委ねられています。

民法は、「雇用は、当事者の一方が相手方に対して労働に従事することを約し、相手方がこれに対してその報酬を与えることを約することによって、その効力を生ずる」（民法 623 条）とし、報酬の支払時期については「労働者はその約した労働を終わった後でなければ、報酬を請求することができない」（同法 624 条 1 項）としています。

最高裁も「賃金請求権は、労務の給付と対価的関係に立ち、一般には、労働者において現実に就労することによって初めて発生する後払的性格を有する」と述べています[1]。

さらに民法は、期間をもって報酬を定めた場合には、その期間が経過した後でなければ報酬を請求できないと規定しています（民法 624 条 2 項）。そのため、原則として、月給、週給、日給は、それぞれ月、週、日を終了した時点でしか報酬を請求できないことになります。もっとも、民法と異なる合意を当事者が行なえ

*1　宝運輸事件・最三小判昭 63. 3. 15 労判 523 号 16 頁。

74

ば、当事者の合意が優先します。

　また、2020年4月1日から改正民法（債権関係）が施行されており、新設された民法624条の2（履行の割合に応じた報酬）の規定が適用されることになりました。具体的には労働者は、①使用者の責めに帰することができない事由によって労働に従事することができなくなったとき、②雇用が履行の途中で終了したときは、すでにした履行の割合に応じて賃金を請求できるとしています。典型例は、天災地変により事業場施設が倒壊し労働に従事できなくなった場合です。その他に、雇用の途中で使用者が死亡した場合のほか、労働者側の事情により中途で労働に従事することができなくなった場合であっても（契約期間途中での自己都合退職等）、既に労働に従事した部分についてはその履行の割合に応じて報酬を請求することができるということが明確にされたわけです。

(2)労務の提供は債務の本旨に従って行なう必要があること

　労働契約は、労働者が使用者のもとで労働し、使用者がその対価として労働者に賃金を支払う契約ですから、労働契約では、使用者の賃金支払義務と労働者の労務提供義務が本質的な義務といえます。このうち後者の労働者の労務提供義務は、使用者の指揮命令下において労働する義務ですから、労働者が使用者の指示を無視して好き勝手に仕事をしても義務を果たしたことにはなりません。このことを法的に説明すると、労働者の労務提供義務は「債務の本旨に従った」（使用者の指揮命令に従った）ものである必要があるということになります。そして、労働者が「債務の本旨に従った労務提供」を行なわないかぎり賃金が発生しないということを「ノーワーク・ノーペイの原則」といいます。

　もちろん、ノーワーク・ノーペイの原則も労働者に有利に変更することは自由であり、欠勤・遅刻・早退等の場合においても欠勤控除等を行なわない「完全月給制」は、この原則の例外になります。

(3)労務の不提供または不完全な提供と賃金が問題となる具体例

　ところで、使用者が労働者に対して行なう指揮命令の内容（労働の種類・場所・態様・遂行方法など）は、使用者が無制約に決定できるのではなく、あくまで労働

者と合意した労働契約の枠内において使用者がこれを決定し、労働者に対して必要な指示および監督を行なうことによって具体化されるということになります。

　では、もし仕事がないために使用者が労働者に休業や自宅待機を命じた結果、労働者が労務提供義務を履行できなくなった場合には賃金請求権は発生しないのでしょうか。また労務提供を行なってはいるものの、それが使用者が命じた（期待した）とおりの働き方ではない場合（たとえば、働いてはいるが争議行為としての怠業やゼッケンの着用を行なうなど）にも、労働者は賃金を請求できるのでしょうか。

　まず、工場の焼失、主要な発注先の倒産などの事情により仕事がなくなったり、仕事量の減少により労働者に休業を命じるような場合がありますが、この場合、後に説明するとおり、特別な事情がないかぎりは、「使用者の責に帰すべき事由による休業」として、使用者には休業手当の支払義務が生じます（労基法26条。3（5）休業手当も参照）。

　では、労働者は労基法上の休業手当を請求するほかに、労働契約に基づいて賃金を請求することはできるでしょうか。民法536条2項によると、労働者（債務者）の労務提供が履行不能のために行なわれなかったときでも、その履行不能が使用者（債権者）の責めに帰すべき事由による場合には、労働者は賃金を請求できることになります。ちなみに、同条項の定める使用者の帰責事由は使用者の故意、過失または信義則上これと同視できる事由を指し、主要な発注先の突然の倒産などは含まれないと考えられるため、この場合には労働者は休業手当を受給できるものの、これを上回る賃金請求はできないことになります。

　同条項により賃金請求権が発生する典型例は、使用者が行なった解雇が無効であった場合です。使用者が解雇を行なうと、労働者との契約関係はいったん消滅したことになりますが、労働者がこれを不服として裁判や労働審判等で争い、後日、解雇が無効であると判断された場合には、法的には労働契約関係は初めから消滅していなかったということになります。この場合、労務提供義務が使用者の違法（無効）な解雇により履行不能となったと判断されるので、労働者は解雇時にさかのぼって賃金請求ができます。

　また、解雇の場合には労務を提供することはできませんが、労働者としても使用者が解雇を撤回するなどした場合（労務提供を求められた場合）には、労務に就く意思と能力を保持していることが必要です（これを債務の本旨に従った「履行の提供」といいます）。そのため再就職し新たな職場に専念しているような場合には、客観

的にみて労務提供の意思も能力も喪失したとみなされ、後に解雇が無効であると判断されても、解雇期間中の賃金請求権は認められない場合もありえます。

さらに問題となるのは、労働者が私傷病で従前どおりの働きができなくなった場合、労働者が軽易な作業であれば対応可能であると申し出ていたとしても、債務の本旨に従った「履行の提供」がなく労働者が賃金請求権を失うのかという点です。最高裁は、労働者が病気のために現場監督業務に従事できなくなり、内勤業務を申し出たところ、使用者がこれを拒否し賃金も支給しなかったという事例において、労働者が職種や業務内容を特定せずに労働契約を締結した場合には、現に就業を命じられた特定の業務についての労務の提供が十全にはできないとしても、当該労働者を配置する現実的可能性のある他の業務への労務の提供を申し出ている場合には、なお債務の本旨に従った履行の提供があると判示しました[2]。

そして、労務の提供は使用者の指揮命令に従った形で行なわれる必要がありますので、労働者が使用者の明示または黙示の指揮命令に反する労務を提供しても、債務の本旨に従った労務の提供とはいえず賃金請求権は発生しないことになります[3]。

（4）時効

賃金請求権にも時効があります。従来は、賃金、災害補償その他の請求権の消滅時効は2年、退職金請求権の消滅時効は5年と定めていました。

しかし、2020（令和2）年2月4日、第201回国会に、賃金請求権の消滅時効期間と付加金の請求可能期間を延長する規定などが盛り込まれた労働基準法改正案が提出され、可決されました。

この改正では、まず賃金の消滅時効期間が民法改正にあわせて見直しされ、賃金（退職手当を除く）の請求権の消滅時効が5年間に延長されるとともに、消滅時効の起算点について請求権を行使することができる時であることが明確化されました。もっとも、当分の間（少なくとも改正法の施行〈2020（令和2）年4月1日〉から5年間〈2025（令和7）年3月末まで〉）は、賃金請求権の消滅時効期間は「3年間」とされ、一定期間の猶予措置が設けられていますので、注意が必要です。これは

---

*2　片山組事件・最一小判平10. 4. 9労判736号15頁。
*3　水道機工事件・最一小判昭60. 3. 7労判449号49頁。

賃金の消滅時効がいきなり5年間に延長された場合の使用者側の負担の大きさに配慮したものです。さらに、消滅時効が延長されるのは、改正法の施行日以後に支払期日が到来する賃金請求権が対象ですので、2020年4月以降の支払分から適用になります。

　退職金請求権は従来どおり請求権を行使できる時から5年間が消滅時効期間となります。これに合わせて付加金の請求を行うことができる期間も延長され（原則5年、当分の間は3年）、労働者名簿や賃金台帳等の記録の保存期間も原則5年間（ただし、賃金や付加金の消滅時効と同じく、当分の間は3年間なので、従来と同じ保存期間となります）となりました。労働者名簿等の書類の保存は、紛争解決や監督上の必要から裏付けとなる証拠の保存を使用者に課したものなので、消滅時効の延長に合わせて、記録の保存期間も延長されたわけです。

　なお、賃金請求権以外の請求権（年次有給休暇請求権、災害補償請求権、その他の請求権）の消滅時効については、一律に従来と同じく2年間とされています。

3 賃金の支払い

◆ポイント

・労基法 24 条は、労働者に賃金を確実に確保させるため、賃金支払いの 4 つの原則を定めている。

・賃金の相殺合意、放棄の意思表示、減額合意については自由意思か否かが問題とされている。

・労働契約では、あらかじめ違約金等の賠償金の支払いを定めてはならず（労基法 16 条）、使用者の労働者に対する損害賠償請求権の行使は信義則により制限される。

・使用者は会社の休業の場合、平均賃金の 60％の休業手当を支払わなければならない（労基法 26 条）。

・裁判所は、支払義務のある金員を支払わなかった使用者に対して、未払い金と同一額の付加金の支払いを命ずることができる（労基法 114 条）。

　賃金は、労働の対価として、労働者が人間らしい生活をするために必要不可欠なものです。そのため、労基法では、賃金支払方法の諸原則を規定し、労働者の保護を図っています。

(1)賃金支払いの4原則

　賃金の支払方法については、労基法 24 条で「賃金は、通貨で、直接労働者に、その全額を支払わなければならない」「賃金は、毎月 1 回以上、一定の期日を定めて支払わなければならない」と定められており、これを賃金支払いの 4 原則といいます（毎月 1 回以上払いと一定期日払いを分けて、5 原則ともいわれています）。これは発生した賃金が労働者の手に確実にわたるようにして労働者の経済生活の安定を確保するための規制です。

①通貨払いの原則

通貨払いとは

　通貨とは、日本銀行が発行する銀行券（紙幣）と強制通用力のある貨幣（通貨の単位及び貨幣の発行等に関する法律2条3項）のことです。そのため、小切手や外国の通貨は、ここでいう「通貨」とはいえません。

　この原則については、「法令若しくは労働協約に別段の定めがある場合又は厚生労働省令で定める賃金について確実な支払の方法で厚生労働省令で定めるものによる場合においては、通貨以外のもので支払い」（労基法24条1項但書）ができるという例外があります。

銀行振込

　一般的には会社からの賃金の支払いは銀行等の金融機関への振込によりなされていることが多いでしょう。ただ、労基法との関係では銀行振込による賃金の支払いは通貨払いの原則の例外であるということになります。この例外が許されるためには、①本人の同意を得て、②本人の指定する金融機関の、③本人名義の口座への銀行振込をすることが要件です（労基則7条の2第1項。昭63.1.1基発1号。一定の要件を満たす証券総合口座が追加されています）。

②直接払いの原則

直接払いとは

　賃金は直接労働者に支払わなければならず、労働者の親権者その他の法定代理人および労働者から委任を受けた任意代理人に対しても、使用者には支払義務はありません。未成年者の親権者・後見人への支払いについてはとくに労基法59条が明示的に禁止しています。

　この原則は、かつて仲介人や親方、年少者の親などが賃金を代理受領して中間搾取したという経験があったことから、これを防止しようとするものです。

　もしこの原則に違反して他人に賃金を支払ったあとで本人から支払いを求められれば、使用者としては二重払いをせざるをえないことになります。

使者に対する支払い

　ただし、代理人ではない「使者」に対する支払いについては、直接払いの原則に違反しないとされています（昭63.3.14基発150号）。

　ここで使者とは、たんなる本人の「使い」、いわば本人の手足が伸びてきて賃

金を受け取るとみられる場合を指します。たとえば、労働者本人が病気のときに、本人から連絡を受けて、その配偶者が賃金を受け取るような場合のことです。

賃金債権の譲渡

本人から賃金債権を譲り受けた譲受人に対して賃金を支払うことも、直接払いの原則に違反します。そのため、労働者本人と譲受人との間で賃金債権の譲渡の約束が有効に成立したとしても、譲受人は会社に賃金を請求できません。

③全額払いの原則

全額払いとは

賃金はその全額を支払うのが原則ですので、使用者が一方的に給料から天引き控除を行なうことはできませんが、税金や社会保険料等法令で定められたもの、および過半数組合（これがなければ過半数の労働者の代表者）との書面協定があれば、その範囲での控除が可能です。また、賃金債権について、裁判所からの仮差押え、差押え等の法的手続がなされた場合においては、当然にその範囲内でこれを控除することができます。

過払金の精算

事務処理上のミスで支払う必要のない扶養手当を支払ってしまった場合や、賃金支払対象期間が毎月1日から末日まで、賃金支払日が当月20日のときに、25日から3日間、労働者が欠勤してしまい、その日数分が過払いとなった場合等は、精算をする必要が出てきます。

過払分は本来使用者において支払うべき義務のない賃金ですから、労働者にとってその過払分は不当利得となりますので、使用者はその返還を求めることができます。

この返還請求に労働者本人が応じない場合には、翌月分の賃金から過払分を控除して精算するのが一番便宜です。もっとも、この控除が全額払いの原則に違反するのではないかという問題が生じます。

全額払いの原則との関係では、使用者が労働者に対して有する損害賠償請求権と労働者の賃金債権を相殺することは許されません[4]。しかし、最高裁は、たんなる過払金の精算（不当利得返還請求権と労働者の賃金債権との相殺）について「実質

---

*4　日本勧業経済会事件・最大判昭36.5.31民集15巻5号1482頁、関西精機事件・最二小判昭31.11.2民集10巻11号1413頁。

的にみれば、本来支払われるべき賃金は、その全額の支払を受けた結果となる」等として、①賃金の清算調整の実を失わない程度に合理的に接着しており（たとえば翌々月）、②その金額が労働者の生活を脅かすおそれのない範囲であれば、それは労基法の「全額払いの原則」に違反するものではないとしています*5。

合意による相殺

使用者による一方的な賃金の相殺が原則として禁止されることはすでに述べたとおりです。では、労使間の合意によって相殺することは許されるでしょうか。最高裁では、労働者に対する住宅資金の貸付債権と退職金債権との相殺が問題となりました*6。

金融機関からの借入金との相殺：労働者の委任を受けて会社が金融機関等に退職金から借入金を控除して支払うという合意は、それが真に自由な意思でなされたものであると認めるに足りる合理的な理由が客観的に存在する場合には有効とされています。

賃金控除協定の要否：合意による相殺の場合に、労基法24条1項但書の賃金控除協定が必要かどうかという問題があります。この点について、最高裁判決をどのように理解するかについては見解が分かれています。読みようによっては、最高裁は労基法24条の全額払いの原則は、一方的相殺を対象とし、合意による相殺は対象としていないと考え、賃金控除協定については正面から議論することなく合意相殺の効力を認めているのではないかという見方もできます。しかし、このような理解に対しては、労使の合意により賃金控除協定が不要となるのであれば、労基法の強行法規性に反するという批判が可能です。

賃金債権の放棄：労働者が賃金債権を放棄した場合に、使用者が当該賃金を支払わないことが全額払いの原則に反しないかという点も問題となります。労働者本人が賃金をいらないというのであれば法律があえて禁止する必要はないとも考えられますが、労働者にとっては生活の糧である賃金債権の放棄が自由に行なえるということになった場合、交渉上優位な立場にある使用者からの圧迫などにより労働者が不本意ながら賃金債権を放棄させられてしまうという事態が生じかねま

---

* 5　福島県教組事件・最一小判昭44.12.18民集23巻12号2495頁。
* 6　日新製鋼事件・最二小判平2.11.26労判584号6頁。

せん。

　最高裁は、在職中の不正経理の弁償を求められた労働者が退職する際に、退職金請求権を放棄し、後になってその支払いを求めた事案において、退職金債権放棄の意思表示が労働者の自由な意思に基づくものであると認めるに足る合理的な理由が客観的に存在していた場合には、上記放棄の意思表示も有効であると判断しています[*7]。

　ここで、「労働者の自由意思に基づく合理的理由が客観的に存在する」とはどのような場合かが問題となりますが、上記最高裁を参考にすると、退職金債権を放棄することのほうが、労働者が会社に生じさせた損害より少ない額で解決がなされるとか、民事上の損害賠償請求や刑事上の告訴をされるよりは退職金債権を放棄したほうがよいといった、労働者が任意に選択する合理的理由があったということを指すといえるでしょう。

賃金減額の合意

　労働者の同意を得て通常の月例賃金を減額する場合にも、実質的には賃金債権の一部放棄と同様であるととらえて、退職金債権の放棄と同様に、労働者の自由な意思に基づくと認められる合理的理由が客観的に存在することが必要であるとする裁判例も存在します[*8]。また、原則として当該合意は書面によることが必要であるとする裁判例[*9]もあり、賃金減額の合意には、一般に厳格な判断が行なわれています。ただ、月例賃金の減額は退職金のように一回かぎりで放棄するのとは異なり、長期にわたって減額の不利益が生じるため、退職金債権の放棄と同じに考えてよいかという問題もあります。いずれにしても、合意の成立や有効性は厳格にチェックされます。

　ちなみに、降格にともなう賃金引下げについてもとくに慎重な判断が求められています。賃金の引下げは就業規則等の賃金減額条項を根拠として実施する場合にも、労働者にそのような不利益を受忍させることが許容できるだけの高度の必

---

*7　シンガー・ソーイング・メシーン事件・最二小判昭 48. 1. 19 民集 27 巻 1 号 27 頁。

*8　更生会社三井埠頭事件・東京高判平 12. 12. 27 労判 809 号 82 頁。

*9　ザ・ウィンザー・ホテルズインターナショナル事件・札幌高判平 24. 10. 19 労判 1064 号 37 頁等。また、退職金減額の合意の真意性に関する山梨県民信用組合事件・最二小判平 28. 2. 19 労判 1136 号 6 頁も参照。

要性に基づく合理性が必要であるとする裁判例もあります[10]。

前借金と賃金の相殺：労基法 17 条は、「使用者は、前借金その他労働すること
を条件とする前貸の債権と賃金とを相殺してはならない」と定めています。これ
は使用者からの借金を返すまでは退職させずに過酷な労働条件で働かせるといっ
た弊害が生じることを防止する趣旨です。同条にいう相殺は、合意による相殺を
含むと解されており、「労働をすることを条件とする債権」については、同意の
有無を問わず相殺は許されないことになります。労働者への貸付が前借金にあた
るかどうかは、労働の強制、退職の自由の制限が認められるかを、当該貸付をめ
ぐる諸事情から総合的に判断することになります。

住宅資金貸付金と退職金の相殺：これに対し、住宅資金の貸付けは、一般に融資
を受けたからといって退職が制限されるわけではなく、労働することを条件とす
る前貸しの債権ではありませんので、退職時に残債務があれば、これを退職金と
相殺するといった合意は有効となります。

④毎月 1 回以上、一定期日払いの原則

賃金は、毎月 1 回以上、一定の期日を定めて支払われなければなりません。そ
の趣旨は、賃金支払期日の間隔および支払日を一定させ、労働者の生活上の不安
定を防止するためですので、臨時に支払われる賃金、賞与のほか、1 カ月を超え
る期間についての精勤手当、勤続手当、奨励加給（能率手当）については、この
かぎりではありません（労基則 8 条）。

これは年俸制の場合でも同様であり、1 日から末日までの間に少なくとも 1 回
は賃金を支払わなければなりません。

(2)平均賃金

①原則的な計算方法

労基法は、解雇予告手当（20 条）、使用者の責に帰すべき事由による休業の場
合の休業手当（26 条）等を、いずれも「平均賃金」の一定日数分または一定割合
として定めています。この平均賃金の計算方法は労基法 12 条に定められており、
その趣旨は労働者の通常の生活資金をありのままに算出するという点にあります。

＊10　日本ドナルドソン青梅工場事件・東京地八王子支判平 15. 10. 30 労判 866 号 20 頁、コア
ズ事件・東京地判平 24. 7. 17 労判 1057 号 38 頁。

この観点から、次のように原則的な算式が定められています。

平均賃金＝事由発生以前3カ月間の賃金総額÷事由発生以前3カ月間の総日数

　もっとも、上記賃金総額からは、臨時に支払われた賃金（結婚手当等）、3カ月を超える期間ごとに支払われる賃金（夏季・冬季の賞与等）等が除外されます。

　しかし、それ以外のすべての賃金、たとえば、残業手当等も算入されることになります。

②平均賃金の算定にあたって除外される期間等

　また、算定事由発生時の労働者の賃金状況を表すため、算定事由発生前の3カ月間に業務上の負傷・疾病による療養期間や産前産後休業期間、育児・介護休業法による休業期間などが含まれている場合には、その期間についての賃金総額が少なくなることから、これらの期間およびその期間中の賃金を控除し、残りの日数および賃金によって平均賃金を算定することとしています（労基法12条3項）。

（3）賠償予定の禁止

①違約金等の定め

　労基法16条は、労働契約の途中に労働者が転職等する場合に違約金を定め、あるいは労働者が使用者に損害を与えた場合に、その損害の大小に関係なく一定額の賠償金を支払うことを定めることにより、労働が強制となることの弊害を防止するため、「使用者は、労働契約の不履行について違約金を定め、又は損害賠償額を予定する契約をしてはならない」と定めています。

　したがって、あらかじめ罰金等の名目で損害賠償金額を定め、それに従って労働者にその請求をすることは同条に違反します。近時、アルバイト従業員に対して、業務遂行中のミスで使用者の什器備品等を損壊したこと等を理由に罰金を科したり、あるいはアルバイト従業員が退職を申し出た際に代替する従業員を見つけてくるか、それができなければシフトに穴を開けたことに起因する損害を賠償するよう迫って容易に退職を認めないという扱いが問題となっています（いわゆるブラックバイトの問題）。こうした場合には労基法16条違反（罰金を科したり、退職を申し出た労働者に損害賠償を求めること）となりますし、損害賠償の責任制限法理の適用も問題となります（第2章3（3）労働者の損害賠償義務参照）。

③研修費用の立替と返還の問題

　使用者が労働者に代わって立て替えた金員や、労働者に貸し付けた金員を後日返済してもらうこと自体は当然のことといえます。では、一定期間以上勤務しなければ金員の返還を求めるが、その期間を経過していれば返還を求めないということは問題ないでしょうか。退職時に一定期間在籍した者にはその返還義務を免除するということにすぎないのであれば、退職の自由を制限することにはなりません。しかし、研修費用等を事前に会社が貸与して、貸付金に見合う働きをするまでは退職させないということであれば、それはいわゆる「お礼奉公」を強いることになり違法となります。

　判例は、研修あるいは海外留学費用等を貸与し、一定期間の勤務を条件にこの貸与金の返済を免除するという場合には、①その費用の計算が合理的であること、②その金員が純粋に立替金であること、③その金員の返済によりいつでも退職が可能であること（一括弁済にしては高額であるというのであれば、分割等も考えられる）、④短期間の就労であって不当に労働契約の継続を強制するものでないこと[11]、といった要件が充足されれば労基法16条に違反しないとしています[12]。また、タクシー運転手が第2種免許を取得する費用について返還を求めても同条に反しないとしました[13]。

　これに対し、業務命令で海外留学等を命じた場合、会社が費用を負担するのは当然ですので、費用の返還を求めるのは労基法16条に違反し無効です[14]。そのほかに労基法16条違反とされた例としては、看護師見習いへ貸与した修学費用を修学後病院に一定期間勤務すれば返還を免除する約定を同条違反・無効とした例[15]、美容指導を受けた従業員が会社の意向に反して退職したときは入社時に

---

*11　藤野金属工業事件・大阪高判昭43.2.28判時517号85頁、河合楽器製作所事件・静岡地判昭52.12.23労判295号60頁。

*12　返還が認められた例として、野村證券（留学費用返還請求）事件・東京地判平14.4.16労判827号40頁、長谷川コーポレーション事件・東京地判平9.5.26労判717号14頁。

*13　コンドル馬込交通事件・東京地判平20.6.4労判973号67頁、東亜交通事件・大阪高判平22.4.22労判1008号15頁

*14　富士重工業事件・東京地判平10.3.17労判734号15頁、新日本証券事件・東京地判平10.9.25労判746号7頁。

*15　和幸会事件・大阪地判平14.11.1労判840号32頁。

さかのぼって月額４万円の講習手数料を支払う契約を同条違反とした例[16] など
があります。

（4）賃金の非常時払い

　労働者が本人、その家族等の出産、疾病、災害等の非常の場合の費用として賃
金を請求した場合、使用者は既往の労働に対する賃金を支払わなければなりませ
ん（労基法 25 条、労基則 9 条）。

（5）休業手当

①民法の原則

　２（３）で述べたとおり、民法 536 条２項は、「債権者の責めに帰すべき事由
によって債務を履行することができなくなったときは、債権者は、反対給付の履
行を拒むことはできない」と定めています。しかし、民法の規定は任意規定です
から、使用者の責めに帰すべき休業についても賃金は支払わない旨の取り決めを
することは理論的には禁止されていませんので、民法の規定だけでは労働者の保
護が十分だとはいえません。

②労基法による休業手当の保障

　そこで、労基法 26 条は、「使用者の責に帰すべき事由による休業の場合にお
いては、使用者は、休業期間中当該労働者に、その平均賃金の 100 分の 60 以上
の手当を支払われなければならない」と定めています。

　したがって、「会社が休業する場合においては、その理由のいかんにかかわら
ず、休業期間中の賃金は支給しない」といったことを就業規則等に定めても無効
であり、平均賃金の 60％の休業手当を支払わなければなりません[17]。

　なお、労基法にいう「使用者の責に帰すべき事由」とは、広く使用者の経営管
理上の責任範囲に属する事由とされています。すなわち天災地変等のように不可

---

*16　サロン・ド・リリー事件・浦和地判昭 61. 5. 30 労判 489 号 85 頁。
*17　自宅待機期間中の賃金につき労基法 26 条の休業手当を支払うとの就業規則があっても休
　　業手当を超える部分の支払を命じたものとして、アディーレ事件・東京地判平 31. 1. 23
　　労経速 2382 号 28 頁。

抗力を主張しえない場合であり、資材の欠乏または事業場設備の欠陥による操業停止等、使用者の支配権内で生じた問題については「使用者の責に帰すべき事由」とされています（昭23．6．11基収1998号）。

③民法と労基法との関係

以上のように、民法の原則からすれば、使用者の責に帰すべき事由による休業の場合は、労働者は賃金請求権を失いません。この場合は100％の賃金が支払われるわけですが、労基法26条では平均賃金の60％の支払いにとどまることになります。そこで、両規定の関係をどう考えるか問題となります。

まず、労基法26条は民法536条2項の適用を排除するものではありません。労基法26条は労働者への平均賃金の60％相当額の支払いを罰則によって確保し、これに反する合意を無効とすることで（強行性）、労働者保護を強化したものと解されています。

また、両規定の帰責事由の解釈も問題となりますが、判例は、労基法26条の帰責事由は民法536条2項の帰責事由（故意・過失等）よりも広い概念であり、民法でカバーしきれない事由、すなわち「使用者側に起因する経営、管理上の障害を含む」と解釈しています[18]。

(6)付加金

①付加金とは

労基法114条は、「裁判所は、……使用者に対して、労働者の請求により、これらの規定により使用者が支払わなければならない金額についての未払金のほか、これと同一額の付加金の支払いを命ずることができる」と定めています。

付加金の支払いが命じられるのは、次の4つの場合です。

ア　使用者が解雇予告手当を支払わないとき（労基法20条）

イ　休業手当を支払わないとき（同法26条）

ウ　割増賃金を支払わないとき（同法37条）

エ　年次有給休暇の賃金を支払わないとき（同法39条9項）

＊18　ノース・ウエスト航空事件・最二小判昭62．7．17労判499号6頁。

②付加金の支払命令は義務か

　ただし、裁判所は、労働者の請求によって必ずこの付加金の支払いを命じなければならないわけではなく、命ずる「ことができる」だけであって、その判断は裁判所に委ねられています。

　また、判決前に使用者が割増賃金等を支払ってしまえば、付加金の支払いを命じることはできないとされています[*19]。

3

＊19　細谷服装事件・最二小判昭 35. 3. 11 民集 14 巻 3 号 403 頁。甲野堂薬局事件・最一小判平 26. 3. 6 判時 2219 号 137 頁は、事実審の口頭弁論終結時までに割増賃金の支払いを完了すれば裁判所は付加金を命じることができないとしました。

4 賃金の支払形態と 賃金の決定

◆ポイント

・賃金の支払形態は多様であり、どのような支払形態をとるかは契約により定まる。

・年俸制のもとでも割増賃金の支払いは必要である。年俸額の減額には根拠規定を要する。

・賃金の決定においては、差別禁止規制に反してはならず、同一労働同一賃金の理念や「均衡考慮の原則」（労契法3条2項）にも配慮する必要がある。

・働き方改革法により、パート労働者・有期雇用労働者・派遣労働者と正規労働者との間の待遇格差是正が強化された。

(1) 賃金の支払形態

① 多様な支払形態

　賃金の支払形態、すなわち賃金をどのような計算単位で支払うかにつき、労基法は、特定の支払形態でなければならないといったことは定めていません。したがって、週給制、年俸制、以下の組み合わせ等、賃金支払形態をどのように定めるかは自由です。

時間給制：賃金を時間単位で定めるものです。

日給制：賃金を日単位で定めるものです。このうち、賃金を日々支払うのではなく、毎月1回給料日に支払う制度を「日給月給制」ということもあります。ただし、労働法に定められたものではなく一般的な用語であることもあり、用語法は一定していません。

月給制：賃金を月単位で定めるものです。このうち、欠勤、遅刻、早退など労務提供のない場合にも欠勤等の控除を行なわない制度を「完全月給制」といい、欠勤日数等に応じて、欠勤等の控除を行なうものを「月給日給制」ということもあります。「日給月給制」の場合は、「日給×出勤日数」で賃金が決定され、「月給

日給制」では、「月給－（欠勤日数×日給）」という計算が行なわれます。

出来高払制：賃金を、労務提供の結果である出来高（生産量、販売実績等仕事の成果）に応じて定めるものです。

②完全出来高払制の禁止

出来高払制については、労基法27条は「出来高払制その他請負制で使用する労働者については、使用者は、労働時間に応じ一定額の賃金の保障をしなければならない」と定めていて、保障給を設けない完全出来高払制は違反となります。

ただ、同条はその保障給の額や割合を定めておらず、この点は、通達において、平均賃金の60％程度の保障が目途とされているだけです（昭22.9.13発基17号、昭63.3.14基発150号）。

（2）年俸制

①年俸制とは

年俸制とは、賃金の全部または相当部分を労働者の業績等に関する目標の達成度を評価して年単位に設定する賃金制度です。

②年俸制の適用対象者と割増賃金の支払いの要否

年俸制の適用者は年額で賃金が決まっているのだから、時間外・休日・深夜労働についての割増賃金の支払いもしないなどという扱いをしている会社があります。しかし年俸制にしたからといって、時間外割増賃金等を支払わなくてよいというわけではありません。

たとえば、年俸制の適用対象となることが多い管理監督者の場合も、深夜割増賃金の支払いは必要です。年俸制を採用し、年額で取り決めた賃金に割増賃金部分も含めて支払うという場合には、いくらが割増賃金部分であるかを明確にして、それ以外の賃金と区分できるようにしておくことが必要です（5　割増賃金参照）。さらに、年俸の場合の割増賃金の基礎賃金の計算については、たとえ年俸を14分割あるいは16分割するなどして賞与月に支給していても、あらかじめ確定している年俸総額が割増賃金計算の基礎とされます（平12.3.8基収78号）[20]。

---

[20]　中山書店事件・東京地判平19.3.26労判943号41頁。

③年俸の変動

　年俸制の導入については、実績主義の徹底、人件費の自動的な増加の防止、管理職意識の徹底といった理由が考えられますが、実績の結果等によっては年俸の減額が予定されていることがあります。

　しかし、年俸制だから当然に年俸のアップ・ダウンが認められるということにはなりません。原則として労使間の合意で決定すべきものであり、年俸を労働者の同意なく引き下げることができるのは、そのことが明記されている場合です。

　年俸を減額するためには、そのための根拠規定が必要です。この点、減額があるとの説明を受けているのであるから、協議不調の場合は使用者が年俸を決定できるという裁判例[21]（ただし会社が裁量権を逸脱したものかどうかについては争うことができるとしています）と、年俸決定のための成果・業績評価基準、手続、減額の限界、不服申立手続等が就業規則に明確にされ、その内容が公正な場合にかぎり、使用者に決定権があり、そうでなければ、協議不調の場合は年俸額の引き下げは許されず、前年度の年俸額になるとする裁判例[22]があります。

　なお、期間の定めのある労働契約の場合、年俸の協議が整わなければ労働契約の締結ができないので、労働者は契約終了というリスクを負います。しかし、使用者の提示する金額に同意すれば賃金が下がり、同意しなければ契約が終了するというのでは、労働者の負う不利益が大きすぎます。そのため、異議を留めて雇用契約書にサインするということも認められるべきでしょう（後は、労働者が考える金額との差額を求めて訴えることになります。ただし、日本ヒルトンホテル事件[23]は、労働条件の変更に合理的理由がある場合における異議留保付承諾は、契約申込の拒絶であり労働契約は終了したとしています）。

④年俸制の特徴

　年俸制の最大の特徴は、年間の金額があらかじめ決定されているということです。したがって、年度の途中で使用者の都合で勝手に年俸額を変更することはできません[24]（翌年度の年俸額がどうなるかは別の問題です）。

＊21　前掲・中山書店事件・東京地判平19. 3. 26。

＊22　日本システム開発研究所事件・東京高判平20. 4. 9労判959号6頁。

＊23　日本ヒルトンホテル事件・東京高判平14. 11. 26労判843号20頁。

＊24　シーエーアイ事件・東京地判平12. 2. 8労判787号58頁。

(3)賃金の決定

①労使対等の原則

「労働条件は、労働者と使用者が、対等の立場において決定すべきもの」（労基法2条）であり、労働条件の重要な要素である賃金についても労使対等の立場でこれを決定することになります（労契法3条も労働契約の締結について労使対等を定めています）。

しかし、労使対等に関し、労基法は現実にどのように賃金を決定すべきかについて規定していません。実際には就業規則を通じて労働条件が決定されていることが多いことはすでに解説したところです。

②均等待遇

労基法は「使用者は、労働者の国籍、信条又は社会的身分を理由として、賃金、労働時間その他の労働条件について、差別的取扱をしてはならない」（労基法3条）と定めており、国籍、信条、社会的身分を理由に賃金差別を行なうことは同条に違反します。

③能力・雇用形態等による賃金差

しかし、労基法3条は労働者の経験、能力、勤務実績等により賃金に差が生じることまで禁ずるものではありません。また、かつては、パート、アルバイト等雇用形態が異なる場合の賃金差については、契約自由の範疇の問題であり、ただちに違法とはいえないという裁判例がありました[*25]。その一方で、均等待遇の理念を根拠に賃金格差を公序良俗違反とする場合があり、労働内容が同一であるパートタイム労働者の賃金が同じ勤続年数の正社員の8割を下回るときは公序良俗違反として違法となるとする裁判例もありました[*26]。しかし、こうした非正規労働者の待遇格差の問題については「パートタイム・有期雇用労働法（パート有期法）」において立法による格差是正が図られています（詳細は第3章4（4）非正規労働者の格差是正法理参照）。

[*25] 日本郵便逓送事件・大阪地判平14.5.22労判830号22頁。
[*26] 丸子警報器事件・長野地上田支判平8.3.15労判690号32頁。

④男女同一賃金の原則

労基法は、「使用者は、労働者が女性であることを理由として、賃金について、男性と差別的取扱いをしてはならない」（労基法4条）としており、女性であることを理由に賃金を差別することは同条に違反します（罰則について同法119条参照）。たとえば、家族手当を「妻を有する夫」に対してのみ支給するという扱いは、女性労働者には家族手当は支給しないということになるので同条違反になります。

しかし、このことは担当職務の差に応じて賃金に差を設けることを否定するものではありません。つまり仕事内容に差があるから賃金に差があるというのは合理的であるという考え方は認められています。

もっとも、女性の職務の内容、技能、責任の範囲などが男性と同様であるか、あるいは男性と同様になって以降の賃金格差は違法ですし、採用試験や業務内容が男女同一の場合に女性のみを差別的に昇格させないことも違法と評価されます[27]。この場合、裁判例では、昇進・昇格そのものが認められるのではなく、昇進・昇格していれば得られたであろう賃金との差額や慰謝料を不法行為に基づく損害賠償請求として認めることが多いといえます[28]。

（4）非正規労働者の格差是正法理

①非正規労働者の現状

かつて、企業の採用は、終身雇用制度を前提とした正規雇用のいわゆる正社員が中心でしたが、不況によって企業がコスト削減や雇用調整を強いられるなかで、企業の採用は非正規雇用へと徐々にシフトしていき、2022年には4割弱にまで増加しています。

非正規労働者を大きく分けると、正社員に比べて労働時間が短い「パート労働者」、契約期間の定めがある「有期契約労働者」（有期雇用労働者）のほか、派遣元企業に雇用されて派遣先企業に働く「派遣労働者」の3種類があります。

---

*27　違法であることを認めた例としては、社会保険診療報酬支払基金事件・東京地判平2.7.4労判565号7頁、日ソ図書事件・東京地判平4.8.27労判611号10頁があります。

*28　前掲・社会保険診療報酬支払基金事件・東京地判、住友生命保険（既婚女性差別）事件・大阪地判平13.6.27労判809号5頁、野村證券（男女差別）事件・東京地判平14.2.20労判822号13頁。

非正規労働者と正規労働者との間の待遇格差や雇用の不安定さを是正するため、派遣労働者については 1985 年に「労働者派遣法」が、パート労働者については 1993 年にいわゆる「パート労働法」がそれぞれ制定され、現在まで数次の改正がされましたが、非正規労働者保護の点で十分なものとはいえませんでした。

　また、有期契約労働者については、2012 年改正労契法において、雇止め法理（19条）が明文化されるとともに、均衡待遇規定（20条）が新設されました。20条は、有期契約労働者の労働条件が、期間の定めがあることにより無期契約労働者の労働条件と相違する場合、その相違は、①業務の内容と責任の程度（あわせて「職務の内容」といいます）、②職務の内容と配置の変更の範囲、③その他の事情を考慮して不合理と認められるものであってはならないと定めていますが、この条文の解釈は確立していませんでした（この点については後述③で説明します）。

②働き方改革法による保護

　働き方改革法は、このような状況を打開すべく、パート労働法・労契法・派遣法を改正し、それぞれの非正規労働者に同様の保護を及ぼすこととしました。

　まず、パート労働法は名称を「パートタイム・有期雇用労働法（パート有期法）」へと改め、改正前のパート労働者に対する保護を強化して、有期雇用労働者にも保護を及ぼすこととしました（大企業では 2020 年 4 月 1 日から、中小企業では 2021 年 4 月 1 日から施行されます）。

　改正前パート労働法 8 条は、パート労働者と通常の労働者の職務内容、人材活用の仕組みその他の事情を考慮して、待遇の相違が不合理であってはならないと定めていましたが、改正後パート有期法 8 条は、有期雇用労働者の均衡待遇について定めた労契法 20 条の要素を取り込んで、①職務の内容、②職務の内容と配置の変更の範囲、③その他の事情を考慮して、不合理と認められる相違を設けてはならない、と定めました（この改正に伴い、労契法 20 条は削除されます）。法改正に先立って、2018 年末にはいわゆる同一労働同一賃金ガイドライン（平 30 厚労告 430「短時間・有期雇用労働者及び派遣労働者に対する不合理な待遇の禁止等に関する指針」）が公表され、通常の労働者と短時間・有期雇用労働者及び派遣労働者との待遇の相違が不合理か否かについての判断の原則となる考え方や具体例が示されています。

　また、改正前 9 条は、職務の内容等（8 条の①②）が通常の労働者と同一のパー

3

ト労働者に対して、パート労働者であることを理由として、賃金の決定、教育訓練の実施、福利厚生施設の利用その他の待遇について、差別的取扱いをしてはならないと定めていました（8条の均衡待遇に対して、これを均等待遇といいます）。さらに、改正前10条は、職務の内容等が通常の労働者と同一でないパート労働者に対しても、正社員との均衡を考慮しつつ、職務の内容、職務の成果、意欲、能力、経験等を勘案し、その賃金（通勤手当、退職手当その他の厚生労働省令で定めるものを除く）を決定するように努めるよう定めていました。改正後は、これらの規定が有期雇用労働者にも適用されることとなります（パート有期法9条、同10条）。

このほか、改正前14条は、パート労働者に対する雇入れ時の待遇の説明義務（パート労働法14条1項）と、パート労働者からの求めにより待遇決定の理由を説明する義務（同条2項）を定めていましたが、改正後はこれらを有期雇用労働者にも適用するとともに（雇い入れ時の説明義務について、パート有期法14条1項）、労働者からの求めにより、通常の労働者との間の待遇差の内容と理由について説明する義務を新設しました（同条2項）。また、説明を求めた労働者に対する解雇その他不利益取扱いを禁ずる規定を設けました（同条3項）。

なお、働き方改革法により派遣法も改正され（企業規模を問わず2020年4月1日施行）、パート有期法と同様に、不合理な待遇差の禁止、労働者に対する説明義務の強化等が図られています。

③労契法20条に関する7つの最高裁判例

最高裁は7つの判例において、労契法20条の解釈を明らかにしました。

第1に、6カ月の有期労働契約を締結していたトラック運転手である契約社員が、正社員に支給される各種手当が契約社員に支給されないことは不合理であるとして訴えたハマキョウレックス事件[29]において、最高裁は、㋐労契法20条は、有期契約労働者の職務の内容等の違いに応じた均衡のとれた処遇を求める規定であること、㋑同条は、私法上の効力を有し、これに違反する労働条件の相違を設ける部分は無効となること、㋒相違部分は不法行為に基づく損害賠償請求ができること、㋓同条の「不合理と認められるもの」とは、合理的であると認められることではなく、不合理であると認められることを意味すること等を判示し、無事

---

[29] ハマキョウレックス事件・最二小判平30. 6. 1労判1179号20頁。

故手当、作業手当、給食手当、皆勤手当、通勤手当の不支給を不合理であるとしました。

　第2に、定年後に再雇用されたトラック運転手である嘱託乗務員が、基本給等の減額、正社員に支給される賞与及び各種手当が嘱託乗務員に支給されないことは不合理であるとして訴えた長澤運輸事件[30]において、㋔労働条件の相違が不合理か否かの判断にあたって、定年後に再雇用された者であることは「その他の事情」として考慮される事情であること、㋕不合理か否かは、賃金の総額の比較のみではなく、賃金項目の趣旨を個別に考慮すべきこと等を判示し、精勤手当の不支給は不合理と判断するも、基本給等の減額、賞与等の各種手当は不合理ではないとしました。

　第3に、上記の2つの最高裁判決は、いずれも、比較対象とされた無期労働契約者と有期労働契約者との間で業務内容が相違しないトラック乗務員同士の事例でした。しかし、大阪医科大学事件[31]、メトロコマース事件[32]、日本郵便各事件[33][34][35]の最高裁判決では、それぞれが様々な職種に就いており、無期労働契約者と有期労働契約者との間に職務内容や職務内容、および配置の変更範囲について一定の相違があることが大きな相違点として挙げられます。これらの判決のうち日本郵便各事件において争点とされた諸手当や休暇について、最高裁は、それぞれの趣旨や性質を重視して、契約社員の年末年始手当及び扶養手当の不支給や夏期冬期休暇を付与しない取扱いが不合理な格差にあたると判断しています。他方で、大阪医科大学事件（賞与不支給）やメトロコマース事件（退職金不支給）については、最高裁は、どちらもその性質や目的を踏まえて、労契法20条所定の諸事情を考慮することによって、不合理と認められるものに当たる場合はあり得るとしつつも、事案ごとの結論としては、それぞれ賞与・退職金を不支給としても不合理とまではいえないとしています。

　これら7つの最高裁判例の労契法20条の解釈は、今後パート有期法8条に及ぶものといえます。

＊30　長澤運輸事件・最二小判平30．6．1労判1179号34頁。
＊31　大阪医科薬科大学事件・最三小判令2．10．13労判1229号77頁。
＊32　メトロコマース事件・最三小判令2．10．13民集74巻7号1901頁。
＊33　日本郵便ほか（佐賀中央郵便局）事件・最一小判令2．10．15労判1229号5頁。
＊34　日本郵便（時給制契約社員ら）事件・最一小判令2．10．15労判1229号58頁。
＊35　日本郵便（非正規格差）事件・最一小判令2．10．15労判1229号67頁。

5 割増賃金

・残業には、法内残業と時間外労働の2種類がある。

・法定の時間外労働や休日労働、深夜労働を行なった場合、割増で賃金が支払われる。

・固定時間外手当が支払われている場合、時間外労働の対価部分が明確に区分されている必要がある。

(1)割増賃金

①割増賃金を支払うべき場合

　労基法37条は、時間外労働、休日労働および深夜労働（午後10時から午前5時まで）につき割増賃金を支払うことを定めていますが、ここでいう時間外・休日労働とは、労基法上のものです。すなわち、所定労働時間が7時間の会社で8時間労働をしても、その1時間は労基法上の割増賃金を支払う義務はありません。そのため、労基法にいう、いわゆる法定労働時間、法定休日と、各企業におけるいわゆる所定労働時間、所定休日とは明確に区別する必要があります。

　労基法上は、次の場合に割増賃金の支払いが必要となります。

	割増率	深夜労働との重複の場合
1カ月60時間までの時間外労働	25％以上増	50％以上増
1カ月60時間を超える時間外労働*	50％以上増	75％以上増
休日労働	35％以上増	60％以上増
深夜労働（午後10時～午前5時）	25％以上増	

*中小企業の猶予措置については④参照。

②法定休日割増

　休日労働の割増率は3割5分ですが、労基法上、1週間に1日の休日があれば

よいことになっていますので、たとえば、土日が休みの会社でも、日曜日を法定休日と定めれば、土曜日の労働は労基法上の休日労働にはあたりません。したがって、土曜日の労働が8時間以内であり、かつ1週間40時間以内であれば、2割5分の割増賃金の支払いも不要ということになります。

③休日と時間外労働

　時間外・休日労働と深夜労働の重複については労基則20条に規定がありますが、時間外労働と休日労働の重複について規定はなく、法定休日における労働についてはそれが何時間であろうと、「法定休日の労働時間」です。

④割増率の改正について

　2010年4月に、1カ月60時間を超える時間外労働について、①5割以上の割増賃金を支払う、②本人が希望しない場合は改正による割増アップ分の代わりに労使協定に定める代替休暇を付与することができる、といった労基法の改正が行なわれました（労基法37条1項但書、3項）。これまで、中小企業については適用が猶予されていましたが（労基法附則138条）、働き方改革法により2023年4月1日をもって猶予措置が廃止されることとなりました。

⑤法定休日の労働時間

　法定休日における労働は、休日労働であり、時間外労働ではないので、④の60時間の計算には含まれません。しかし、所定休日における労働は、労基法の休日労働規制の対象ではないため、1日または1週の法定労働時間を超えていれば時間外労働になります。

　したがって、法定休日と所定休日を区別できるようにしておかないと、1カ月60時間を超える時間外労働が計算できないことになりますが、特定しない場合は、1週間の最後の休日労働が法定休日の労働となるとされています。これによると、1週間に2日の所定休日がある場合には、最初の休日労働は所定休日における労働になるので、時間外労働としてカウントされ、月60時間を超える可能性が高くなります。

⑥代替休暇

時間外割増賃金に代わる代替休暇の実施には、当該事業場の過半数組合、これがなければ過半数代表者との労使協定が必要ですが、代替休暇を取得するかどうかは労働者の自由です。

⑦代替休暇は改正による割増アップ分のみ

割増賃金の支払いに代えて付与できる休暇の対象は、改正による割増率アップ分（25％）のみであり、たとえば月76時間の時間外労働があった場合は、月60時間を超える16時間について、16時間×0.25＝4時間分のみを休暇に代えることができます。

代替休暇の単位は、1日または半日であり、その他、労使協定には代替休暇を取得できる期間（1カ月60時間を超える時間外労働があった月の翌々月まで）を定める必要があります（労基則19条の2）。

（2）割増賃金の計算方法

①1時間あたり賃金の計算方法

割増賃金の割増率は前述のとおりですが、1時間あたり賃金の計算方法については労基則19条において定められています。時間給制であれば時間あたりの基礎単価に割増率を乗じることで算出できます。月給の場合なども時間単価を算出することが必要になりますが、その場合の算出の仕方については「月によって定められた賃金については、その金額を月における所定労働時間数（月によって所定労働時間数が異る場合には、1年間における1月平均所定労働時間数）で除した金額」（労基則19条1項4号）と定められていますから、年間の休日日数を確定できると、年間の所定労働日数が判明するので、あとは容易に計算できることになります。

②割増賃金の計算基礎から除外される賃金

労基法37条は、割増賃金の計算基礎に算入されない賃金を列挙しており、これに該当しない賃金はすべて割増賃金の計算基礎に算入しなければならないとされています。計算基礎から除外される賃金は次のものです（労基法37条5項、労基則21条）。

家族手当：「扶養家族又はこれを基礎とする家族手当額を基準として算出した手

当」（昭22.11.5基発231号）であり、このような実体をもつ以上、物価手当、生活手当等その名称のいかんを問いません。

通勤手当：労働者の通勤距離または通勤に要する実費に応じて計算され支払われる賃金のことであり、「実際距離に応じて通勤手当が支給されるが、最低300円は距離にかかわらず支給されるような場合においては実際距離によらない300円は基礎に算入する」とされています（昭23.2.20基発297号）。

別居手当：業務の都合によって、労働者とその扶養家族とが別れて居住することになった場合において支払われる賃金です。

子女教育手当：労働者の子弟の教育費を補助するために支払われる賃金です。

住宅手当：住宅に要する費用に応じて算定される手当のことであり、「住宅の形態ごとに一律に定額で支給される」もの、たとえば「賃貸住宅居住者には2万円、持家居住者には1万円」といったものは、これに該当しません（平11.3.31基発170号）。

臨時に支払われた賃金：「臨時的、突発的事由に基づいて支払われたもの及び結婚手当等支給条件は予め確定されているが、支給事由の発生が不確定であり、且つ非常に稀に発生するもの」（昭22.9.13発基17号）です。

1カ月を超える期間ごとに支払われる賃金：1カ月を超える期間ごとに支払われる賃金とは、いわゆる賞与のように、その支払対象期間が1カ月を超えるもので、1カ月を超える期間ごとに支払われる賃金のことです。

（3）通常の労働時間の賃金

　割増賃金の計算基礎となる賃金は、「通常の労働時間又は労働日の賃金」（労基法37条1項）であり、時間外・休日・深夜の労働に対して支払われる手当は、計算の基礎に含まれません。

（4）時間外込みの賃金（定額残業代合意の有効要件）

　定額残業代合意とは、一定の時間外・休日・深夜労働（以下「時間外労働等」といいます）の対価を固定額で支払う制度を指します。一般的には基本給に含ませて支払う定額給制と別名目の固定的な手当として支払う定額手当制があります。

　まず、時間外労働等の対価を固定時間外手当として支払うことは許されるのかという点が問題となります。割増賃金の計算方法は複雑ではあるものの、労基法

101

は、同法に定める以外の計算方法を否定するものではなく、どのような計算方法であっても、結果的に同法の計算によって算出される割増賃金以上の賃金が支払われていれば、同法違反にはなりません（昭 24.1.28 基収 3947 号）。

①所定分と所定外分との区分

最高裁は、時間外・深夜を含めた賃金支払方法が有効であるといえるためには、所定労働に対する賃金と時間外労働等の対価が明確に区分されている必要があるとしています（これを明確区分性の要件または判別要件といいます）。この点について国際自動車（第二次上告審）事件の最高裁判決[36] は、これまでの最高裁の判断枠組みを整理しました。

判決内容の特徴としては、①医療法人康心会事件最判[36] が判別要件の根拠を労基法 37 条の趣旨（時間外労働等の抑制により、使用者に労基法の労働時間規制を遵守させることおよび労働者への補償）に求めた点を踏襲し、②日本ケミカル事件最判[36] の判旨を補足する形で、対価性の判断に際しては、当該手当の名称や算定方法だけでなく、労基法 37 条の趣旨を踏まえ、当該労働契約の定める賃金体系全体における当該手当の位置づけ等にも留意して検討しなければならないという点を付け加えたことが注目されます。

②定額残業代合意に含まれる残業時間数の限界

定額残業代合意の有効要件についての最高裁の判断枠組みはほぼ固まったと評価できますが、定額払いされている金額が労働時間規制に適合したものであるかも争われており、たとえ判別要件を満たしていたとしても、定額払いされている金額が労働者の健康を損なうような危険性があるほどに長時間の時間外労働等に相当する場合には、その定額残業代合意は公序良俗（民法 90 条）に反し無効であると判断される可能性もあります[37]。

---

[36]　国際自動車（第二次上告審）事件・最一小判令 2.3.30 労判 1220 号 5 頁、従前の最高裁判決として、高知県観光事件・最二小判平 6.6.13 労判 653 号 12 頁、テックジャパン事件・最一小判平 24.3.8 労判 1060 号 5 頁、国際自動車（第一次上告審）事件・最三小判平 29.2.28 労判 1152 号 5 頁、医療法人社団康心会事件・最二小判平 29.7.7 労判 1168 号 49 頁。日本ケミカル事件・最一小判平 30.7.19 労判 1186 号 5 頁。

[37]　月間 80 時間分の時間外労働を想定した定額残業代合意を公序良俗違反としたものとして、イクヌーザ事件・東京高判平 30.10.4 労判 1190 号 5 頁。

6 賞 与

◆ポイント
・賞与の支給は、労働契約や就業規則等の規定によって定まる。
・賞与支給日の在籍を賞与支給の条件とすることも有効である。

(1)賞与

　賞与（一時金、ボーナス）とは、一般に、年2回（夏期、冬期）、従業員に対し支払われる金員のことであり、労基法11条に「この法律で賃金とは、賃金、給料、手当、賞与その他名称の如何を問わず」とあるとおり、賞与も賃金の一種です。

　しかし、割増賃金等の計算基礎から除外され、また、賞与を支給する場合は、就業規則に規定を記載することが要求されるものの（労基法89条4号）、その支給は必ずしも義務づけられておらず、通常の賃金とはその性格を異にします。

①賞与の性格

　そして、賞与については、①賃金の後払的性格（賞与支給対象期間中の労働に対応する対価としての性格）、②生活補助的性格（月例給与によって補えない生活不足分をカバーする手当的な性格）、③功労報償的性格（一定期間における会社の業績向上に貢献した従業員の功績・功労に対するご褒美的性格）、④収益分配的性格（収益獲得に寄与した従業員に、その寄与に応じた成果配分的性格）がそれぞれ認められ、賞与の査定等の功績報償、収益分配という点から説明されています。

②賞与の法的性格

　しかし、これらは現実に支給される賞与の経済的性格であり、賞与の法的性格としては、「賞与は勤務時間で把握される勤務に対する直接的な対価ではなく、従業員が一定期間勤務したことに対して、その勤務成績に応じて支給される本来の給与とは別の包括対価であって、一般にその金額はあらかじめ確定していない

103

ものである。従って労務提供があれば使用者からその対価として必ず支払われる雇用契約上の本来的債務（賃金）とは異なり、契約によって支払わないものもあれば、一定条件のもとで支払う旨定めるものもあって、賞与を支給するか否か、支給するとして如何なる条件のもとで支払うかはすべて当事者間の特別の約定（ないしは就業規則等）によって定まる」*38 という点に特徴があるといえます。

③賞与の支給義務

賞与について、「任意・恩恵的に支給されるものなので賃金ではない」という主張がなされることがありますが、今日の雇用関係において、賞与が「労働の対償」としてではなく、まったく任意・恩恵的に支給されるものであると考えるのは相当ではなく、賞与も広く「労働の対償」として支払われる賃金と考えるべきです。

しかし、ここで注意しなければならないのは、賞与が賃金であるというのは、賞与が支払われる場合においては、それは賃金であるというだけのことであり、賞与が賃金であるからといって、使用者には必ず賞与支給義務があるということにはなりません。第一義的には賞与規定においてどのように定められているかが重要となります。

④賞与支給と慣行

賞与規定がない場合やこれがあっても明確に支給義務を定めた規定であると解されない場合であっても、過去においてずっと一定額の賞与が支払われてきたとか、前年度の支給額を下回ったことがないという事情があれば、それが賞与支給の慣行となり、契約内容を決定することがあります*39。

(2)賞与と欠勤控除

前述のとおり、賞与は、勤務時間で把握される勤務に対する直接的な対価ではなく、その労務提供とは必ずしも直接的な関連性をもたない賃金です。したがって、欠勤控除を行なうか否か、およびこれを行なう場合にどのような評価を行な

---

*38　梶鋳造所事件・名古屋地判昭55. 10. 8 労判353 号46 頁。

*39　立命館（未払一時金）事件・京都地判平24. 3. 29 労判1053 号38 頁。

うか等は、あくまでも支給条件の定め方次第ということであり、とくに不合理な支給条件でないかぎり違法・無効ということにはなりません。

（3）賞与支給条件

①支給日に在籍しない者の賞与

賞与支給日に在籍することを賞与支給の条件とすることが、多くの企業で行なわれています。しかし、賞与を一定の対象期間の勤務成績等に応じ支給される賃金、すなわち賃金の後払的性格を有するものと考えた場合には、賞与支給対象期間に勤務することで、その請求権の全部または一部が発生し、支給日に在籍しないからといってその請求権を否定することには問題があるということになります。

しかし、賞与には企業に対する今後の貢献、能力向上に対する期待があり、支給日に在籍しない者に賞与を支給しないことも一定の合理性があります。したがって、その支給にあたって、どのような条件でこれを支給するか自由に決定できるとも考えられます。

②支給日在籍要件についての最高裁判決

最高裁も、支給日在籍を条件とすることを有効としています[40]。もっとも、労働者側に責任のない会社都合による退職（定年退職）・整理解雇のように、退職時期を労働者が選べない場合は、支給日在籍要件により不支給とすることは公序良俗違反として許されないと解すべきとの見解が有力であり、整理解雇で退職した事案で支給日在籍条項を民法90条違反により無効とした事件[41]があります。賞与を支給するかどうかについても不明である場合には、賞与を支給するか否かは法的にはまったく使用者の自由です。

---

[40]　大和銀行事件・最一小判昭57.10.7労判399号11頁。
[41]　リーマン・ブラザーズ証券事件・東京地判平24.4.10労判1055号8頁。

7 退職金

◆ポイント

・退職金は、労働契約や就業規則、労働協約などで、支給の時期、金額等の定めがある場合に支給される。

・退職金請求権は、退職時に、減額・不支給事由の存否をふまえて発生する。

・懲戒解雇に対する退職金の減額・不支給は、永年の功労を抹消するほどに重大な事由が有るか、功労を減殺するにとどまるのかという観点から判断される。

・退職後に不支給事由が発覚した場合でも、退職金の返還の定めがなければ、既払いの退職金について、不支給や減額をすることはできない。

(1)退職金

　日本では従業員が一定期間以上勤続し、その後退職する場合には、その勤続年数に対応した退職金が支給されるのが通例です。このような退職金のもつ性格については、①賃金の後払的性格、②功労報償的性格、③退職後の生活補償的性格といったものが指摘されています。

　もっとも、退職金に賃金の後払的性格があるからといって使用者に退職金支払義務が法的義務として生じるというものではありません。労基法も、退職手当の定めをする場合においては、一定の事項を就業規則に記載すべきことを求めていますが（労基法89条3号の2）、退職手当に関する定めを必ず設けるよう規定しているわけではありません。そのため、誰を対象とし、どのような場合に、いくらの退職金を支払うかの決定については使用者の裁量が働くことになります。ですから、退職金については、自己都合退職か、会社都合退職か、懲戒解雇か、諭旨解雇かといった離職のあり方によって、その支給の有無や支給率が異なっているのが通常です。多くは、懲戒解雇の場合には退職金を全額支給せず、諭旨解雇の場合は一部支給しないと定めています。

　なお、退職金の支給に関して就業規則の定めがない場合であっても、その支給

についての労働慣行の成立が認められる場合には、使用者に支給義務が生じる余地があります。

（2）退職金の不支給は労基法24条の全額払いに違反するのか

　裁判所は、比較的早くから、退職金の功労報償的性格を根拠に、競業制限に違反した退職者に対する退職金の不支給・減額条項の有効性を肯定していました[42]。

　この場合、理論構成としては、退職金の減額条項に該当する事由が存在する場合には、退職金債権はその減額限度において発生し、その部分を全額支払えば労基法24条違反の問題は生じないと解釈して、いったん発生した賃金債権をカットするわけでないと考えることになります。

（3）退職金不支給・減額条項の合理的限定解釈

　以上のようにみると、退職金不支給・減額条項がある場合、その不支給・減額事由に該当する事情があれば、労働者としては退職金を受給できないか、減額支給を受忍しなければならないようにも思えます。しかし、退職金が賃金の後払的性格をも有していることは否定できません。とくに、賃金規定のなかで退職金の算定事由が明確に定められているような場合には、労働者としても当該退職金の支給があるものとして退職後の生活設計をしているのが通常ですので、そうした退職金支給への期待も法的に保護する必要があります。

　裁判例のなかには、退職後6カ月以内に同業他社に就職した場合には退職金を支給しない旨の規定がある場合であっても、退職金を不支給とできるのは、労働の対償を失わせることも相当であるといえるような顕著な背信性が認められる場合に限定されるとして、退職金不支給条項を合理的に限定解釈するもの[43]、二重就職を理由として懲戒解雇された労働者の退職金を金額不支給とした事案において、勤続の功を一切抹消するに足る程の不信行為とはいえないとして所定退職

---

*42　三晃社事件・最二小判昭52.8.9労経速958号25頁。
*43　中部日本広告社事件・名古屋高判平2.8.31労判569号37頁。

金の6割をこえて没収することは許されないとしたもの[*44]、電車内での度重なる痴漢行為という私生活上の非行により懲戒解雇された鉄道会社員の退職金について賃金の後払的性格や私生活上の非行であること等を考慮して、功労を抹消するに至らないとして3割の退職金の支給を命じたものがあります[*45]。

＊44　橋元運輸事件・名古屋地判昭47.4.28判時680号88頁。
＊45　小田急電鉄（退職金請求）事件・東京高判平15.12.11労判867号5頁。

8 最低賃金

◆ポイント

・最低賃金には、地域別最低賃金と特定最低賃金の2種類があり、一定の地域ごとに決定される地域別最低賃金が基本である。
・最低賃金額以上の賃金支払義務に違反した使用者は、罰金に処せられ、賃金額は最低賃金の定めるところによる。

3

　賃金額については、当事者の合意に委ねられるのが基本ですが、完全に当事者の自由な交渉に委ねた場合、労働者が不当に低い賃金のもとで労働させられるという事態が生じかねません。この問題に対処するため、賃金の最低基準を設定し、それを下回る賃金設定を禁止しています。それが最賃法です。

　最賃法により、使用者には最低賃金額以上の賃金支払義務があり（最賃法4条1項）、労基法13条と同様の強行的・直律的効力（最賃法4条2項）等が定められています。最低賃金規制については労基法と同様に、労基署長による行政監督が行なわれ（最賃法31条〜34条）、また罰則規定も設けられています（同法39条〜42条）。

　最低賃金の決定方式には、①地域別最低賃金と、②特定最低賃金の2種類があります。①の地域別最低賃金は、厚生労働大臣または都道府県労働局長が中央または地方の最低賃金審議会（公労使同数の三者構成）の審議に基づいて決定します。全国一律ではなく、各都道府県で最低賃金が定められることになります。なお、最低賃金の決定に際しては、地域における（ⅰ）労働者の生計費、（ⅱ）賃金、（ⅲ）通常の事業の賃金支払能力の3つの観点を考慮して定めることになります。また、最低賃金が生活保護を下回らない水準となるよう配慮することともされています。②の特定最低賃金とは、特定の産業について、関係労使の申し出によって、厚生労働大臣または都道府県労働局長が、最低賃金審議会の意見を聴いて決定するものです。

　使用者は「最低賃金額以上の賃金を支払わなければならない」（最賃法4条1項）のですが、それは毎月、通常の労働時間に対して支払われる賃金（基本給と毎月支

払われる諸手当）によって最低賃金額以上を支払ったことになっている必要があります。この最低賃金規制から除外される賃金としては、臨時に支払われる賃金（結婚手当等）、1カ月を超える期間ごとに支払われる賃金（賞与等）、時間外・休日・深夜の割増賃金等があります（最賃法4条3項、最賃則1条）。したがって、たとえば時間外・休日・深夜の割増賃金を基本給に加えることで最低賃金額以上を支払ったという主張はできないことになります。

9 賃金の確保

◆ポイント

・賃金債権については民法上、破産法上の保護が与えられる。

・賃確法では使用者の破産等の場合に未払賃金の立替払い事業の規定がある。

3

　使用者の支払不能時に、労働者の生活の糧である賃金債権を保護するために以下のような保護制度が設けられています。

　①賃金債権には、民法上の先取特権（優先して弁済を受けることができる権利。民法306条、308条）があります。

　②倒産手続における賃金保護として、破産手続開始前3カ月の給料債権と、未払退職金のうち退職前3カ月の給料相当額は、「財団債権」という、破産法上他の債権に優先して随時弁済される債権とされています（破産法149条1項、2項）。また、財団債権とならなかった労働債権も「優先的破産債権」として、一般の取引先や金融機関の債権よりも優先する扱いがなされています（同法101条）。

　③民事再生手続における保護として、手続開始決定前に生じた一般賃金・退職金は「一般優先債権」として再生手続によらずに随時弁済されます（民事再生法122条1項、2項）。これに対して、再生手続開始後の一般賃金・退職金は「共益債権」となり（同法119条2号）、一般優先債権と同様に随時弁済されます（同法121条1項）。会社更生手続においては、会社再建のために労働者を確保する必要があることから、比較的手厚い保護がなされています（会社更生法130条、127条2号、132条1項）。

　④賃確法では、未払賃金を政府が立替払いする事業について規定しています。この事業の適用対象となるのは、労災保険法の適用事業主で1年以上事業を行なっていた者が、法的または事実上倒産した場合等です（賃確法7条、賃確令2条、賃確則8条）。

　対象労働者は、裁判所への破産等の申立日または労基署への事実上の倒産認定の申請日の6カ月前の日以降2年間に事業主の事業から退職した者です（賃確法

7条、賃確令3条)。

　立替払いの対象となる賃金は、退職日の6カ月前の日以後請求日の前日までの、支払期日の到来している定期給与・退職金の未払分の80％相当額です（賃確法7条、賃確令4条）。ただし、賞与や解雇予告手当は対象外であり、また、年齢により下表のとおり立替払いの金額に上限があるので注意が必要です。

退職日における年齢	未払賃金総額の限度額	立替払上限額
45歳以上	370万円	296万円
30歳以上45歳未満	220万円	176万円
30歳未満	110万円	88万円

　⑤退職労働者の未払賃金（退職金を除きます）については、天災地変などを除き、退職日の翌日から支払いをする日までの期間について、14.6％の遅延利息の支払義務が事業主に課されます（賃確法6条2項）。

労働時間・休日・年次有給休暇

第4章で学ぶこと

◇**労働時間**：賃金と並んで最も重要な労働条件が労働時間であり、労基法では労働時間の上限や休憩、時間外労働や休日などについてさまざまな規制がなされています。ここでは、労働時間の概念や把握の仕方、そして労働時間等に関する規制の例外などについても学んでいきます。

◇**年次有給休暇**：年休権は、原則として労働者が一方的に権利を行使して効果を発生させることができるものです。会社が許可しないと年休がとれないという制度ではないのですが、会社も事業の正常な運営を妨げるときには、労働者に年休取得の時季をずらしてもらうことができます。ちなみに、アルバイト・パートにも年休権はあります。

◇**休暇、休業、休職**：労働者が、さまざまな理由で会社に出勤できなくなった際、法律では妊産婦の保護のほか、育児介護休業法等によって、ワーク・ライフ・バランスのための施策が展開されています。また、独自に病気休職制度を設けている会社も多いですが、その運用に際して問題となりやすい点についてもチェックしましょう。

1 労働時間

◆ポイント

・労基法上の労働時間とは、労働者が使用者の指揮命令下におかれている時間を
いう。

・不活動仮眠時間も労働からの解放がないかぎり原則として労働時間となる。

・管理監督者には、法定労働時間規制、休憩、休日付与の原則の適用が除外され
る。

・変形労働時間制やフレックスタイム制、事業場外労働等の適用にあたっては、
それぞれの適用要件を確認しておくことが重要である。

(1)労働時間とは

①法定労働時間

　労働時間は賃金と並んで最も重要な労働条件です。労基法も、労働時間につい
て、使用者は労働者に、休憩時間を除き1週間について40時間を超えて労働さ
せてはならず、1日については休憩時間を除き8時間を超えて労働させてはなら
ない、という規定（労基法32条「1週40時間・1日8時間」の原則）を設けて労働者
の保護を図っています。これは法定労働時間の規制といわれており、週休2日制
を想定した規制といえます。なお、この規制はあくまで労働時間の上限規制です
ので、1日の所定労働時間[*1]を7時間、週の労働時間は35時間ということでも
問題ありません。もっとも法定労働時間規制については一定の要件を備えること
で、使用者は法定労働時間規制を超えて労働者に労働をさせることができます。
法定労働時間を超える労働を時間外労働といいます。

＊1　所定労働時間：事業場内での通常の勤務時間として決めるべき労働時間のことです。始業
　　時刻から就業時刻までの勤務時間のうち休憩時間を引いたものです。所定労働時間は就業規
　　則に必ず記載しておく必要があります（労基法89条1号）。

②休憩時間

　使用者は、労働時間が6時間を超える場合には少なくとも45分、8時間を超える場合には少なくとも1時間の休憩時間を労働時間の途中に与えなければならないとされています（労基法34条1項）。

　休憩時間とは、労働から完全に解放された時間をいいます。たとえば朝10時から夜の10時まで働かせて、休憩時間を45分しか与えないというのは休憩時間付与の原則に反し違法ということになります。もし、休憩時間が十分与えられないという場合には、使用者は休憩時間付与義務の不履行となり、そのために労働者が被った肉体的・精神的苦痛について慰謝料の損害賠償責任を負う可能性があります[*2]。

　また、休憩時間中の外出も原則として自由であり、使用者が外出について一定の制約を加える場合（届出制など）には合理的理由が必要です。さらに、休憩時間には同僚に気兼ねすることなくリフレッシュできるように、原則として休憩は一斉に与える必要があります（労基法34条2項）。ただし、一斉休憩が困難な事業や、事業場の労使協定で例外を定めた場合は別の取扱いが可能です。そして、休憩時間は労働者が自由に利用できるのが原則ですから、休憩時間の利用に関して使用者が正当な理由もないのに口を差し挟むことは許されません。

　なお、警察官、消防吏員、常勤の消防団員などについては、休憩時間自由利用の原則は適用されません（労基則33条）。

③休日

休日労働

　使用者は、労働者に対して、毎週少なくとも1回の休日を与えなければなりません（労基法35条1項）。これを法定休日といいます。もっとも、毎週1回休日を与えるのが難しい場合には、4週間を通じて4日以上の休日を与えることでもよいとされています（同条2項）。ただし、この場合には就業規則等で4週間の起算点を決めておく必要があります（労基則12条の2）。ちなみに、法律（国民の祝日に関する法律）で祝日が定められていますが、1週間に1日休日を与えている場合に、祝日を出勤日としても労基法35条1項違反にはあたりません。

[*2]　住友化学事件・最三小判昭54.11.13判タ402号64頁。

また、一般的には1週間に休日が2日間（たとえば土日が休日）設定されている例が多いといえますが、この場合、2日間のうちのいずれか一方が法定休日であり、もう一方は法定外休日とよびます。そして、労基法のもとでは、法定休日に労働することを休日労働とよびます。

振替休日と代休

振替休日：休日はできるかぎり特定することが望ましいのですが、労基法は休日の特定を義務づけてはいません。また休日を特定した場合であっても、それを振り替えること、すなわち、他の労働日を休日にするかわりに就業規則上特定されている休日を労働日とすることも、①就業規則に休日の振替の根拠規定を設けたうえで、②振替事由、手続を定めるとともに、③事前に振り替えるべき日を特定することによって可能となります。

なお、振替休日の手続をとることにより、当初の休日の労働は休日労働とはなりませんが、振替休日を実施したことで当該1週間の労働時間が40時間を超えることになれば、結果的には時間外労働は発生することになる点は注意が必要です。

代休：上述の休日の振替手続をとらずに、実際に休日に労働をさせてから、その後に休日労働の代償として別の日に休日（いわゆる「代休」）を与えても、休日に労働をさせたという事実は消えません。したがって、いわゆる「代休」の場合には、法定休日における労働はあくまでも休日労働に変わりがないので、割増賃金の支払いが必要となります。

④労働時間・休憩の特例

小規模事業（事業場で常時使用されている労働者の人数が10人未満）のうち、物品の販売等の商業（労基法別表第1第8号）、映画の映写、演劇その他の興業事業（同10号）、保健衛生事業（同13号）、旅館、料理店、飲食店その他接客娯楽業（同14号）では、1週間44時間（ただし1日8時間）まで労働させることができるという例外が設けられています（労基則25条の2第1項）。

また、休憩についても、事業の性格から原則どおりに休憩時間を与えることができない場合に、一斉休憩や休憩の自由利用などについて例外を設けています（労基法38条2項但書、40条、労基則31条～33条）。

(2) どこまでが労働時間なのか

①労働時間の概念

　労働時間とはどこまでを指すのかという点について、法律はとくに規定を設けていません。職場で所定労働時間内に仕事に従事している時間が労働時間だろうということは常識的に理解できるでしょう。では、始業時刻前に一定の準備をすることが義務づけられたり、終業時刻後に掃除や後片付けなどを義務づけられている場合、これらは労働時間に該当するでしょうか。

　前述のように労基法は法定労働時間を定めていますが、一定の要件のもとで法定労働時間を超えて働くことを許容し、その代わり法定外の労働時間については割増賃金の支払い（労基法37条）を必要とします。このような労基法の適用を受ける労働時間のことを「労基法上の労働時間」とよび、たんに労働時間といった場合には通常は「労基法上の労働時間」を指していると理解してください。

　判例は、更衣時間や作業準備、後始末の時間などが労働時間に該当するかが争われた三菱重工長崎造船所事件*3において、労基法上の労働時間とは、労働者が使用者の指揮命令下におかれている時間をいい、その労働時間に該当するかどうかは客観的に判断するとしています。この「客観的に判断する」ということの意味ですが、労働契約や就業規則、労働協約によって、特定の業務に従事した時間を労働時間とはみなさないと定めたとしても、客観的にみて当該時間が使用者の指揮命令下におかれている時間といえる場合には、それは労基法上の労働時間と評価されるということを意味します。

　そして、労働者が業務の準備行為等を事業所内で行なうことを使用者から義務づけられたり、余儀なくされているときは、それが所定労働時間外において行なうように指示されているとしても、特段の事情のないかぎり、労基法上の労働時間に該当するとしています。

　また、企業研修などへの参加や持ち帰り残業が労働時間にあたるか否かを考えるうえでは、指揮命令下にあるかという点に加え、業務との関連性（業務性）という点も考慮する必要があります。もちろん業務性があるといっても、それが使用者の知らないところで、労働者が勝手に業務に従事した時間まで労働時間と認めることは妥当ではありませんので、労働時間といえるためには、使用者の明示

＊3　三菱重工長崎造船所事件・最一小判平12. 3. 9労判778号11頁。

または黙示の指示が必要であるといえます[4]。

②仕事の準備時間と労働時間

　たとえば飲食店のアルバイトが始業時刻前の着替え、手洗い、衛生チェック表への記入などを義務付けられていた場合には、業務を行なううえでの必要な準備行為として義務づけられていますので、これらに費やした時間はたとえ5分や10分であっても労働時間となります。

③仮眠時間と労働時間

　労働者が使用者の指揮命令下におかれているならば実作業に従事していない時間であっても労働時間に該当します。通常の業務よりも労働密度の薄い手待ち時間も労働時間となります。手待ち時間とは、具体的な作業を行なっていなくても、業務が発生したときにただちに作業を行なえるよう待機している時間を指します。飲食店でお客が来ればいつでも対応できるように待っている時間[5]や、休憩時間とされていても取引先等からの業務上の電話対応のために適宜業務に従事することが必要で労働から完全に解放されているとはいえない場合などが、手待ち時間の典型例です。

　また、ビル管理人等の不活動仮眠時間は、その時間中も警報等への対応を義務づけられているかぎり、労働からの解放が保障されているとはいえず、使用者の指揮監督下にある労働時間にあたるといえます[6]。

④通勤時間

　労働者がその居住場所と労務の提供場所とを往復する行為は、使用者の指揮命令下にあるものではなく、いわばプライベートな領域にある時間ですので、労働時間にはあたりません。なお、労災保険法では通勤災害も補償の対象とされていますが、これは通勤時間を労働時間とする趣旨ではありません。

＊4　京都銀行事件・大阪高判平13.6.28労判811号5頁。
＊5　すし処「杉」事件・大阪地判昭56.3.24労経速1091号3頁。
＊6　大星ビル管理事件・最一小判平14.2.28労判822号5頁。

⑤マンションの住み込み管理人と労働時間

　マンションの住み込み管理人の場合、いつ住人や来訪者等の対応が必要となるかわかりませんので、ある意味では四六時中、業務待機の状態にあるとみることもできます。最高裁も、こうした住み込み管理人は通常はマンションの住人や来訪者等の対応を義務づけられているので、午前7時から午後10時までの時間のうち休憩時間を除く時間は使用者の指揮命令下にあるということができ、労働時間性が肯定されるとしつつ、その間になされた通院時間や犬の散歩時間は労働時間ではないと述べています[7]。

⑥自己研さんと労働時間

　労働者が自主的に参加する自己啓発等の時間が労働時間に該当するかも問題となります。とくに新入社員などが職場に居残って仕事を覚えるために勉強したりするということはよくあることです。行政解釈では「労働者が使用者の実施する教育に参加することについて、就業規則上の制裁等の不利益取扱による出席の強制がなく自由参加のものであれば、時間外労働にはならない」（昭26．1．20基収2875号）とされています。問題なのは真に「自由参加」といえるかどうかであり、就業規則等で不利益処分が予定されていなくとも、考課査定[8]によりマイナス評価を受けるとか、参加しないと業務遂行に支障が生ずるような場合には自由参加といえない可能性が高いでしょう。

⑦交通機関乗車時間

　出張の場合における列車などの交通機関乗車時間が労働時間となるか否かについては、これを肯定する説、出張時間として事業場外労働のみなし労働時間（労基法38条の2）を適用する説、通勤時間と同様に扱うべきとする説、休憩時間と同様に労働時間ではないとする説などがあります。この点は使用者の指示で移動したり、用務先で滞在していることから業務性も強く、労働から解放されているといえるかも微妙であって、労働時間と休憩時間の間のグレーゾーンの問題とい

＊7　大林ファシリティーズ（オークビルサービス）事件・最二小判平19.10.19労判946号31頁。

＊8　考課査定：職務の遂行度、業績、能力を評価しこれを人事管理に反映させる仕組みを人事考課といい、この人事考課により得られた評価を考課査定といいます。考課査定を反映して賞与の有無や金額、昇進昇格などが決定されたりします。

えます。労基法ではグレーゾーンは認められておらず、多くの企業では、これを労働時間としては扱っていないものの、出張手当などを支払って対応しているのが一般的といえます。なお、行政解釈は「出張中の休日は、その日に旅行する等の場合であっても、旅行中における物品の監視等特段の指示がある場合の外は休日労働として取り扱わなくても差し支えない」（昭23．3．17基発461号、昭33．2．13基発90号）としています。

（3）時間外・休日労働と割増賃金

①法定労働時間の例外

　労基法は、一定の臨時的な必要が生じた場合に、法定労働時間の原則や休日付与の原則を修正し、時間外労働や休日労働を許容しています。具体的には、①天災地変といった災害などの非常事由等に基づく場合（労基法33条）、および②使用者と事業場の過半数代表者が書面による労使協定（36協定、サブロク協定またはサンロク協定と読みます）を締結し、これを労基署長に届け出た場合（同法36条）です。

　ここで、36協定とは、労基法36条に定められている労使協定であり、時間外労働・休日労働を命じる前提として、使用者が事業場の従業員を代表する者との間で、どのような事由が生じた場合に、誰に、どの程度時間外労働や休日労働をさせることがあるかを取り決め、所轄労働基準監督署長に届け出るものとなっています。もっとも、労使協定（36協定）自体は、労基法の規制を解除する効力を持つにすぎませんので、後述するように、労使協定の締結とは別に、労働契約上に時間外・休日労働義務を設定しておくことが必要です。

　36協定の締結にあたって留意すべきなのは、労働者側の当事者です。労基法36条は、労働者側の当事者は、事業場ごとに過半数の労働者が加入している労働組合、それがなければ労働者の過半数を代表する者（以下「過半数代表者」といいます）としています。ちなみに事業場の過半数代表者は、原則として、労基法41条2号の管理監督者でないこと（労基則6条の2第1項1号）、民主的な手続で選任すること（同項2号）が必要とされていましたが、働き方改革法により、労基則6条2第1項2号に「使用者の意向に基づき選出されたものでないこと」との文言が付加され、この点がさらに明確になりました。このため、会社の従業員が全員加入している親睦会の代表者を自動的に過半数代表者としたり、過半数代表者となる者を会社が一方的に指名することは、適式な手続を踏んでいないことか

ら 36 協定の効力は無効となります。さらに、36 協定は書面で締結したうえで当
事者が署名または記名・押印し、所轄の労基署長に届け出ることによって、はじ
めて効力が発生します（労基法 36 条 1 項本文）。

　また、時間外労働の限度時間については、かつては厚生労働大臣が基準を定め
ることとされ（同条 2 項）、いわゆる「限度基準告示」として、月 45 時間、年
360 時間などといった限度時間が設けられました（平 10 労告 154）。ただし、臨時
的に限度時間を超えて労働時間を延長しなければならない特別の事情が予想され
る場合には、「特別条項付き 36 協定」を結ぶことにより、限度時間を超えるこ
とを許容する「特別延長時間」の取扱いが許容されていました。違反しても罰則
がなかったことから強制力に乏しく、特別条項を濫用的に利用すれば限度基準を
超えて上限なく時間外労働をさせることが可能となってしまうことが問題とされ
ていました。

　そこで、働き方改革法に基づく労基法 36 条の改正によって、36 協定で定めな
ければならない事項を整理・追加し（改正 2 項）、時間外労働の上限規制を全面的
に見直すこととしました。具体的には、①時間外労働（休日労働を除く）の法律上
の上限を、原則月 45 時間、年 360 時間とする（改正 4 項）、②特別条項付き 36
協定を締結する場合でも、法律上の上限を 1 カ月 100 時間未満（休日労働を含む）、
年 720 時間（休日労働を除く）とする。また、1 カ月について 45 時間を超えるこ
とができる月数は年 6 カ月以内とする（改正 5 項）、③特別条項の有無にかかわら
ず、時間外労働と休日労働の合計が 1 カ月 100 時間以上または複数月平均 80 時
間を超えて労働させた場合には、罰則（労基法 119 条、6 カ月以下の懲役または 30 万
円以下の罰金）の対象とする（改正 6 項）、といった規定が新設されました。なお、
時間外労働の「限度基準」（改正 4 項）と、特別条項の上限（改正 5 項）を超える時
間外・休日労働協定の効力は労基法 36 条の法律上の要件を満たさないものとし
て無効となります（平 30.12.28 基発 15 号）。したがって、そのような場合は 36 協
定による労基法の規制を解除する効力（免罰的効力といいます。労基法 36 条 1 項）を
享受できず、法定労働時間（労基法 32 条 1 項から 2 項）の違反の違反として罰則規定（労
基法 119 条 1 号）の適用を受けることになります。

　この時間外労働の上限規制についての改正は、大企業は 2019 年 4 月 1 日から、
中小企業は 1 年間猶予され 2020 年 4 月 1 日から、それぞれ施行されています。
ただし、自動車運転業務、建設事業、医師等については、猶予期間が設けられる

等の例外が認められています。

②時間外・休日労働を命じるための要件

使用者が労働者に時間外・休日労働を命じるには、契約上労働者がこれに従わなければならない根拠が必要となります。判例は就業規則に時間外労働義務を定めた規定がある場合、それが合理的なものであるかぎり、労働者はこれに基づいて時間外労働を行なう義務を負うとしています*9。

③時間外・休日労働命令を拒否できる場合とは

時間外・休日労働を命ずる業務上の必要性が実質的に認められなければ、命令は有効要件を欠くことになり、また、労働者側に命令を拒否する正当事由があれば命令は権利の濫用として無効となり、労働者はこれに従う必要はありません。

たとえば、労働者自身の健康状態の悪化や子どもの急病の場合等は拒否の正当事由があるといえます。また36協定に基づく限度時間を超える時間外労働の業務命令については違法であり、これに従う義務はないといえます（平11. 3. 31基発169号は合理的理由がないものとして争うことができるとしています）。

④時間外労働・休日労働の効果

使用者が時間外労働または休日労働をさせた場合には割増賃金の支払いが必要となります。そして、サービス残業を強いているようなケースについては労働基準監督署の行政指導により使用者に対して未払残業代を支払うよう勧告が出されます。

もし、使用者が労働基準監督署の行政指導に従わなかったり、嘘の書類を提出してサービス残業を隠すような対応をしたときは、使用者には刑事罰も課せられる可能性があります（労基法101条、104条の2、119条、120条4号、5号）。

⑤時間外労働と健康管理

過労死・過労自殺の増加が社会問題となり、長時間労働が労働者の健康を害する危険が高いことを前提に、法的には以下のような制度が整備されてきました。

まず血管病変等を著しく増悪させる業務による脳血管疾患及び虚血性心疾患等

*9　日立製作所武蔵工場事件・最一小判平3. 11. 28労判594号7頁。

の認定基準（令3.9.14基発0914第1号）では、脳・心臓疾患の発症に影響を及ぼす疲労の蓄積をみるにあたって、①発症前1カ月間の残業時間が100時間を超えるか、②発症前2〜6カ月間の残業時間が月平均80時間を超えるような場合には過重負荷があったものとみるという考え方が示されました。

　そして、今般、最新の医学的知見を踏まえた改正により、平成13年の認定基準の考え方を踏襲しつつ、労働時間と労働時間以外の負荷要因を総合評価することを明確化した新認定基準（「血管病変等を著しく増悪させる業務による脳血管疾患及び虚血性心疾患等の認定基準について」（令3. 9. 14基発0914第1号））が示され、これに伴い平成13年の認定基準は廃止されました。

　また、「心理的負荷による精神障害の認定基準」（平23. 12. 26基発1226第1号）は、①指針の対象である疾病に該当する精神障害を発病し、②対象疾病発病前おおむね6カ月内に業務による強い心理的負荷があり、③業務以外の心理的負荷および個体的要因によって発病したと認められない場合、その精神障害は業務上の疾病にあたるとし、心理的負荷の内容や判断視角についても具体的に例示しています。

　また、安衛法では、定期健康診断のほか、長時間労働者に対する健康障害を防止するため、事業者に対し、医師による長時間労働者に対する面接指導実施を義務づけています（安衛法66条の8、66条の8の2）。面接指導の対象者は「1週あたり40時間を超えて労働させた場合における、その超えた時間が1ヶ月あたり80時間を超え、かつ、疲労の蓄積が認められる者」（安衛法66条の8、安衛則52条の2）等であり、労働者の申し出により行なうものとされています（安衛則52条の3第1項、52条の7の2第2項）。そして、事業者は該当する労働者に対し、速やかに労働時間に関する情報の通知を行ない、面接指導の手続きを進めなければならないとされています（安衛則52条の2第3項）。また、面接指導を実施する産業医等は、労働者本人と面談の上、労働者の勤務の状況及び疲労の蓄積の状況、心身の状況を確認するとともに（安衛則52条の4）、労働者に対し保健指導等をなすことが求められます。さらに面接指導実施後、事業者は当該医師から意見を聴取したうえで、必要があると認めるときには、時間外労働の制限・禁止、深夜業の回数制限その他就業制限など事後措置を講じなければならない（安衛法66条の8第5項）、とされています。加えて，研究開発業務従事者については、1週間あたり40時間を超えて労働させた場合における、その超えた時間が1カ月あたり100時間にあたる場合には、疲労の蓄積が認められるか否かにかかわらず、医師の面接指

導を実施することが事業者に義務付けられており（安衛法66条の8の2、安衛則52条の7の2）、労働者も原則としてこれを受けなければなりません。

さらに、2015年改正安衛法においてストレスチェック制度が盛り込まれました。この制度は事業者が労働者に対して行なう心理的な負担の程度を把握するための検査と面接指導の実施等を義務づけるものです。50人以上の事業場では、医師、保健師等によるストレスチェックの実施が事業者に義務づけられており、50人未満の事業場では当分の間努力義務となっています。

⑥残業には2種類ある

一般に残業とよばれるものには、法定労働時間を超えて働いた時間と、法定労働時間の範囲内であるが所定労働時間を超えた時間（たとえば、所定労働時間が7時間の場合に、7時間を超えて8時間までの1時間）とがあります。前者は法定労働時間外の労働時間であり、労基法はこれを時間外労働として扱い、一定の規制を及ぼしています。他方、後者は法内残業とよばれており、法定労働時間の範囲内であるため、36協定の締結・届出や割増賃金の支払いは労基法によって義務づけられてはいません。

(4)管理監督者

①管理監督者とは

労基法は、部長や工場長などのように、労働者の労働条件の決定その他の労務管理について経営者と一体的な立場にある者については、その職務の性質上通常の労働者と同じ時間規制にはなじまないと考えています。そこで労基法41条*10は、こうした管理監督者に対しては法定労働時間規制および休憩ならびに休日付与の原則の適用を除外しています。ただし、深夜労働については適用除外の対象外であり、管理監督者が深夜時間帯に労働した場合には深夜割増賃金（労基法37条3項）を支給する必要があります*11。また、管理監督者であっても年次有給休暇は付与されます（同法39条）。

*10　労基法41条：管理監督者以外に機密の事務を取り扱う者（重役秘書など）や通常の労働と比べると労働密度が薄く労基法の労働時間規制を及ぼさなくとも保護に欠けることはないと考えられる監視・断続的労働従事者（ただし所轄労基署長の許可が必要）が適用除外とされています。

*11　ことぶき事件・最二小判平21. 12. 18労判1000号5頁。

②店長ならば管理監督者なのか

　ファーストフード・チェーン店の店長が管理監督者に該当するかが争われた日本マクドナルド事件[*12]（結論として店長は管理監督者に該当しないとされた）などの事件を通じて、十分な権限も待遇もないまま名目上は管理職とされているがために長時間の労働を余儀なくされている「名ばかり管理職」の問題が世間でも注目を集めました。そもそも労基法41条2号は、一定の権限をもち、高い待遇を受けて、出退勤について一定の裁量をもって働いている労働者に対しては、厳格な労働時間規制を及ぼさなくともその保護に欠けるところがないために、管理監督者を適用除外としたわけです。したがって、当該労働者の職務内容、権限、勤務態様、賃金面での待遇などに着眼し、実態に即して経営者と一体的な立場にあるといえるか否かを判断していく必要があり、肩書きにとらわれて店長だからただちに管理監督者に該当すると考えることは禁物です。

（5）労働時間の適正把握管理義務

①行政解釈

　恒常的な時間外労働は、労働者の健康を害するとともに、適正な労働時間の把握・管理がなされないといわゆるサービス残業を横行させる結果となります。これまで、労働時間を適正に把握管理すべき義務について法律上の直接の根拠規定はなく、通達（平29.1.20基発0120第3号「労働時間の適正な把握のために使用者が講ずべき措置に関するガイドライン」）を根拠として、使用者は労働時間把握義務を負うと考えられてきました。働き方改革法に基づく安衛法改正によって、2019年4月1日から、産業医による面接指導の前提として、事業者は、厚生労働省令で定める方法により、労働者（高度プロフェッショナル制度の対象者を除く。）の労働時間の状況を把握しなければならない（安衛法66条の8の3）と定められ、労働者の健康管理の観点から、使用者の労働時間の状況把握が法律上の義務となりました。

　ここで、労働時間把握のための「厚生労働省令の定める方法」とは、タイムカードによる記録、パソコンの使用時間の記録など客観的な方法その他の適切な方法をいいます（安衛則52条の7の3第1項）。さらに、使用者は、把握した労働時間の状況の記録を作成し、3年間保存するために必要な措置を講ずる義務を負います（同条2項）。そして、使用者は、把握した「労働時間」が80時間を超えた

＊12　日本マクドナルド事件・東京地判平20．1．28労判953号10頁。

長時間労働者に対し、「労働時間の情報」を通知しなければならないとされました（安衛則52条の2第3項）。こうして、法律上も使用者は労働時間を適正に把握する義務があることが明確になったといえます。面接指導が必要な労働者に対して面接指導を実施しなかったときは、使用者には、50万円以下の罰金が科されます（安衛法120条）。

　なお、高度プロフェッショナル制度の対象者が労働時間把握義務の対象から除外されているのは、改正労基法により「健康管理時間」の把握が義務づけられているためであり（改正労基法41条の2第1項3号）、高度プロフェッショナル制度の対象者が働いている時間について使用者がまったく無関心でよいというわけではありません。

②裁判例

　使用者による適正な労働時間把握管理義務については、近時の裁判例でも明確に判示されているところです。たとえば、労働契約上使用者には労働時間の適正把握管理義務があることを認め、その把握手段として用いられた労働時間に関する記録文書の開示義務を使用者に課し、不開示について損害賠償責任を肯定するものも現れています[13]。またタイムカードによる労働時間の記録がある場合に使用者が適切に反証できない限り当該記録のとおりの時間外労働時間を認定したり[14]、使用者の労働時間適正管理の義務を指摘してタイムカードの記録どおりに労働時間を推定するものもあります[15]。

(6)労働時間の算定

　労基法は、労働時間の計算について「労働時間は、事業場を異にする場合においても、労働時間に関する規定の適用については通算する」（労基法38条1項）と定めています。この規定は、複数の使用者のもとで労務を提供する場合にも適用され、たとえばA社で7時間働き、B社で4時間アルバイトとして就労する場合、労働時間は11時間と算定され、後に契約を締結したほうが時間外労働となると解釈されています（通算説）。もっとも、この規定については副業・兼業者の労働

---

* 13　医療法人大生会事件・大阪地判平22. 7. 15労判1014号35頁。
* 14　プロッズ事件・東京地判平24. 12. 27労判1069号21頁。
* 15　京電工事件・仙台地判平21. 4. 23労判988号53頁。

時間管理と健康確保をめぐって議論され注目を集めています。厚生労働省は「副業・兼業の促進に関するガイドライン」（平成 30 年 1 月策定、令和 2 年 9 月改定）で通算説に立ちつつ、労働時間の把握については労働者からの申告等により、これを把握し他社の労働時間と通算するとしています。上記ガイドラインでは労働時間の申告等や通算管理における労使双方の手続上の負担を軽減し、労働基準法が順守されやすくなる簡便な労働時間管理の方法（管理モデル）も提案しています。もっとも、2018 年の労基法改正により時間外労働について複雑かつ厳格な上限設定がなされており、副業・兼業の労働時間を日々管理するのは非常に困難です。こうした実態を踏まえると、行政解釈の見直しや法改正も含めた議論も必要かもしれません。

(7)1週40時間、1日8時間の例外

　法定労働時間の原則による労働時間規制は、1 日 8 時間まで、1 週 40 時間までという定型的な規制であるため、日々決まった時間帯に一定の場所で一定量働くという労働スタイルには適合的です。しかし、一定の期間を通じて業務の繁閑がある場合に、一定期間を平均すれば法定労働時間の範囲内におさまるのであれば割増賃金の支払いを強いるのは使用者に酷です（例外①）。また出張などの労働時間の把握が困難な働き方（例外③）、業務の処理に専門性や裁量が必要な働き方（例外④、例外⑤）の場合には、決まった枠内でだけ労働するよう強いることはかえって労働者の多様なライフスタイルを阻害する可能性もあります。むしろ出退勤時刻（例外②）や業務遂行にあてる時間を労働者自身が自律的に決定できることにした方が（例外④、例外⑤）、使用者も労働者もメリットが大きいという場合も存在します。そこで労基法では、法定労働時間の規制を多様な働き方に応じて一定の要件のもとに緩和する規定も設けています。

①変形労働時間制（労基法32条の2、32条の4、32条の5）

　変形労働時間制は、繁忙期の所定労働時間を長くする代わりに、閑散期の所定労働時間を短くするといったように、業務の繁閑や特殊性に応じて、労使が工夫しながら労働時間の配分等を行ない、これによって全体としての労働時間の短縮を図ろうとする制度です。1 カ月または 1 年単位の変形を採用した場合、1 週および 1 日の法定労働時間の原則は適用されず（1 週変形の場合は、1 日の法定労働時間）、

それぞれの期間における総労働時間が問題となります。

②フレックスタイム制（労基法32条の3）

　フレックスタイム制は、一定の期間についてあらかじめ定めた総労働時間の範囲内で、労働者が 日々の始業・終業時刻、労働時間を自ら決めることのできる制度です。フレックスタイム制を採用した場合は、1週および1日の法定労働時間の原則は適用にならず、清算期間内の総労働時間が問題となるだけです。そのため、労働者自身が労働時間配分を決定でき、労働時間配置の特定が問題とならず、結果として清算期間内に平均して法定労働時間を上回っていなければよいなど、変形労働時間制とは異なります。なお、清算期間の上限は3カ月以内です。

③事業場外労働（労基法38条の2）

　事業場外労働で「労働時間を算定し難い」場合における労働時間の算定に関するもので、厳格にいえば1週および1日の法定労働時間の例外ではありませんが、通常の労働時間の取扱いとは異なる例といえます。

　裁判では、事業場外労働の適用要件である、「労働時間を算定し難い場合」（労基法38条の2）に該当するかが問題となっています。使用者の労働者に対する具体的指揮監督が及んでいる場合には、労働時間の算定が可能であるので、事業場外みなし労働時間制が適用されないことについては判例、通説および行政解釈（昭63．1．1基発1号）とも一致しているといえるでしょう。

　事業場外労働については、近時、ツアー添乗員の添乗業務について指示書等記

フレックスタイム制の清算期間延長のイメージ

（改正前）清算期間の上限：1か月 ➡ （改正後）清算期間の上限：3か月

労働時間

1か月単位で清算するため、この分の割増賃金を支払う必要あり

所定労働時間に満たない場合、欠勤扱い

所定労働時間

1か月目　2か月目　3か月目

労働時間

3か月単位で清算するため、この分の割増賃金の支払いは不要

1か月目に働いた時間と相殺するため、欠勤扱いにならない

所定労働時間

1か月目　2か月目　3か月目

出典：厚生労働省「フレックスタイム制のわかりやすい解説＆導入の手引き」

載の具体的業務指示、添乗日報の記載により労働時間を算定可能としてみなし時間制適用を否定した例として阪急トラベルサポート事件*16 の３つの東京高裁判決があります。このうち第２事件については、最高裁判決*17 が出され、海外旅行の派遣添乗員に対する事業場外みなし労働時間制の適用を否定し、東京高裁の判断を支持しました。上記最高裁は労基法38条の２第１項にいう「労働時間を算定し難いとき」にあたるかどうかについて、「業務の性質、内容やその遂行の態様、状況等、本件会社と添乗員との間の業務に関する指示及び報告の方法、内容やその実施の態様、状況等」を考慮して判断しています。

　一般的には、近年の通信機器の発達により「労働時間を算定し難い」という適用要件を満たす場合はかなり限定される傾向にある点には留意が必要でしょう。

④裁量労働（労基法38条の3、38条の4）

　裁量労働制とは、労働時間と仕事の成果・実績が必ずしも連動しない労働者について、仕事の進め方や時間配分を労働者自身の裁量に委ねたうえで、労働時間については労使であらかじめ定めた時間働いたものとみなす制度です。労基法上、裁量労働制には専門業務型と企画業務型の２つがあり、いずれも対象労働者の労働時間は、現実の労働実績にかかわりなく、あらかじめ定められた時間数働いたものとみなされます。裁量労働制も労働時間の算定に関するもので、厳格にいえば１週および１日の法定労働時間の例外とはいえないのですが、通常の労働時間の取扱いとは異なる例といえます。

　事業場外労働のみなし時間制との違いは、労働時間算定が可能であっても労働者が労働時間配分につき裁量をもって就労しており、実労働時間によって通常の労働時間規制、割増賃金規制を適用するのが適切でないという観点から設けられた制度であるという点にあります。

⑤高度プロフェッショナル制度（改正労基法41条の2）

　高度プロフェッショナル制度は、働き方改革法に基づく改正労基法により、

---

*16　阪急トラベルサポート第１事件・東京高判平23．9．14労判1036号14頁、阪急トラベルサポート第２事件・東京高判平24．3．7労判1048号6頁、阪急トラベルサポート第３事件・東京高判平24．3．7労判1048号26頁。

*17　阪急トラベルサポート事件・最二小判平26．1．24労判1088号5頁。

2019 年 4 月 1 日から施行される新しい制度です。

　金融商品開発や金融ディーラー、アナリスト、コンサルタント、研究開発業務などといった高度専門職は、自らの裁量で仕事を進めることができ、一般に労働時間と成果との関連も高くないことから、現行労基法の労働時間規制にそぐわない働き方をする労働者も一定数存在しています。高度プロフェッショナル制度とは、そのような高度専門職のうち高年収を得ている労働者を、本人の希望（同意）に基づいて、現行労基法の労働時間規制の適用除外とする、すなわち、36 協定がなくとも時間外労働ができ、かつ、時間外・休日・深夜割増賃金も支払われない、という制度です。裁量労働制と同じく通常の労働時間の取扱いと異なる例ですが、裁量労働制は、定められた時間数労働したものとみなされるにすぎず、労働時間規制、割増賃金規制が及ぶ点に違いがあります。また、管理監督者の場合には深夜労働についての割増賃金規制が及ぶのに対して、高度プロフェッショナル制度の場合は、深夜割増賃金規制も適用除外となっているという違いもあります。

　長時間労働やサービス残業のために制度が悪用されることを防ぐため、対象労働者の範囲は業務と年収（1075 万円以上）の要件によって非常に限定されているうえ、実際の適用にあたっては労働者本人の同意が必要です（労働者が同意を撤回することも可能です）。制度の導入にあたっては、事業場の労使同数の委員会で 5 分の 4 以上の多数による議決が必要です。さらに、労働時間規制の適用除外となることで労働者の健康が害されることがないよう、年 104 日以上、かつ 4 週 4 日以上の休日確保などを義務づけることに加えて、在社時間が一定時間を超えた労働者に対しては、産業医による面接指導の実施も義務づけられています。

2 年次有給休暇

・年休権は、法定の要件充足により当然発生し、労働者の時季の指定により、使用者が時季変更権を行使しないかぎり、年休の効果が発生する。

・労働者の年休指定権の行使に対して、使用者は、「事業の正常な運営を妨げる場合」には、時季変更権を行使できる。

・年休の利用は、労働者の自由である。

(1)年次有給休暇とは

　年次有給休暇とは、労働者の健康で文化的な生活の実現のために、休日のほかに毎年一定日数の有給の休暇を保障するという労働基準法上の制度です（労基法39条1項）。「年休」や「有休」などと略してよばれます。この場合の年休日の手当は、①通常の賃金、②平均賃金、③健康保険法上の標準報酬日額、のいずれかを支払うことが必要ですが、③を選択する場合には、過半数組合、それがなければ過半数代表者との労使協定が必要です。また①または②のいずれを選択するかは就業規則等で定めなければなりません。

　ところで、年次有給休暇の法的性質については3つの考え方があります。

形成権説：労働者の一方的意思表示によって年休の効果が発生するという考え方。

請求権説：労働者の請求を使用者が承認することにより年休の効果が発生するという考え方。

二分説：年休権は、労働者が法定の要件を満たすことによって当然発生するが、労働者はこれとは別に年休の時季を特定する権利をもつとする考え方。

　判例は二分説の立場をとっているといえます。すなわち、年次有給休暇の権利は法定の要件が充足されることによって法律上当然に発生する権利であり（労働者の請求を待って生じるものではない）、労働者がその範囲内で時季を指定したときは、使用者が時季変更権を行使しないかぎり年休の効果が発生すると考えています。

したがって、判例の理解によると、年休の権利は、①法定の要件充足（会社に採用された日から6カ月以上継続して働き、全労働日の8割以上出勤した場合）により当然発生する権利（年休権）と②労働者がこの年休権の行使時季を具体的に特定する権利（時季指定権）の2つの権利から構成されることになります。

また、年休を取得できる日数は、下表のとおり、その労働者が継続して働いた年数によって変わります。

継続勤務年数	6カ月	1年6カ月	2年6カ月	3年6カ月	4年6カ月	5年6カ月	6年6カ月〜
付与日数	10日	11日	12日	14日	16日	18日	20日

もっとも、週所定労働日数が4日以下、または年間所定労働日数が216日以下の労働者に付与される年休の日数は所定労働日数に応じて少なくなります（これを「比例付与」といいます）。

(2)年休権の行使（時季指定権）

年休権は、労働者の時季指定権の行使によって、有給で労働義務が消滅するという具体的な効果が発生します。このとき、労働者は休暇をとる日・期間を指定して使用者に届出をすれば時季指定権を行使したことになります。使用者の承認は不要であり、上司が「年休を承認しません」といってきても、これによって休みが取れなくなるわけではありません。

次に、使用者が、労働者の請求した時季に年休を与えることが「事業の正常な運営を妨げる場合」には、他の時季にこれを与えることができるとされています（労基法39条5項但書、「時季変更権」といいます）。

時季変更権について判例は、①業務遂行のための必要人員を欠くなど業務上の支障が生じることだけでなく、②人員配置の適切さや代替要員確保の努力など労働者が指定した時季に年休が取れるよう使用者が状況に応じた配慮を尽くしているかどうかもふまえながら判断しています[18]。そもそもたんなる繁忙期であるこ

---

*18　弘前電報電話局事件・最二小判昭62.7.10民集41巻5号1229頁、電電公社関東電気通信局事件・最三小判平元.7.4民集43巻7号767頁。

とを理由にして時季変更権を行使することは許されません。

　たとえば、裁判例においては、高校の教員が期末テスト日に年休を取ろうとした際の時季変更権の行使を有効としたもの[*19]、事業遂行に必要なデジタル交換機の保守技術者の養成と能力向上を図るため、各職場の代表を参加させて、1か月に満たない比較的短期間に集中的に高度な知識、技能を修得させる技術研修の際の年休につき時季変更権の行使を有効としたもの[*20]があります。

　では、何日も連続して年休をとる場合は、どのように判断されるのでしょうか。

　この点について、時事通信社事件[*21]は、労働者が、長期連続の年休の取得について会社と事前の調整を十分経ることなく、その有する年次有給休暇の日数の範囲内で始期と終期を特定して長期かつ連続の年次有給休暇の時季指定をしたという事例について、「これに対する使用者の時季変更権の行使については、右休暇（長期かつ連続の年次有給休暇——著者注）が事業運営にどのような支障をもたらすか、右休暇の時期、期間につきどの程度の修正、変更を行うかに関し、使用者にある程度の裁量的判断の余地を認めざるを得ない」として、長期間の年休について、使用者の裁量をより広く認めることを明らかにして、時季変更権の行使を適法としました。

　もっとも、この事案は、科学技術記者クラブに単独配置されている記者で、代替性が乏しかったにもかかわらず、8月20日から9月20日まで連続して年休を取ろうとしたものであり、かつ会社側は2週間ずつ2回に分けて休暇を取るという代替案を示していたという特殊な事情がありました。

(3)年休自由利用の原則

　年休をどのように利用するかは、使用者の干渉を許さない労働者の自由であるとされています[*22]。たとえば海外旅行という目的でもまったく問題ありません。ただし、使用者が労働者に年休の使途を聞いたとしても（妥当かどうかはともかく）違法にはなりません。

---

*19　夕張南高校事件・最一小判昭62.1.29労判494号14頁。
*20　ＮＴＴ（年休）事件・最二小判平12.3.31労判781号18頁。
*21　時事通信社事件・最三小判平4.6.23労判613号6頁。
*22　林野庁白石営林署事件・最二小判昭48.3.2民集27巻2号191頁、前掲・弘前電報電話局事件・最二小判。

また、行使の目的によっては、権利の濫用とされる場合もあります。たとえば、年休の請求が争議行為としての一斉休暇闘争の目的でされた場合、本来の年次有給休暇請求権の行使ではなく、当該指定日に年次有給休暇関係が成立しないとされています[*23]。

(4)年休取得と不利益取扱い

　使用者は、年休を取得した労働者に対し、賃金減額といった不利益な取扱いをしないようにしなければならないとされています（労基附則 136 条）。この規定について沼津交通事件[*24]は使用者に努力義務を課すものであり、直接私法上の効力を発生させるものではないと解釈しています。これに対して学説では、労基法が年休取得日につき一定額の賃金の支払を義務づけている趣旨には、精皆勤手当や賞与など年休取得日の属する期間に対応する賃金について年休取得日を出勤した日と同様に取り扱うべしとの要請が含まれていると解すべきであるし、労基附則 136 条は年休権保障に含まれる不利益取扱禁止の私法規範を確認したものと解すべきであるとして批判する見解も有力です。

　裁判例においては、年休を欠勤日として昇給上の要件たる出勤率を算定した措置[*25]や、賞与の算定において欠勤日扱いとした措置[*26]がそれぞれ無効とされています。これに対し、前述の沼津交通事件では、タクシー乗務員が、月ごとの勤務予定表作成後に年休を取得した場合において、皆勤手当を減額または不支給とした措置を、年休の取得を一般的に抑制するものではなく、減額される額も相対的に大きなものではないとして、使用者の措置を有効としました。沼津交通事件の判旨をもとに考えると、判例の結論が異なるのは、不利益に扱われる対象が何であるか（固定給や賞与の減額か、手当の減額か）、不利益の程度はどうかをふまえて、年休権保障の趣旨を失わせるような抑制的効果をもたらしているかを個々に判断していると見ることができるでしょう。

＊23　国鉄郡山工場事件・最二小判昭48．3．2民集27巻2号210頁。
＊24　沼津交通事件・最二小判平成 5．6．25労判636号11頁。
＊25　日本シェーリング事件・最一小判平元．12．14労判553号16頁。
＊26　エス・ウント・エー事件・最三小判平 4．2．18労判609号13頁。

(5)年休権の消滅

　労働者が年休を消化すれば、年休権は消滅します。しかし、未行使の年休権は労基法 115 条の 2 年の消滅時効にかかり、1 年にかぎり繰越が認められると解されます（発生から 2 年で消滅します）。また、あくまでもリフレッシュのために労働者が休む権利が年休であるので、退職時に未行使の年休を使用者に対して買い取らせること（使用者に義務的に買い取らせること）はできません。もっとも、労働者の退職時に労使が任意に未消化の年休を買い取る合意をすることまで禁止するものではありません。

(6)計画年休

　計画年休制度とは、事業場における労使協定（行政官庁に届け出る必要はありません）に基づき、5 日を超える日数につき年休を計画的に付与する制度であって、1987 年の労基法改正の際に年休取得率の向上のためのひとつの施策として認められるようになったものです。

　なお、「休暇に関する事項」は就業規則の絶対的記載事項ですので（労基法 89 条 1 号）、計画年休制度を採用する場合はその旨を就業規則に盛り込む必要があります。

(7)年5日の年休取得義務化（使用者による年休時季指定）

　わが国の年休取得日数・取得率は世界的に見ても最低レベルであり、年休取得の促進が課題となっています。このため、働き方改革法に基づく労基法改正により、2019 年 4 月 1 日から、使用者は、年 10 日以上の年休が付与される労働者（管理監督者やパート労働者も含みます。）に対して、年 5 日は年休を取得させなければならないこととなりました（改正労基法 39 条 7 項）。具体的には、労働者自身が取得した年休（計画年休を含みます。）が年 5 日に満たない場合、不足分の年休については、使用者が時季を指定して取得させる必要があります（同条 8 項）。なお、これに違反した場合には 30 万円以下の罰金が科されます（同法 120 条）

　使用者は、この時季指定にあたっては、労働者から時季に関する意見を聴取し、その意見を尊重しなければなりません（改正労基則 24 条の 6）。また、年休管理簿を作成し 3 年間保存することが新たに義務づけられます（同則 24 条の 7）。

3 休暇、休業、休職

◆ポイント

・女性一般の保護は縮小・撤廃され、妊産婦の保護が図られているが、育児介護休業法等によって、ワーク・ライフ・バランスのための種々の施策が展開されている。

・育児介護休業法は、女性労働者のみならず、男性労働者も対象としている。

・休職制度の適用および病気休職の場合の復職判定、休職期間満了による退職扱いの各段階において使用者には適切な法的対応が求められる。

(1)総論

休暇制度とは、労働者の権利として保障されているものを指し、労働契約において労働義務を負っている「労働日」について、労働者の意思表示によって労働者が使用者から労働義務の免除を得た日を指します。休業も、労働義務がある日に就業できなくなる日もしくは時間であり、労働者が請求できる権利のある暦日の休業であれば休暇と同じといえます。具体的には、法律で定められた年次有給休暇のほか、産前産後休業、生理休暇、育児・介護休業などの法定休暇がこれにあたります。なお、年次有給休暇を除いて、使用者は法定休暇期間中の賃金支払義務を負いませんので無給としても違法ではありません。その他に、就業規則や労働協約において特別に設けられた会社休暇とよばれるものもあります。

他方、休職制度とは、労働者を就労させることが不能または不適当な事由が生じた場合に、労働関係を存続させながら一定期間職務を免除するという、使用者の人事制度です。休職制度導入またはその構築が法律で使用者に義務づけられているものではありません。

以下では各制度について概観し問題となる点を検討します。

(2)産前産後休業等

①産前産後休業

　使用者は、6週間（双子以上の妊娠の場合は14週間）以内に出産する予定の女子が休業を請求した場合には、その者を就業させてはならず、産後8週間を経過しない者も同様であるとしています（労基法65条1、2項）。産前の休業は、女性の請求を待って与えられる休業ですが、産後の休業は、女性の請求の有無にかかわらず付与しなければならない休業であることには注意が必要です。ただし、産後6週間を経過し、女性が請求した場合であって、医師が差し支えないと判断した場合には、就労させることができるとされています（同条2項但書）。

②生理日の措置

　使用者、生理日の就業が著しく困難な女性が休暇を請求したときは、その者を生理日に就業させてはならないとされています（労基法68条）。

　なお、生理日であることについて医師の診断書の提出を求めるような措置は許されません（昭23.5.5基発682号、昭63.3.14基発150号、婦発47号）。

③育児時間

　生後満1年に達しない生児を育てる女性は、休憩時間（労基法34条）のほかに、1日2回各々少なくとも30分、その生児を育てるための時間を請求することができます（同法67条）。この30分は、勤務時間の始めまたは終わりに請求した場合にも与えなければならないことになっていますので（昭33.6.25基収4317号）、休憩時間のように労働時間の途中である必要はなく、30分遅く出勤し、30分早く退勤することもできます。本条が1日2回の育児時間を定めたのは、1日の労働時間が8時間であるような通常の業務態様を念頭においていますので、1日の労働時間が4時間以内であるような場合には1日1回の付与で足りるとされています（昭36.1.9基収8996号）。

（3）育児休業

①要件
対象となる労働者
　育児休業を取得できる労働者は、男女を問いません。ただし、日々雇用者は除かれています。有期契約で雇用されている者については、申出の時点で、①同一の事業主に過去1年以上継続して雇用されていること、②子が1歳6カ月になるまでの間に雇用契約が終了することが明らかでないことの2点を満たした場合に育児休業を取得することが可能でした。しかし、2021（令和3）年育児介護休業法の改正では、申出時点で継続雇用期間が1年以上あるという要件を廃止し、雇用されたばかりの有期雇用労働者も、上記②の要件を満たせば育児休業の申し出をすることができることとしました（育介法2条1号、改正5条1項但書、2022〈令和4〉年4月1日施行）。

　なお、事業主は、いわゆる過半数組合、それがなければ過半数代表者との労使協定により、①継続雇用期間が1年未満の者、②育児休業申出があった日から起算して1年（後述の延長申出の場合は6カ月）以内に雇用契約が終了することが明らかな労働者、③1週間の所定労働日数が2日以下の者などからの休業申出については、これを拒むこともできます（育介法6条1項但書、育介則8条）。

養育の対象となる子
　育児休業の対象となるのは、実子であるか養子であるかを問わず、1歳未満の子を養育する場合です。ただし、子の1歳到達時に育児休業をしている場合で、希望しても保育所に入所できないときなどは、1歳6カ月まで延長可能であり（育介法5条3項）、さらに1歳6カ月到達時点でも休業が必要な場合には、2歳まで延長が可能とされています（育介法5条4項）。

　また育児休業は、原則として子が1歳になるまでの期間とされていますが、2009（平成21）年改正では、「パパ・ママ」育休プラスという、父親と母親がともに育児休業をする場合には、1歳2か月になるまでの間に1年間育児休業を取得することができるようになりました（育介法9条の2）。

　さらに、2021（令和3）年の育児介護休業法の改正で、出産・育児等による労働者の離職を防ぎ、希望に応じて男女ともに仕事と育児等を両立できるようにするため、子の出生直後の時期における柔軟な育児休業の枠組みの創設、育児休業

を取得しやすい雇用環境整備および労働者に対する個別の周知・意向確認の措置の義務付け、育児休業給付に関する所要の規定の整備等の措置を講ずることとされました。このなかには、男性の育児休業取得促進のための出生時育児休業（産後パパ育休と通称されています）も含まれています。これに伴い、育児休業は、子1人につき原則として1回だけ取得することができるという規定から2回に分割取得することが可能になるなどの改正も行なわれています。

　具体的には、雇用環境整備、個別の周知・意向確認の措置の義務化は令和4年4月1日から施行となります。育児休業と産後パパ育休の申出の円滑化のため、事業主は、①研修の実施、②相談窓口設定、③自社の労働者の取得事例の収集・提供、④制度と休業取得促進に関する方針の周知、のいずれかの措置をとることが義務付けられました。また、妊娠・出産（本人または配偶者）の申し出をした労働者に対して、事業主は育児休業制度等に関する一定の事項（制度内容、申出先、育児休業給付、社会保険料の取扱い）を周知し、面談（オンラインも可）や書面交付等の方法により、休業取得の意向を個別に確認しなければなりません。

　次に2022（令和4）年10月1日からは、産後パパ育休の創設と育児休業の分割取得が可能となります（詳細は図表参照）。これに合わせて就業規則等を見直すことも求められています。そして、2023（令和5）年4月1日からは従業員数1000人超の企業は年1回育児休業取得状況の公表が義務化されました。

育児休業の申し出

　育児休業は、労働者からの申し出によって付与義務が生じるものであり、使用者に自動的に付与義務が生じるものではありません。休業の申し出は、原則として休業を開始しようとする日の1カ月前までに、初日と末日を明示した書面（ファクシミリ、電磁的方法を含む）により行ないます（育介法5条6項、育介則7条）。

②効果

　事業主は、原則として育児休業の申し出を拒むことはできません（育介法6条1項）。また、育児休業の申し出をしたことや育児休業を取得したことを理由として、労働者に対して解雇その他の不利益取扱いをすることも禁じられています（同法10条）。これは均等法における婚姻・妊娠・出産等を理由とする不利益取扱

	産後パパ育休 （2022年10月1日～） 育休とは別に取得可能	育休制度 （2022年10月1日～）	従来の育休制度 （2022年9月まで）
対象期間取得可能日数	子の出生後8週間以内に4週間まで取得可能	原則、子が1歳（最長2歳）まで	原則、子が1歳（最長2歳）まで
申出期限	原則休業の2週間前まで（例外あり）	原則1か月前まで	原則1か月前まで
分割取得	分割して2回取得可能（初めにまとめて申し出る必要がある）	分割して2回取得可能（取得の際にそれぞれ申出）	原則分割不可
休業中の就業	労使協定を締結している場合に限り、労働者が合意した範囲で休業中に就業することが可能	原則就業不可	原則就業不可
1歳以降の延長	—	育休開始日を柔軟化	育休開始日は1歳、1歳半の時点に限定
1歳以降の再取得	—	特別な事情により可能	不可

4

いの禁止[27]と同じく、強行規定ですので、不利益取扱い禁止規定に反する法律行為は無効とされます。判例は、昇給の要件や賞与支給の要件として出勤率要件を設定して、産前産後休業や育児休業の期間を欠勤日として扱うことは公序良俗に反し無効（民法90条）としていますが、他方で、賞与額の算定にあたって産前産後の不就労日や育児短時間勤務の不就労時間を欠勤扱いしてその分をノーワーク・ノーペイの原則に沿って減額することは無効とはいないという立場をとって

---

[27]　広島中央保健生協（C生協病院）事件・最一小判平26.10.23労判1100号5頁参照。

います[28]。また、最近では、育児休業からの復帰時に無期雇用から有期雇用への切り替えがなされたことが、労働者の自由な意思に基づく雇用形態の切り替えといえるかが問われた事案（結論として自由意思による変更であり不利益性なし）[29] や育児休業からの復帰にあたり労働者が短時間勤務を希望したのに、パート契約でなければ短時間勤務はできないとして説明し、これに労働者がやむなく応じたことが自由意思に基づくといえるかが問われた事案（結論として自由意思ではなく損害賠償を認容）[30] なども注目を集めています。これに加え、事業主は、上司・同僚からの妊娠・出産、育児休業、介護休業等を理由とする嫌がらせ等（いわゆるマタハラなど）を防止する措置を講じる義務を負っています（同法25条）。他方、事業主には、休業期間中の賃金を支払う義務はありません。もっとも、雇用保険において休業開始前賃金の67％が、「育児休業給付」として支給されます（雇保法61条の4、附則12条）。

③育児休業に代わる措置

　事業主は、3歳未満の子を養育する労働者に対し、その申し出に基づき、短時間勤務制度、フレックスタイム制度、始業・終業時刻の繰上げ・繰下げ制度、所定外労働をさせない制度、託児施設の設置運営その他これに準ずる便宜の供与のうちいずれかの措置を講じなければなりません（育介法23条1項）。

④時間外、深夜業の制限

　事業主は、所定の例外にあたる場合を除き、小学校就学の始期に達するまでの子を養育する労働者（男女を問いません）が、子の養育をするため請求したときは、事業の正常な運営を妨げる場合を除き、1年につき150時間、1月につき24時間を超えて労働時間を延長してはならないとされています（育介法17条）。

　また、同様に労働者が請求した場合、事業主は、事業の正常な運営が妨げられる場合を除き、午後10時から午前5時までの深夜業をさせてはならないとしています（育介法19条）。

＊28　日本シェーリング事件・最一小判平成元. 12. 14労判553号16頁、東朋学園事件・最一小判平成15. 12. 4労判862号14頁。
＊29　ジャパンビジネスラボ事件・東京高判令元. 11. 28労判1215号5頁。
＊30　フーズシステムほか事件・東京地判平30. 7. 5労判1200号48頁。

(4)介護休業

①要件

対象労働者

　介護休業を取得できる労働者は、男女を問いません。ただし、日々雇用者は除かれ、期間雇用者についても、育児休業と同様、2021（令和3）年の育児介護休業法の改正により、同一の事業主に引き続いて1年以上雇用されていたことという要件が廃止され、介護休業開始予定日から93日を経過する日から6カ月を経過する日を超えて引き続き雇用されることが見込まれる場合（一定の例外があります）であれば、介護休業を取得できることになりました（育介法2条1号、2号、11条1項但書（2022〈令和4〉年4月施行））。

　もっとも、事業主は、いわゆる過半数組合、それがなければ過半数代表者との労使協定により、①継続雇用期間が1年未満の者、②休業申出の日から93日以内に雇用関係が終了することが明らかな者や週所定労働日数が2日以下の者などからの休業申出については、これを拒むことができます（育介法12条2項、6条1項但書）。

要介護者

　介護休業は、要介護状態にある対象となる家族の介護のために認められる休業です。ここでいう「要介護状態」とは、負傷、疾病または身体もしくは精神の障害により、2週間以上にわたり、常時介護を必要とする状態をいいます（育介法2条3号、育介則2条）。「対象となる家族」とは、配偶者（事実婚を含みます）、父母、子、祖父母、兄弟姉妹、孫のことです（育介法2条4号、5号、育介則3条）。

　これまで、介護休業は通算93日の範囲内で、対象家族1人について要介護状態ごとに原則1回に限り取得可能でしたが、法改正により、対象家族1人について通算93日まで、3回を上限として取得することが可能になりました（育介法11条）。

介護休業の申し出

　介護休業は、労働者からの申し出によって付与義務が生じるものであり、使用者に自動的に付与義務が生じるものではありません。介護休業の申し出は、原則として休業を開始しようとする日の2週間前までに、初日と末日を明示した書面により行なうものとされています（育介法11条3項）。

③効果

　事業主は、原則として介護休業の申し出を拒むことはできません（育介法12条1項）。また、介護休業の申し出をしたことや介護休業を取得したことを理由として、労働者に対して解雇その他の不利益な取扱いをすることも禁止されています（同法10条、16条）。他方、事業主には、休業期間中の賃金を支払う義務はありません。もっとも、雇用保険制度のもとでは、休業開始前賃金の67％が「介護休業給付」として支給されます。

④介護短時間勤務制度等の措置

　事業主は、要介護状態にある家族を介護する労働者に対して、労働者の申し出に基づき、3年以上の期間、①短時間勤務制度、②フレックスタイム制、③始業・終業の繰り上げ・繰り下げ制度、④介護サービスの費用の助成などのうち少なくとも1つを、④を除き2回以上利用できる措置として講じなければなりません（育介法23条3項）。

⑤時間外、深夜業の制限

　時間外労働の制限および深夜業の免除については、子の養育を行なう者に関する規定が準用されます（育介法18条、20条）。

(5)子の看護休暇

　事業主は、小学校就学の始期に達するまでの子を養育する労働者から請求があった場合には、原則として、毎年4月1日から翌年3月31日までの1年間に5日（対象となる子が2人以上の場合は10労働日）を限度として、負傷しまたは疾病にかかったその子の世話を行なうための休暇を与えなければなりません（育介法16条の2）。半日単位（所定労働時間の2分の1）の取得も可能ですし、時間単位での取得も可能です。事業主は労働者からの看護休暇の申出を拒むことはできません（育介法16条の3）。ただし、この期間を有給とすることは義務づけられていません。また、看護休暇の申出をしたことや看護休暇を取得したことを理由として、労働者に対して解雇その他の不利益取扱いをすることが禁止されており、この点は育児休業や介護休業の場合と同様です（育介法16条の4、10条）。

(6)介護休暇

　事業主は、要介護状態の家族をもつ労働者から請求があった場合には、原則として、毎年4月1日から翌年3月31日までの1年間に5日（対象家族が2人以上の場合は10労働日）を限度として、家族の世話を行うための休暇（介護休暇）を与えなければなりません（育介法16条の5）。ただし、この期間を有給とすることは義務づけられていません。

　なお、これまで、介護休暇は半日単位での取得しか認められていませんでしたが、法改正により時間単位での取得が可能になりました。

　また、労働者が介護休暇の申出をしたことや介護休暇を取得したことを理由として、労働者に対して解雇その他の不利益取扱いをすることが禁止されており、この点は育児休業、介護休業、子の看護休暇の場合と同様です（育介法16条の7）。

(7)休職制度

①起訴休職

　刑事事件に関し起訴された者を、その事件が裁判所に係属する期間、または判決確定まで休職するものを指します。これは、企業秩序維持・処分待機等の目的から設けられるものです。具体的には、刑事事件に関連して拘留・起訴された場合に適用となるものであり、多くの就業規則条項にみられます。

　しかし、起訴休職の適用にあたっては、公訴事実の内容や企業秩序へ与える影響などを考慮する必要があります[*31]。

②病気休職・事故欠勤休職

　業務外の傷病による長期欠勤が一定期間に及んだ場合に行なわれるのが病気休職であり、傷病以外の私的事故（本人の責に帰すべき事由による欠勤であり、行方不明等がこれにあたります）による欠勤が一定期間に及んだ場合になされるのが事故欠勤休職です。いずれの休職制度も所定の休職期間中に休職事由が消滅（病気の回復など）し、就労可能となれば復職することになりますが、休職事由が消滅しなければ休職期間満了時に自動退職ないし解雇されるのが通常です。

　休職制度は解雇猶予機能を有していますが、期間満了により自動退職となる場

*31　全日本空輸事件・東京地判平11.2.15労判760号46頁。

合には解雇予告規制や解雇権濫用法理（労契法16条）の潜脱のおそれがありますので、少なくとも休職期間は30日以上である必要がありますし、休職命令を発する際に休職に付すことが相当なのかという点も慎重に検討する必要があります。

　また病気休職中の者の復職に際しては、当該労働者が勤務可能なまでに回復（「治癒」）したか否かが問題となります。治癒とは、一般的には、労務提供が可能な健康状態に戻ることを意味し、その程度は従前どおり職務をこなせる程度まで回復していることであると考えられています[32]。この点に争いがある場合は、企業のほうで業務遂行に支障がある旨の立証をすべきであるとする裁判例もあります[33]。他方で当該労働者が就労可能な状態であるか否かは、本人の病状を直接に診断しなければ判明しませんので、むしろ労働者のほうで通常勤務が可能である旨の証明をすべきだという考え方もあります。

　また、ただちに従前どおりの職務を行なうことが難しい場合であっても、比較的短期間で従前業務への復帰が可能か、一定期間軽易な業務を担当させることで復職を認めることができないか等について使用者は検討し配慮したうえで「治癒」（裏を返せば復職させるかどうか）を決定する必要があります。この点については、企業は可能な範囲で労働者の労働能力の回復の程度に応じた配慮をなすべきことを求めている最高裁判決[34]が参考になります。

　加えて、精神疾患で休職する労働者が増加するなかで、その復職に際しての使用者の配慮の在り方に関心が向けられています。厚生労働省は「心の健康問題により休業した労働者の職場復帰支援の手引きについて」を策定し、そのなかで管理監督者が、産業医等、衛生管理者等および事業場内の保健師等のいわゆる事業場内産業保健スタッフ等と協力しながら職場復帰支援における業務上の配慮を履行し、また復帰後の労働者の状態についてもスタッフと連携しながら適切な対応をとることを求めています。

＊32　平仙レース事件・浦和地判昭40. 12. 16労判15号6頁。
＊33　エール・フランス事件・東京地判昭59. 1. 27労判423号23頁。
＊34　片山組事件・最一小判平10. 4. 9労判736号15頁。

第5章

雇用終了

第5章で学ぶこと

◇**合意解約・辞職・定年**：労働契約はさまざまな事由によって終了しますが、まずは典型的な終了事由である合意解約、辞職、定年の性質を理解する必要があります。そして、合意解約と辞職は類似した側面を有していますので、ここでは、その法的性質、撤回の可否を確認します。

◇**解雇**：使用者から労働契約を解約される解雇は、労働者にとって納得ができないばかりか、今後の給与収入がなくなることで生活が不安定となるという大きな不利益をもたらします。このため、労働法令では使用者による解雇を厳しく規制しています。使用者からも無効な解雇をしないよう、また労働者は自身の生活を守るためにも、ここでは解雇のルールを考えます。

◇**懲戒**：懲戒処分は、労働者による企業秩序違反行為に対する制裁ですが、労働者に与える不利益の大きさから、労契法による厳しい規制がされています。ここでは、懲戒処分の制度を理解するとともに、懲戒処分が有効であるための要件を確認します。

◇**有期労働契約と雇止め**：有期労働契約の典型的な終了事由は期間満了ですが、労働契約の更新状況等によっては解雇のルールに準じた取扱いがされています。また、2012 年改正労契法により、無期労働契約の転換申込制度等が設けられていますので、ここでは有期労働契約をめぐるルールを確認します。

◇**労働契約終了後の措置・雇用終了と雇用保険**：労働契約が終了した場合には、退職時等の証明や金品返還、さらには雇用保険制度の利用が問題となります。とくに、労働者が生活の糧を失った後に利用すべき雇用保険制度の内容を確認する必要があります。

1 合意解約

・合意解約の申入れは、相手方の承諾がされるまで撤回可能である。
・半強制的または執拗な退職勧奨は不法行為が成立する。

(1)合意解約とは

　合意解約とは、労働者と使用者が合意によって将来に向けて労働契約を解約することをいいます。合意解約は辞職を含めて、広い意味での「退職」に含まれます。

　たとえば、労働者が積極的に退職をしたい場合は、労働者が退職願を提出することが合意解約の申込みとなり、これを使用者が承諾することで、合意解約が成立します。この場合、文書によらず、口頭や電子メールでも解約の申込みは可能ですが、意思を明確にする関係から、合意解約の申込みは退職願等といった文書に署名押印されて提出されるのが一般的です。このため、労働者と上司が口論となって、労働者が感情的になって会社を「辞めてやる」と言っても、これが必ず合意解約の申込みになるわけではありません。

　他方で、使用者が労働者を退職させたい場合は、使用者からの「辞めてほしい」との発言が合意解約の申込みであり、労働者が退職願を提出してこれに承諾をすると、合意解約が成立します。

　合意解約をするための理由は不要であり、当事者の合意により成立します。ただし、労働者が合意解約をするにあたって、錯誤に陥っていたり、強迫や詐欺にあっていた等の場合には、これを取り消すことが可能です（民法90条、93条〜96条）。

(2)合意解約の申入れの撤回

　合意解約は相手方の承諾の到達をもって成立しますので、労働者が合意解約の

申入れをした場合、使用者の承諾がされるまでは撤回することができます。

　この承諾については、人事部長が労働者の退職願を受理したことをもって、合意解約の申込みに対する即時の承諾となるかが争点となった事案において、人事部長に退職承認についての判断をさせ、これを決定する権限を与えることも不合理ではないとした判例[*1]が参考になります。合意解約することについて最終的な決裁権者が承諾をしたか否かで、判断すべきでしょう。

　他方、使用者の合意解約の申入れに対して、労働者が承諾をした場合には、その後の撤回は認められません。

(3)退職勧奨

　退職勧奨とは、使用者が労働者を退職させるために、合意解約に向けて誘引することをいいます。退職勧奨によってただちに一定の法的効果が発生するわけではありませんが、その結果、労働者が辞職をしたり、労使間で合意解約が成立したりする場合があります。

　しかし、労働者が退職勧奨に応じて合意解約をしたとしても、たとえば、合意解約をしないと懲戒解雇される、退職金が支給されない等と欺されたり、強迫された等の場合には、合意解約の効力を争うことが可能です（民法90条、93条〜96条）。

　また、使用者による、社会的相当性を逸脱する態様での半強制的ないし執拗な退職勧奨行為は不法行為となり、当該労働者に対して損害賠償責任を負うこととなります。判例は、3〜4カ月の間に、11〜13回にわたり出頭を命じ、20分から長いときは2時間にも及ぶ退職勧奨を行なうなどした事案で、使用者の損害賠償責任を認めています[*2]。

＊1　大隈鐵工所事件・最三小判昭62. 9. 18 労判504 号6 頁。

＊2　下関商業高校事件・最一小判昭55. 7. 10 労判345 号20 頁。

2 辞　職

◆ポイント
・辞職には使用者の承諾は不要であり、原則 2 週間前の予告があれば労働契約は
　終了する。
・辞職と合意解約は、効力の発生時期、撤回の可否の点で違いがある。

(1)辞職とは

　辞職とは、労働者による労働契約を解約する意思表示をいいます。

　期間の定めのない労働契約においては、労働者は 2 週間の予告期間をおけばい
つでも労働契約を解約することができます（民法 627 条 1 項）。この解約にあたっ
て理由は不要であり、これを解約自由の原則といいます。

　これに対して、期間の定めのある労働契約においては、やむをえない事由があ
るときにはただちに解約が可能であるにとどまり、その事由が当事者の一方の過
失によって生じたときは相手方に対して損害賠償責任を負うものとされます（民
法 628 条、労契法 17 条 1 項）。

　辞職の方式は、合意解約と同様に口頭でも可能ですが、文書で行なわれるのが
一般的といえます。

　また、労働者が辞職をするにあたって、錯誤に陥っていたり、強迫や詐欺にあ
っていた等の場合には、これを取り消すことが可能です（民法 90 条、93 条〜 96 条）。

(2)辞職の撤回

　辞職の意思表示は、使用者に到達した時点で効果が発生し、撤回できません。
合意解約と同様に、当該労働者が辞職することの最終的な決裁権者に到達したか
否かによって、判断されることとなります。

(3)合意解約との区別

　辞職と労働者による合意解約の申込みは、労働者が労働契約を終了させようとする点で、外形的には類似しています。

　しかし、辞職の場合は、使用者に到達した時点でただちに効力が発生し、撤回できなくなるという、労働者にとって重大な効果が発生します。そうすると、労働者の軽率な発言等が辞職と評価されないように解釈をする必要があります。このため、労働者からの退職に向けての意思表明は、原則として合意解約の申入れであるとし、使用者の態度にかかわらず確定的に労働契約を終了させる意思表明といえる場合にかぎって、辞職と解釈すべきです。

3 定 年

◆ポイント

・定年制には、定年退職と定年解雇の制度がある。

・65歳未満の定年を定めている使用者は、定年の引上げ、継続雇用制度、定年
制の廃止のいずれかの雇用継続確保措置を講じなければならない。

(1)定年制とは

　定年制とは、労働者が一定の年齢に達したときに労働契約が終了する制度をい
います。定年制は、一般的に、期間の定めのない労働契約を念頭においています
が、定年に達したときに当然に労働契約が終了する定年退職と、定年に達したと
きに解雇の意思表示をして契約を終了させる定年解雇の制度がみられます。後者
は解雇の一類型となりますので、後述の解雇に関する規制が及ぶこととなります。

　定年制はわが国において広く普及しています。わが国で採用されている長期雇
用システムは、労働者にとって、定年までの雇用保障や勤続年数に応じた処遇と
いう利益があることから、合理的な制度として有効なものと理解されています。

(2)高年法の規制

　定年制については、高年法が、使用者が定年制を定める場合には60歳を下回
ることができないとする（高年法8条）とともに、65歳未満の定年を定めている
使用者に、①定年の引上げ、②継続雇用制度、③定年制の廃止のいずれかの雇用
継続確保措置を講ずる義務を負わせています（同法9条）。

　これらの雇用確保措置を講ずる義務に加えて、2021年4月施行の改正高年法
では、70歳までの就業確保措置を講ずることが使用者の努力義務とされました
（高年法について詳しくは、第7章4高年齢者等の雇用の安定等に関する法律参照）。

4 解 雇

◆ポイント

・解雇は、法令による解雇の禁止、労基法による解雇予告規定、労契法による解雇権濫用法理によって規制されている。とくに、解雇権濫用法理では、解雇をするには合理的理由と相当性が要求される。

(1)解雇とは

　解雇とは、使用者の将来に向けての労働契約の一方的な解約をいいます。

　労働契約に期間の定めがある場合には、使用者は「やむを得ない事由」があるときにかぎって解雇が可能です（労契法 17 条 1 項）。他方で、期間の定めがない場合には、民法 627 条 1 項の解約自由の原則により、使用者には解雇の自由があるといえます。しかし、解雇の自由を許容すると、労働者は解雇によって生活のための賃金を得ることができず、大きな経済的、精神的な不利益を被る事態が頻発してしまいます。そのため、労働法は、法令による解雇の禁止、労基法による解雇予告規定、労契法による解雇権濫用法理によって、労働者を保護すべく、解雇の自由を大幅に修正しています。

(2)法令による解雇理由の制限

　まず、法令によって、特別の事由がある場合の労働者の解雇が禁止されています。使用者の解雇によって、労働者に著しい不利益が及ぶことが明らかな状況にあったり、政策的な観点から特定の理由に基づく解雇を禁止すべき状況にある場合に、解雇を禁止しています。

　具体例のひとつとして、業務上災害による療養中、産前産後の休業中の解雇の禁止が挙げられます。労基法 19 条 1 項は、「使用者は、労働者が業務上負傷し、又は疾病にかかり療養のために休業する期間及びその後 30 日間並びに産前産後の女性が第 65 条の規定によって休業する期間及びその後 30 日間は、解雇して

はならない」と定めます。労働者が業務上負傷・疾病による療養、および産前産後の休業を安心してできるように設けられた規定です。

同条項の解雇禁止には例外があります。第1に、業務災害による療養の場合につき使用者が打切補償（労基法81条により、療養開始後3年を経過しても負傷または疾病が治らない場合における、使用者による平均賃金1200日分の補償）を支払った場合です（同法19条1項但書前段）。第2に、「天災事変その他やむを得ない事由のために事業の継続が不可能となった場合」であり、その事由について行政官庁の認定を受けなければなりません（同条1項但書後段、2項）。

なお、この解雇禁止期間中に解雇予告をすることは、この期間中に解雇の効力を発生させるものではないため、許されるものと理解されています。

このほか、次のような規定が設けられています。

ア　国籍、信条、社会的身分による不利益取扱いとしての解雇の禁止（労基法3条）

イ　監督機関への申告を理由とする解雇の禁止（同法104条2項）

ウ　不当労働行為としての解雇の禁止（労組法7条1号）

エ　性別を理由とする解雇の禁止（均等法6条4号）

オ　婚姻・妊娠・出産等を理由とする解雇の禁止（同法9条2項）

カ　育児・介護休業の申し出、取得を理由とする解雇の禁止（育介法10条）

キ　公益通報をしたことを理由とする解雇の禁止（公益通報者保護法3条）

（3）解雇予告制度

①解雇予告と解雇予告手当

使用者は、労働者を解雇しようとする場合、少なくとも30日前に予告をするか、または、30日分以上の平均賃金を支払わなければなりません（労基法20条1項本文）。これを、解雇予告または解雇予告手当といいます。

使用者に突然解雇されると労働者には大きな不利益が発生します。そこで、労基法は、再就職先を探す時間的猶予を与えるために解雇予告をするか、再就職するまでの生活を安定させるために解雇予告手当を支払うことを義務づけました。なお、予告の日数は、使用者が1日あたりの平均賃金を支払った分だけその日数を短縮することができます（同条2項）。

期間の定めのない労働契約については労使双方に解約の自由があるものの、解

約の効果はその申入れをしてから2週間を経過することによって発生します（民法627条1項）。労基法20条1項は、使用者による解約である解雇について修正したものといえます。

使用者が解雇予告規定に違反をした場合、刑罰（6カ月以下の懲役または30万円以下の罰金、労基法119条1号）が科される可能性があります。また、労働者の請求があった場合、裁判所は解雇予告手当と同一額の付加金の支払いを命ずることができます（同法114条）。

②解雇予告の除外事由

使用者は、天災事変その他やむを得ない事由のために事業の継続が不可能となった場合、または労働者の責に帰すべき事由に基づいて解雇する場合で、行政官庁の認定を受けた場合には、解雇予告または予告手当の支払いなしに、解雇をすることができます。このような場合には、使用者に解雇の予告または予告手当の支払いを行なわせることが酷だからです。

ここで「やむを得ない事由」とは、天災事変に準ずる程度に不可抗力に基づき突発的な事由とされ、厳格に判断されます。また、「労働者の責に帰すべき事由」とは、解雇予告規定によって保護するに値しないほどの重大または悪質な義務違反または背信行為をいいます。そして、使用者がこれらの事由の有無を判断できるとすると恣意的となるおそれがあるため、労働基準監督署長の認定を事前に受けることが必要とされています。

③解雇予告が適用されない労働者

次の労働者については、原則として解雇予告規定が適用されません。ただし、一定の場合の例外があり、注意が必要です（労基法21条）。

ア　日日雇い入れられる者（ただし、1カ月を超えて引き続き使用されるに至った場合、解雇予告規定が適用されます）

イ　2カ月以内の期間を定めて使用される者

ウ　季節的業務に4カ月以内の期間を定めて使用される者（ただし、所定の期間を超えて引き続き使用されるに至った場合、解雇予告規定が適用されます）

エ　試の使用期間中の者（ただし、14日を超えて引き続き使用されるに至った場合、解雇予告規定が適用されます）

この点、有期労働契約の場合に、契約期間の満了による契約終了をする場合に、解雇予告規定の適用があるかは問題です。しかし、契約期間満了は、労働契約の一方的解約である解雇の場面とは異なるため、労基法 20 条は適用されないと考えられています。ただし、「有期労働契約の締結、更新、雇止めに関する基準」(平 15 厚労告 357) は、有期労働契約においては、雇入れの日から当該契約を 3 回以上更新した者、または 1 年を超えて継続勤務している者に対して雇止めをする場合には、30 日前の予告を要するとしています。

④予告義務違反の解雇の効力

　使用者が、客観的に解雇予告規定の除外事由がないにもかかわらず、30 日前の予告または 30 日分の予告手当を支払わなかった場合、その解雇は無効となるのかが問題となります。

　この点、労基法 20 条は強行規定であり、同条違反の解雇は絶対的に無効であるとする考え方もあります。しかし判例は、「使用者が……予告手当の支払いをしないで労働者に解雇の通知をした場合、その通知は即時解雇としては効力を生じないが、使用者が即時解雇を固執する趣旨でない限り、通知後同条所定の 30 日の期間を経過するか、または通知の後に同条所定の予告手当の支払いをしたときは、そのときから解雇の効力を生ずると解すべきであ」るとしています[3]。

(4)解雇権濫用法理

①解雇権濫用法理とは

　解雇は、客観的に合理的な理由を欠き、社会通念上相当であると認められない場合は、その権利を濫用したものとして、無効とされます (労契法 16 条)。これを解雇権濫用法理といいます。

　民法では解雇は自由とされていましたが (民法 627 条 1 項)、解雇は使用者が一方的になすものであり、他方で労働者が被る不利益が大きいため、これを規制する方向で裁判例が集積していました。1975 年に最高裁は、「使用者の解雇権の行使も、それが客観的に合理的な理由を欠き社会通念上相当として是認することができない場合には、権利の濫用として無効となる」と判示して、解雇権濫用法理

＊3　細谷服装事件・最二小判昭35. 3. 11民集14 巻 3 号403 頁。

を認めました[*4]。さらに、「普通解雇事由がある場合においても、使用者は常に解雇しうるものではなく、当該具体的な事情のもとにおいて、解雇に処することが著しく不合理であり、社会通念上相当なものとして是認することができないときには、当該解雇の意思表示は、解雇権の濫用として無効になる」として、同法理の相当性の原則を明らかにしました[*5]。労契法16条は、確定した判例法理を明文化したものです。

　解雇権濫用法理は、解雇事由が「客観的に合理的な理由」といえるか否か、解雇が「社会通念上相当である」か否かという、2つの異なる観点から、個別具体的な事案に応じて、解雇の有効性を判断するものです。

　この点、訴訟において解雇の効力が問題となる場合には、就業規則が定める解雇事由に該当しない事実に基づく解雇は、客観的に合理的な理由がないものと判断されます。このため、使用者による客観的に合理的な理由の存在の主張立証は、就業規則における解雇事由に該当する事実が存在することの主張立証をすることによって行なわれます。仮に、解雇事由の該当性が肯定された場合には、当該解雇が相当性の原則に沿うものであったかが検討がされます。

②解雇の合理的理由

解雇事由

　解雇がされた場合に、その解雇理由が客観的に合理的か否かを判断するには、就業規則上の解雇事由はどのようになっているかを確認する必要があります。

　解雇事由は、就業規則の絶対的必要記載事項（労基法89条3号）ですので、就業規則を作成している使用者であれば、就業規則に定めているのが一般的です。就業規則の解雇事由は、労働者側の事情（労働者の傷病、能力不足、適格性の欠如、欠勤、勤務態度不良、経歴詐称、業務命令違反、非違行為、服務規律違反等）と使用者側の事情（経営上の必要性）から構成される傾向にあります。

　この点、厚生労働省のモデル就業規則では、次のような解雇事由が例としてあげられています。

＊4　日本食塩製造事件・最二小判昭50. 4. 25判時774号3頁。

＊5　高知放送事件・最二小判昭52. 1. 31労判268号17頁。

（解雇）

第○条　労働者が次のいずれかに該当するときは、解雇することがある。

① 　勤務状況が著しく不良で、改善の見込みがなく、労働者としての職責を果たし得ないとき。

② 　勤務成績又は業務能率が著しく不良で、向上の見込みがなく、他の職務にも転換できない等就業に適さないとき。

③ 　業務上の負傷又は疾病による療養の開始後3年を経過しても当該負傷又は疾病が治らない場合であって、労働者が傷病補償年金を受けているとき又は受けることとなったとき（会社が打ち切り補償を支払ったときを含む。）。

④ 　精神又は身体の障害により業務に耐えられないとき。

⑤ 　試用期間における作業能率又は勤務態度が著しく不良で、労働者として不適格であると認められたとき。

⑥ 　第△条第2項に定める懲戒解雇事由に該当する事実が認められたとき。

⑦ 　事業の運営上又は天災事変その他これに準ずるやむを得ない事由により、事業の縮小又は部門の閉鎖等を行なう必要が生じ、かつ他の職務への転換が困難なとき。

⑧ 　その他前各号に準ずるやむを得ない事由があったとき。

　ここで、就業規則における解雇事由の記載は、「限定列挙」か「例示列挙」か、という問題があります。限定列挙だとすると、就業規則に記載のない解雇事由に基づいて解雇をすることは許されませんが、例示列挙だとすると、就業規則の記載はあくまでも例示にすぎないため、記載されていない解雇事由により解雇をすることが可能といえます。

　この限定列挙か例示列挙かの問題は、見解が分かれるところですが、解雇事由は就業規則における「絶対的必要記載事項」であり労基法上はその列挙が義務づけられていること、使用者が就業規則に列挙した解雇事由については、逆に列挙しなかった事由に基づいて解雇はしないという趣旨で、自らの解雇の自由を制限するものと理解されるべきことから、限定列挙と解するべきでしょう。このように考えても、通常の就業規則には、前掲モデル就業規則のように、「その他前各号に準ずるやむを得ない事由があったとき」といった包括的な条項が設けられていますので、労働者の解雇理由が就業規則において具体的に列挙されていなくて

も、包括的な条項に基づき解雇は可能といえ、使用者側に不都合は生じないといえます。

解雇の合理的な理由

解雇にあたっての合理的な理由がある場合の例は、次のとおりです。

ア　労働者の労務提供の不能、労働能力、適格性の欠如：これらは、労働者が労働契約に基づく労務提供義務が完全に履行できず、債務不履行となる場合です。例をいくつか挙げてみましょう。

第1に、労働者が傷病や治療後の障害のために労務提供ができなくなった場合（業務上の傷病の場合には労基法19条の解雇禁止規定があります）が挙げられますが、この場合には、傷病や障害の程度が就労に耐えられないほど重大であること、回復しない状況が将来的にも継続する可能性が高いこと、休職制度の利用、就労可能な他業務への配転、能力開発の余地がないこと等の事情があってはじめて、合理的な理由があるものと判断されます。

第2に、労働者の勤務成績や労働能力が低い場合が挙げられますが、使用者は長期雇用システムのもと、労働者を安直に解雇することは規制されますので、勤務成績や労働能力が著しく低いこと、複数の部署の業務を経験させたり、教育訓練や研修を行なったりして労働者に改善する機会を与えること等の事情があれば、合理的な理由があるものと認められます。

同様に、適格性や協調性の欠如を理由とする解雇の場合も、その程度が著しいとともに、改善の機会が与えられていることが必要といえます。

第3に、労働者の誹謗中傷等により、信頼関係が破壊される場合が挙げられます。判例は、私立高校の教員が、学校や校長を批判する文書をリークする過程で、虚偽の内容や事実誇張、歪曲によって学校の信用を失墜させたことを理由として解雇された事案において、当該教員の誹謗中傷は労働契約上の信頼関係を著しく損なうものであったとして、解雇を有効としています[*6]。

ところで、専門職や管理職のように、地位や職種を特定して労働者を中途採用するも、想定されていた労働能力、適格性を有していなかった場合、裁判例は、合理的な理由の有無を緩やかに判断する傾向にあります。このような中途採用者の場合は、その地位や職種に要求される高い労働能力、適格性を有してないとき

＊6　敬愛学園事件・最一小判平6．9．8労判657号12頁。

には、特段配転等の改善の機会を付与しなくてもよいという判断があるように思われます。

イ　労働者の職務懈怠、規律違反等：懲戒処分の項で問題となる、経歴詐称、職務懈怠（無断欠勤、出勤不良、勤務成績不良、職場離脱等）、業務命令違背、業務妨害、職場規律違反、非違行為等、懲戒事由とほぼ同様の事由が挙げられます。この事由についても、これらの労働者の事情の性質、軽重、今後の改善の見込み等によって、合理的な理由か否かが判断されます。

　当該事由は、懲戒事由にも該当するところ、懲戒処分では処分として厳しいため、これに代えて普通解雇をする場合が現実にみられるところです。懲戒解雇事由に該当する場合には、懲戒解雇よりも軽い処分である普通解雇を行なうことも可能であると理解されています。

ウ　経営上の必要性：経営の合理化による就労先の消滅や、経営不振による人員削減（整理解雇）、会社の解散等の例が挙げられます。整理解雇については、後述します。

エ　ユニオンショップ協定に基づく解雇：ユニオンショップ協定に基づき、労働組合からの要求に応じて労働者を解雇する場合があります。そのような解雇も恣意的なものではないため有効とされています。

③相当性の原則

　解雇権濫用法理における相当性の原則とは、解雇が就業規則の解雇事由に該当して、合理的な理由があると判断されたとしても、労働者の情状（反省の程度、過去の勤務態度や処分歴、年齢、家族構成等）、他の労働者の処分とのバランス（懲戒処分において要求される「公平の原則」参照）、使用者側の対応等を考慮して、労働者に均衡を失するほどの不利益を及ぼす場合は、社会通念上の相当性を欠くものとして解雇は濫用とされるというものであり、高知放送事件・最高裁判決[*7]がこれを明らかにしています。

　同判例の事案は、地方ラジオ局の宿直勤務であったアナウンサーが、寝過ごしてニュース放送ができないという放送事故を2週間のうちに2度起こしたことを理由として普通解雇がされたというものでした。最判は、労働者の悪意ないし故

＊7　前掲・高知放送事件・最二小判昭52.1.31。

意によるものではないこと、アナウンサーを起こすことになっていた担当者も2回とも寝過ごしていたこと、放送の空白時間はさほど長時間とはいえないこと、放送局は早朝ニュース放送の万全を期すべき措置を講じていないこと、アナウンサーにはこれまで放送事故歴がなく、勤務成績も悪くないこと、寝過ごした担当者はけん責処分を受けたにすぎないこと、放送局において過去に放送事故を理由に解雇された例がないこと等の事情から、「解雇をもってのぞむことは、いささか苛酷に過ぎ、合理性を欠くうらみなしとせず、必ずしも社会的に相当なものとして是認することはできないと考えられる余地がある」とし、解雇は濫用として無効なものと判断しました。

④整理解雇

使用者の事情による解雇

　整理解雇とは、使用者が経営上の必要性から人員を削減すべく行なう解雇をいいます。労働者の責任による解雇ではなく、使用者の事情による解雇として、解雇権濫用法理はより厳しく適用されることとなります。

　整理解雇には、経営困難や経営不振を理由にその危機から脱するために行なう危機回避型や、経営危機に陥る前の経営合理化や競争力強化を目的として行なう合理化型等、背景事情に応じた態様があります。

整理解雇が有効とされる4要件（4要素）

　裁判例は、整理解雇の有効性を、人員整理の必要性、解雇回避努力義務、人選の合理性、手続の妥当性の4点から検討しています[8]。

　この4点が4「要件」なのか（4要件説）、4「要素」なのか（4要素説）は、見解は分かれています。4要件説によると、すべての要件を充足する必要があり、1つでも欠けたら整理解雇は無効となります。4要素説によると、1つの要素が欠けてもなお整理解雇が有効になる余地があることになります。裁判例は4要素説に沿うものが増加していますが、4要素説によったとしても、1つの要素が充足されていないことを理由として整理解雇を無効とする例もあり、整理解雇の有効性は厳格に判断されていることがうかがわれ、4要件説との理解とそれほど大きな相違はないともいえます。

＊8　東洋酸素事件・東京高判昭54. 10. 29 労判330号71頁。

次に、4要件（要素）の具体的な内容を確認しましょう。

ア　人員整理の必要性：人員削減が企業経営上の十分な必要性に基づくもの、またはやむを得ないものであることが必要とされます。この必要性は、倒産必至といった高度な必要性まで要求されるものではなく、赤字である等、経営上の困難から人員削減が必要とされるという程度で足りるとされています。

イ　解雇回避措置の実施：人員削減の手段として整理解雇は最後の手段であることから、使用者は、整理解雇を実行する前に、採用募集の停止、時間外労働の削減、配転・出向、一時帰休、希望退職の募集、役員の報酬削減、遊休資産の処分等、人員削減以外の手段によってその回避を努力する信義則上の義務を負っているといえます。裁判例では、最も重要な要素として、厳格な判断が行なわれています。

　使用者が、より労働者にとって不利益性の低い、配転・出向、希望退職の募集等を行なわずに整理解雇をした場合、整理解雇自体が濫用と判断されています。もちろん、使用者は上記の手段をすべて尽くすことまで求められているわけではありませんが、当該企業において実現可能な最大限の努力をすることが要請されているといえます。

ウ　被解雇者選定基準の合理性：使用者は、整理解雇をするにあたって、客観的で合理的な基準を設定し、これを公正に適用することで対象者を選定することが必要です。基準を設定せずに恣意的に対象者を選定した場合には、整理解雇は濫用となります。

　合理的な選定基準としては、使用者の再建の観点、および労働者への不利益性の観点から、欠勤日数、懲戒歴、勤務成績、企業への貢献度、経済的打撃の大きさ等が挙げられます。

エ　手続の妥当性：使用者が整理解雇を行なうにあたって、労働組合または労働者に対して、整理解雇の必要性、その時期、規模、方法等について十分な説明、協議を行なうことを信義則上要求しています。実体的要素であるこれまでの3要素とは異なり、この要素は手続的なものといえます。

（5）解雇が無効である場合の処理

①賃金請求権
　使用者が解雇をした場合には、通常は、労働者が就労を試みても使用者より拒

絶され、現実には労務の提供がされていない状態にあります。しかし、解雇が無効とされた場合には、使用者と労働者との労働契約関係が存続しているものとして扱われます。この場合、労働者は、解雇されてから解雇無効が確定するまでの間に対応する賃金請求が可能か、という問題があります。

この場合、民法536条2項を用いて、労働者の賃金請求権は認められるものと理解されます。同条項は、「債権者の責めに帰すべき事由によって債務を履行することができなくなったときは、債権者は、反対給付の履行を拒むことができない。この場合において、債権者は、自己の債務を免れたことによって利益を得たときは、これを債権者に償還しなければならない。」と定めていますので、使用者（債権者）による無効な解雇が原因で労働者（債務者）による労務提供という債務が履行できなくなったわけですから、労働者（債務者）は反対給付である賃金請求権を失うものではない、と整理するわけです。

それでは、労働者が解雇された後に他で働いて収入を得ていた場合（これを中間収入といいます）は、民法536条2項の「自己の債務を免れたことによって利益を得たときは、これを債権者に償還しなければならない。」として、その分の賃金は償還しなければならないのでしょうか、また賃金の償還方法として直接控除することは許されるのでしょうか。

この問題について判例は、①使用者の責めに帰すべき事由によって解雇された労働者が解雇期間中に他の職について利益を得たときは、その収入が副業的であって解雇されなくても当然取得できる等、特段の事情がないかぎりは、使用者は労働者に解雇期間中の賃金を支払うにあたりその利益の額を賃金額から控除することができる、②労働者は平均賃金の6割までの部分について休業手当が保障されるので（労基法26条）、当該賃金額のうち平均賃金の6割に達するまでの部分については利益控除の対象とすることはできない、③使用者の労働者に対する賃金の支払いと、労働者の使用者に対する中間収入の償還との決済手段を簡便にするため、平均賃金の6割を超える賃金部分については中間収入を直接控除することは適法である、としています[9]。

＊9　米軍山田部隊事件・最二小判昭37．7．20民集16巻8号1656号、あけぼのタクシー事件・最一小判昭62．4．2労判500号14頁。

たとえば、月30万円の給与を得ていた労働者が無効な解雇をされ、訴訟で争っている間に、月20万円の中間収入を得ていた場合を考えましょう。この中間収入が副業であるといった特段の事情がなければこれを控除する必要が生じますが、30万円の6割に相当する18万円は利益控除の対象にはならないので、中間収入20万円のうち12万円だけ控除され、残りの月18万円の賃金を請求できることとなります。

②損害賠償請求権

　解雇が不法行為となる場合には、労働者は使用者に対して不法行為に基づく損害賠償請求をすることができます。解雇により経済的な損害が発生した場合には当該現実の損害の賠償請求が、精神的苦痛を受けた場合には慰謝料の請求が、それぞれ可能です。判例は、解雇が著しく相当性を欠く場合にかぎって不法行為を認める傾向にあります[10]。

　ところで、解雇が無効になったとしても、必ず不法行為が成立するわけではありません。使用者の故意・過失により、労働者の権利を侵害し、これにより労働者に損害が発生したと認められて、はじめて不法行為が成立するのです。解雇が有効か否かと、不法行為が成立するか否かは、一応別の問題と整理すべきでしょう。

(6)変更解約告知

　使用者が、労働条件の不利益変更の手段として、解雇の意思表示をともなう労働条件変更の提案をすることがあります。具体的には、①労働条件変更の提案を行ない、拒否した労働者を解雇するパターンと、②既存の労働契約の解約告知と新条件での労働契約締結の申込みとを一体的に行なうパターン等がありますが、これらをあわせて「変更解約告知」とよんでいます。使用者にしてみれば、業績不振時などに就業規則変更でカバーしきれない労働条件の不利益変更を行なうため、このような申し出を行なう場面があるといえます。他方で、労働者にしてみれば、この申し出によって労働条件の不利益変更をのむか解雇されるか、という過酷な選択を迫られることとなります。

---

*10　小野リース事件・最三小判平22.5.25労判1018号5頁。

わが国では、変更解約告知を認めるための十分な法規制の下地が整っているわけではないため、裁判例・学説ともにこれを認める見解と認めない見解に分かれています[*11]。

　変更解約告知も解雇のパターンのひとつですので、解雇権濫用法理の規制をうけます。判例をみると、変更解約告知を有効と考える立場からは、通常の解雇より緩やかに解すべきとしており、その判断基準として、①労働条件変更の必要性と労働者が被る不利益とを比較衡量し、②変更申込みを拒絶した労働者の解雇を正当化できるか、③解雇回避の努力を尽くしたかどうか、の３点を示しています[*12]。

　他方で、無効と解する裁判例では、変更解約告知を行なったからといって解雇の判断を緩やかにすべきではないとして、通常の整理解雇法理類似の枠組みで解雇の有効性判断を厳格に行なっています[*13]。

*11　有効と解する裁判例としてスカンジナビア航空事件・東京地決平７.４.13労判675号13
　　頁、無効と解する裁判例として大阪労働衛生センター事件・大阪地判平10.８.31労判751号
　　38頁。
*12　同上・スカンジナビア航空事件・東京地決。
*13　同上・大阪労働衛生センター事件・大阪地判。

5 懲 戒

・懲戒には就業規則等の根拠が必要であり、懲戒権濫用法理によって使用者による懲戒は厳しく規制されている。

(1)懲戒とは

　企業は多くの労働者により構成される組織であるため、それを円滑に運営するための秩序（企業秩序）が維持される必要があります。企業は、企業秩序維持のために、就業規則などで労働者の行為規範を定めたり（服務規律）、労働者に具体的に指示・命令をしたりすることができます。

　労働者が企業秩序違反にあたる行為をした場合には、使用者は制裁を行なうことができ、これを「懲戒処分」といいます。

(2)懲戒権の根拠

　使用者が労働者に対して懲戒処分をする権限は、経営権から当然に発生するものではないとされています。懲戒処分をするためには、労働契約上の合意が必要であるとする考え方が一般的であり*14、具体的には就業規則や労働契約上に、懲戒処分の種類や懲戒事由、懲戒の方法などのルールを設けておく必要があります。就業規則で懲戒のルールを定めている場合には、当然にその就業規則が周知されている必要があります*15。

(3)懲戒の手段

　懲戒処分は、労働者に対して一方的に不利益を課すものですので、その手段や

＊14　フジ興産事件・最二小判平15. 10. 10 労判861号5頁。
＊15　同上・フジ興産事件・最二小判。

企業秩序違反行為（これを「非違行為」といいます）の内容はあらかじめ厳格に定められている必要があり、その内容から外れた懲戒処分を行なうことはできません。

懲戒の手段には主に以下のようなものがあり、労働者の非違行為の重大さによって処分が使い分けられます。

譴責・戒告：たんに戒められる最も軽い処分です。労働者にただちに労働条件上の不利益が生じるものではありませんが、懲戒処分を受けたという事実そのものによってその後の査定に影響を与える可能性があります。

また、譴責では始末書の提出が求められるのが一般的ですが、始末書の提出は労働者の任意であり、それを強制することは許されないとした裁判例があります*16。

減給：本来支払われるべき賃金が一部カットされるという処分です。減給の制裁については労基法上に規定があり、「1回の額が平均賃金の1日分の半額を超え、総額が1賃金支払期における賃金の総額の10分の1を超えてはならない」と定められています（労基法91条）。

これは、実際に勤務している分の賃金から制裁として一部がカットされるという点で、遅刻や欠勤による賃金カット（ノーワーク・ノーペイの原則）とは区別する必要があります。

出勤停止：労働者に一定期間の出勤を禁じる処分です。自宅謹慎ともいわれます。通常、出勤停止中の期間に対応する賃金は支払われません。

出勤停止の期間は、企業や非違行為の態様によってさまざまであり、実際には1週間から長くて1カ月程度という例が多いようです。減給の制裁と異なり出勤停止にはその上限などの法規制はありませんが、必要以上に長期化することは労働者に与える不利益の面からみて妥当とはいえません。

また、出勤停止は、業務命令の一環として行なわれる自宅待機命令（自宅で待機するという業務命令なので賃金が発生する）とは異なります。

降格：労働者の役職や資格が下げられる処分です。使用者の人事権行使の一環としてではなく、懲罰の一環として行なわれます。降格にともなって賃金が下がるケースもありますが、これは減給の制裁とは異なりますので、労基法91条の規制は受けません。

懲戒解雇・諭旨解雇：懲戒処分の最も重いものが懲戒解雇です。一般的には、解

＊16　福知山信用金庫事件・大阪高判昭53. 10. 27 労判314 号65 頁など。

雇予告や予告手当の支払いはなく即時に解雇され、退職金の一部または全部が支給されません。また、懲戒解雇よりも若干軽い懲戒処分として、労働者に辞表の提出を勧告して退職させるかたちをとる諭旨解雇という処分もあります。諭旨解雇は形式上は自主退職であるため、退職金が支給されるケースが多いといえます。

いずれにせよ、これらの処分は再就職にとって重大な障害となりますので、労働者に与える不利益は甚だ大きいといえます。

(4)懲戒の事由

使用者は、懲戒処分の対象となる非違行為を就業規則などで明確に定めておく必要があります。これらがあらかじめ定められていなければ、使用者による恣意的な懲戒の運用が可能となるため、妥当ではないからです。一般的には、以下のような非違行為が問題となります。

職務怠慢：主に、無断欠勤や遅刻・早退などの職場離脱行為を指します。ただし、懲戒制度の主眼は企業秩序の維持にありますので、使用者の指導に従わずにそれらの行為を繰り返した、などといった事情があってはじめて企業秩序に影響を与えたといえることに注意が必要です。

業務命令違背：使用者による業務命令に違反する行為です。労働者が使用者の適法な業務命令に理由なく従わない場合、懲戒事由に該当します。

経歴詐称：学歴・職歴・賞罰などの重要な経歴について、虚偽の事実を述べたり、秘匿したりすることをいいます。それらの重要な業績は労働者の評価に密接な関連を有し、これらを不正確に伝えることはそもそもの労使間の信頼関係を根底から覆すものといえるので、経歴を詐称した労働者は懲戒解雇されるケースが多く、判例もそれを有効と認めています[17]。他方、長期間ふつうに働いていた労働者の経歴詐称が判明したからといって企業秩序が乱されたといえるか疑問であるとして、懲戒事由にあたらないとする考えもあります。

なお、経歴については、高く詐称する場合だけでなく、低く詐称する場合も含まれます。

職場規律違反：同僚に対する暴行やセクハラ・パワハラ、横領や背任、企業の備品の窃取や損壊などの、職務に関する犯罪的行為や業務妨害行為、あるいは服装

＊17　炭研精工事件・最一小判平3．9．19労判615号16頁。

や身だしなみに関する規定等の社内規定に違反する行為など、さまざまなものがあります。

兼職・兼業禁止：就業規則等で兼職や兼業が禁止されている企業では、体力面や情報漏えいのおそれなど、本業に支障が生じるような兼職・兼業や、競業他社での兼職・兼業などが懲戒事由にあたります。労務提供に支障を生じない程度の兼職・兼業なら懲戒事由にあたらないとする裁判例もあります。

私生活上の非行：企業外での犯罪行為や不名誉な行為などの非行を指します。労働契約（や就業規則等）で根拠づけられる懲戒権は、労働者の私生活にまで当然に及ぶわけではなく、労働者の非行が業務に直接関係する場合や、非行によって企業の社会的評価が低下したといえる場合にはじめて懲戒の対象となると考えるべきです[18]。

判例では、非行の性質や、企業の事業の種類や規模、あるいは当該労働者の社内における地位や職種などといったさまざまな事情を考慮し、懲戒事由となるかを判断しています。

(5)懲戒権濫用法理

労働者の行為が懲戒事由に該当するからといって、使用者の懲戒処分が必ず有効になるわけではありません。懲戒が、労働者の非違行為の性質および態様その他の事情に照らして、客観的合理的な理由を欠き、社会通念上相当であると認められない場合には、懲戒権の濫用として、当該懲戒処分は無効になります（労契法15条）。

懲戒権の行使が濫用にあたるかどうかの判断では、以下の点が考慮されます。

懲戒事由と懲戒処分の均衡：違反行為の程度と懲戒処分の内容とのバランスが取れているかが最も重要なポイントとなります。たとえば、1回遅刻しただけの労働者を懲戒解雇するという処分は重すぎるため無効といえます。

平等な取扱い：同等の懲戒事由に対しては同等の処分がなされるべきであるとされます。たとえば、以前に戒告処分を下した小さな非違行為について、今度は別の労働者を懲戒解雇する、というようなバランスの悪い運用は、懲戒権の濫用にあたる可能性が高いといえます。

---

*18　国鉄中国支社事件・最一小判昭49.2.28民集28巻1号66頁。

適正な手続：手続の適正さの観点から、懲戒処分を行なう際には、本人に弁明の機会を与えることが最低限必要なものと考えられています。企業によっては、懲戒処分をする場合には懲戒委員会を組織してその決議を経る、というような内部ルールを策定している場合もあり、そのような手続がとられなかった場合には、懲戒処分が無効と判断される要素となります。

懲戒処分事由の追加禁止：ある懲戒処分を下した時点で使用者が認識していなかった非違行為は、その懲戒処分の理由とはなりえませんので、後日認識した非違行為を、その懲戒処分の理由のひとつとして、さかのぼって追加することはできません[*19]。

(6)懲戒解雇と普通解雇

　懲戒解雇は、懲戒処分と解雇の双方の性質を有していますので、その有効性は、普通解雇よりも厳しく判断されます。

　この点、懲戒解雇とするには厳しすぎて無効となるものの、懲戒解雇には普通解雇の意思表示が含まれているものとして、普通解雇としては有効とすることは可能でしょうか。懲戒解雇から普通解雇への転換を認めることができるか、という問題です。

　しかし、懲戒制度が存在し、懲戒解雇と普通解雇が就業規則における制度上区別されている会社では、懲戒解雇は企業秩序違反に対する制裁罰である以上、懲戒解雇と普通解雇とはその性質が異なるといえますので、懲戒解雇から普通解雇への転換を認めることはできないと理解されています。

　ただし、使用者が懲戒解雇をするとともに、予備的に普通解雇の意思表示をすることは可能です。懲戒解雇の主張をした後に遅れて予備的に普通解雇の主張をした場合、仮に懲戒解雇が無効、普通解雇が有効となった場合には、普通解雇がされた時点で労働契約は終了したものと判断されます。

[*19]　山口観光事件・最一小判平 8 . 9 . 26 労判708 号31 頁。

6 有期労働契約と雇止め

◆ポイント

・有期労働契約の期間の上限は原則 3 年である。

・有期労働契約が反復更新されて 5 年を超える場合には、無期労働契約への転換
　申込みが可能である。

・有期労働契約の更新拒絶（雇止め）についても、解雇権濫用法理に準じた規制
　がされる場合がある。

(1)有期労働契約と労働契約の期間

　期間の定めのある労働契約によって使用される労働者を、有期契約労働者といいます。企業によって、契約社員、パートタイマー、アルバイトなど呼称はさまざまですし、その契約期間も 3 カ月、6 カ月、1 年などさまざまです。企業は正社員とは別に、労働力の臨時的・一時的な需要のために有期契約労働者を雇用します。業務量が多い間は有期労働契約を更新し、業務量が減少した場合には、契約期間の満了によって労働契約を終了させ、雇用調整をすることが可能です。他方で、有期労働契約の場合、労使の当事者双方は、契約期間中の解約は「やむを得ない事由」がある場合のみしか許されませんので（民法 628 条、労契法 17 条 1 項）、雇用が一定期間継続することが保障されているといえます。

　労働契約の期間の上限については、3 年以内の期間を定めなければなりませんが、一定の事業の完了に必要な期間を定める場合には 3 年を超えることができ、また高度の専門的知識等を有する労働者または満 60 歳以上の労働者との間には 5 年以内の契約期間が認められます（労基法 14 条）。労働契約の期間が長期にわたると、労働者を不当に拘束する結果になるため、労基法は労働契約の期間の上限を原則として 3 年とし、一定の者については例外的に 5 年としています。

　他方で、労働契約の期間の下限について、労基法は具体的に設けていませんので、極端な場合には 1 日間のみの労働契約も可能とされています。この点、労契

法17条2項は「使用者は、期間の定めのある労働契約について、労働契約により労働者を使用する目的に照らして、必要以上に短い期間を定めることにより、その労働契約を反復して更新することのないよう配慮しなければならない。」と定めていますが、労契法では有期労働契約の目的は限定されていないこと、「必要以上」と曖昧な文言であることから、同条項は、これに違反しても法的効力に影響のない訓示規定と理解されています。

労働契約の期間は重要な労働条件といえますので、使用者は、労働契約の締結の際に、有期雇用であることとその期間を明示しなければなりません（労基法15条1項）。前掲「有期労働契約の締結、更新、雇止めに関する基準」（平15厚労告357）では、使用者は有期労働契約の締結に際し、更新の有無、及び更新ありの場合は更新する場合としない場合の判断の基準を明示すべきことが定められ、更新するか否かの判断基準の例として、契約満了時の業務量、労働者の勤務成績・態度、労働者の能力、企業の経営状況、従事している業務の進捗状況等が挙げられています。

有期労働契約について、労契法には、期間の定めない労働契約（無期労働契約）への転換に関する規定（労契法18条）、契約期間の満了による雇止めに関する判例法理に関する規定（同法19条）が設けられていますので、その内容を確認していきます。

（2）無期労働契約への転換申込制度

①転換申込制度とは

同一の使用者との間で締結された有期労働契約の反復更新により通算5年を超えて継続雇用されている労働者が、使用者に対して、現在締結している有期労働契約の契約期間が満了するまでの間に、この満了日の翌日から労務が提供される期間の定めのない労働契約の締結の申込みをしたときは、使用者は当該申込みを承諾したものとみなされます（労契法18条1項）。この規定が新設されたのは、有期契約労働者の雇用の安定を確保し、使用者による有期労働契約の濫用的な利用を抑制する目的に基づきます。

たとえば、2015年4月1日に雇用期間を1年（次頁のアの場合）、3年（イの場合）とする有期労働契約を締結し、それが反復更新されて通算5年を超えた場合、下図の網掛けの期間内に労働者から無期労働の契約の締結の申込みをすると、次

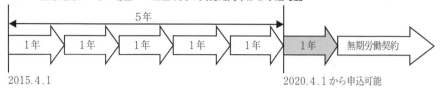

ア 雇用期間が1年の場合…6回目以降の契約期間中から申込可能

5年

1年 | 1年 | 1年 | 1年 | 1年 | 1年 | 無期労働契約

2015.4.1   2020.4.1から申込可能

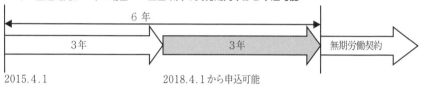

イ 雇用期間が3年の場合…2回目以降の契約期間中から申込可能

6年

3年 | 3年 | 無期労働契約

2015.4.1   2018.4.1から申込可能

の更新時には無期労働契約が成立することとなります。

②クーリング期間

　労契法18条2項は、有期労働契約が反復更新される場合であっても、次の契約までの無契約期間（これをクーリング期間といいます）が6カ月以上であるときは、以前の有期労働契約の契約期間は通算契約期間に算入しないと定めています。クーリング期間には通算期間をリセットする機能があるというわけです。

　なお、直前の有期労働契約の契約期間が1年に満たない場合には、その当該期間の2分の1に相当する月数（端数切上げ）がクーリング期間となります。

③無期労働契約となった際の労働条件

　労働者が転換申込権を行使した場合、使用者が承諾をしなかったり拒絶したりしても、使用者は当該申込みを承諾したものとみなされますので、その結果、これまでの有期労働契約は、期間の定めのない労働契約に転換されます。

　しかし、無期労働契約となった際の労働条件について、同条は、「別段の定め」がないかぎりは、契約期間を除き従前と同一と定めていますので、ただちに正社員と同様の労働条件になるわけではありません。さらには、使用者が就業規則などにより「別段の定め」をした場合には、労働条件が有利になることも、不利に

なることもあるわけです。

　なお、通達（平24.8.10基発0810第2号）は、労働者の転換申込権をあらかじめ放棄させることを認めることは、同条の趣旨を没却するものであるため、放棄の意思表示は無効となると定めています。

（3）雇止めに関する判例法理の明文化

①有期労働契約の雇用は不安定

　雇止めとは、有期労働契約の期間満了時に、契約更新をしないことをいいます。

　使用者は、期間の定めのない正社員の解雇は解雇権濫用法理により規制されているため、業務量の多寡や経営状況に応じて有期契約労働者に余剰が生じた場合には、契約更新をしないことによって人件費を調整するということが行なわれています。このような場合、有期契約労働者は常に雇止めがされてよいとするのでは、その雇用が不安定となります。

②解雇権濫用法理の類推適用

　有期労働契約が反復更新されるだけでは、それが期間の定めのない労働契約に転化したり、それと同視できるような関係になったりするわけではありません。したがって、雇止めは、契約期間中になされる解雇とは異なり、解雇権濫用法理を直接適用することはできません。しかし、有期労働契約が反復更新されていた場合には、労働者は雇用の継続を期待していると考えられます。そこで、雇用の継続を保護するため、雇止めに解雇権濫用法理が類推適用（本来の場面ではないものの、場面が類似しているために同様の処理をする解釈方法です）される場合があるのです。

　解雇権濫用法理が類推適用されるどうかについて、裁判例は、以下の事情から総合的に評価しています。

当該雇用の臨時性、常用性：当該雇用が臨時的なものであれば、雇用継続の期待は少なくなりますが、正社員と同様に長期的に必要な業務内容であれば、期待が高くなります。

更新の回数：更新回数が多くなればそれだけ雇用継続の期待が高くなります。

雇用の通算期間：雇用の通算期間が長ければそれだけ雇用継続の期待が高くなります。

契約期間管理の状況：従前の契約更新にあたって労働契約書が作成されていない、契約更新後に労働契約書が作成されるなどルーズである、契約更新にあたって特段査定等をしていない等の事情があれば、雇用継続の期待が高くなります。

雇用継続の期待をもたせる言動・制度の有無：当初の採用時や契約更新時あるいはその面談時に、上司や経営者が長期にわたって労働契約を継続することを示唆するような言動があったり、正社員転換制度の利用を促したりしていると、雇用継続の期待が高くなります。

③判例法理の明文化

　労契法が改正される前の判例では、以下の２つのケースについて、雇止めに解雇権濫用法理を類推適用しています。

　１つめのケースでは、有期契約労働者複数名が５回から23回という多数回にわたって契約を更新されていたこと、無期契約労働者と同じ業務をしていたこと、更新の際に必ずしも契約書を取り交わしていなかったこと、他の同様の立場の労働者が長期間雇用を継続されていたことなどの事情を認定したうえで、この有期労働契約を、実質的には期間の定めのない契約であると評価して、解雇権濫用法理を類推適用し、雇止めを認めませんでした[20]。

　２つめのケースでは、契約更新が５回されたという事情を認定したうえで、労働者に雇用関係が継続されるという合理的な期待が生じていたと評価して、解雇権濫用法理を類推適用し、雇止めに制限を設ける判断をしています[21]（ただし、結論として雇止めは認められました）。

　労契法19条は、これらの判例法理を明文化したものです。

　同条は、「有期労働契約であって次の各号のいずれかに該当するものの契約期間が満了する日までの間に労働者が当該有期労働契約の更新の申込みをした場合又は当該契約期間の満了後遅滞なく有期労働契約の締結の申込みをした場合であって、使用者が当該申込みを拒絶することが、客観的に合理的な理由を欠き、社会通念上相当であると認められないときは、使用者は、従前の有期労働契約の内

---

*20　東芝柳町工場事件・最一小判昭49.7.22民集28巻5号927頁。
*21　日立メディコ事件・最一小判昭61.12.4労判486号6頁。

容である労働条件と同一の労働条件で当該申込みを承諾したものとみなす」と定めました。

そして、解雇権濫用法理が類推適用される場面として、「当該有期労働契約が過去に反復して更新されたことがあるものであって、その契約期間の満了時に当該有期労働契約を更新しないことにより当該有期労働契約を終了させることが、期間の定めのない労働契約を締結している労働者に解雇の意思表示をすることにより当該期間の定めのない労働契約を終了させることと社会通念上同視できると認められること」（労契法19条1号、前掲東芝柳町事件最判に相当します）、および「当該労働者において当該有期労働契約の契約期間の満了時に当該有期労働契約が更新されるものと期待することについて合理的な理由があるものであると認められること」（同条2号、前掲日立メディコ事件最判に相当します）を挙げているのです。

④正社員との違い

雇止めに対する解雇権濫用法理の類推適用が認められた場合、雇止めが客観的に合理的な理由を欠き、社会通念上相当であると認められないものであれば、その契約は更新されたものとみなされます。しかし、有期契約労働者の雇用継続に対する期待は正社員の長期雇用に対する期待とは相違するため、解雇ほど厳格に判断されるものではありません。

この点について判例は、「臨時員の雇用関係は比較的簡易な採用手続で締結された短期的有期契約を前提とするものである以上、雇止めの効力を判断すべき基準は、いわゆる終身雇用の期待の下に期間の定めのない労働契約を締結しているいわゆる本工とはおのずから合理的な差異があるべきである」としたうえで、「臨時員全員の雇止めが必要であると判断される場合には、これに先立ち、期間の定めなく雇用されている従業員につき希望退職者募集の方法による人員削減を図らなかったとしても、それをもって不当・不合理であるということはできず、右希望退職者の募集に先立ち臨時員の雇止めが行われてもやむを得ないというべきである」としています[22]。

---

*22　前掲・日立メディコ事件・最一小判昭61.12.4。

7 労働契約終了後の措置

◆ポイント

・労働者は、退職時に退職証明書を請求でき、再就職の際や解雇無効を争う際に有用である。

・退職金を除く賃金は、退職労働者などから請求があった場合、7日以内に支払わなければならない。

（1）退職時等の証明

　労基法22条1項は、労働者が、退職の場合において、一定事項につき証明書を請求した場合には、使用者は遅滞なくこれを交付しなければならないと定めています。これは、労働者が再就職する際に前職に関する資料を入手する便宜や、解雇の場合に使用者に解雇理由を明示させて、労働者がこれを争うかどうかの判断をさせることの便宜等に基づくものといえます。

　ここでいう「退職」とは、辞職と合意解約に限定されるわけではなく、解雇、契約期間満了等の労働契約の終了事由を含みます。

　労働者が証明書の請求をできる事項は、使用期間、業務の種類、その事業における地位、賃金、または退職事由（退職事由が解雇の場合には、その理由を含みます）です。労働者は、事項を特定して証明書を請求することができ、使用者は労働者の請求しない事項を証明書に記入してはなりません（労基法22条3項）。

　また、同条2項は、労働者が、解雇予告がなされた日から退職の日までに、解雇の理由について証明書を請求した場合においても、使用者は遅滞なくこれを交付しなければならないとしています。これは、解雇予告から解雇日までの間の紛争防止のための規定であり、同条項に基づく証明請求の対象は解雇理由のみとなります。即時解雇の場合には、同条1項に基づき解雇理由等の証明を求めることとなります。

　退職時請求は、とくに解雇の場面で、使用者が解雇理由を曖昧にしている場合

や、今後労働者が解雇の効力を争うために、事前に解雇理由を明確にさせたい場合において利用されています。労働者が使用者に解雇理由を明らかにさせたところ、事前の口頭による解雇理由の説明内容と異なっていたり、説明されていなかった理由が解雇理由であったりすることもありますので、労使紛争の解決に向けての労働者側の有効な一手段といえます。

(2)金品の返還

労働者が死亡または退職した場合、権利者の請求があったときは、使用者は7日以内に賃金を支払い、名称を問わず、労働者の権利に属する金品を返還しなければなりません（労基法23条1項）。

ここでいう「権利者」とは、退職の場合は労働者、死亡の場合は遺族が該当します。「退職」も、辞職と合意解約に限定されず、解雇等も含まれます。「7日以内」とは、権利者から請求があった日から7日以内という趣旨です。

ただし、退職手当は、通常の賃金とは異なり、就業規則等で定められている支払時期に支払えば、同条項違反にはならないと理解されています。

5

8 雇用終了と雇用保険

◆ポイント

・雇用保険は、原則としてすべての労働者を対象とした強制加入の制度である。

・雇用保険制度の目的は、「失業等給付」と「雇用保険二事業」の2つである。

・失業等給付の基本手当は、勤続年数が長いほど給付期間も長くなる。

(1) 雇用保険のあらまし

　そもそも「保険」とは、個々人が保険料を拠出してまとまった財産を準備しておき、社会生活上で発生するさまざまなリスクに備えるものです。わが国では、国民の生活を保障するため、全国民を対象にした「医療・介護・年金・雇用・労災」の5種類の公的保険制度を設けており、これらは一般に「社会保険」と総称されます。社会保険制度は、加入や保険料負担、および給付などの面で、雇用と密接な関連をもっていますが、そのうち雇用終了の場面で問題になる「雇用保険」の内容について確認します（他の保険制度の解説は第7章に譲ります）。

　雇用保険とは、労働者が失業したときなどに、国が金銭やその他のサービスを給付することによって、労働者の生活の援護を行なう制度です。

　これは、1947年制定の失業保険法に定められた「失業給付」がその前身であり、労働者が失業した場合に失業保険金を支給して、失業中の生活保障を図る制度でした。1974年、この失業保険法を全面改正して誕生したのが雇用保険法です。その後も度重なる改正により、適用範囲の拡大や雇用維持等の事業の拡充が図られてきました。

(2) 雇用保険の適用範囲

　他の社会保険制度が「国民皆保険」「国民皆年金」などとよばれるように、雇用保険も、原則としてすべての労働者を対象とした制度となっています。

　事業主の側からみれば、その事業主が法人であるか個人であるかを問わず、日

本国内すべての事業所に適用されることとなっています（ただし、労働者5人未満の個人農畜水産事業については適用外となっています）。

　また、その事業所で働く労働者も、原則として全員が被保険者となります。しかし、いわゆる正社員でない労働者には、以下に例示するような例外規定があります。

　①週所定労働時間が20時間未満であったり（雇保法6条1号）、連続31日以上の雇用が見込まれない者（同条2号）

　②季節的に雇用される者であって、4カ月以内の期間を定めて雇用される者、または週所定労働時間が20時間以上30時間未満の者（同条3号）

　③学校教育法上の学生であって①・②に準ずる者（同条4号）　など

　このうち①については、2010年まで、週所定労働時間が30時間未満の者は6カ月以上の雇用見込みが必要とされていました。しかし、近年の非正規労働者の増加に伴い（総務省調査によれば、2019年平均で、雇用者のうち38.2％が非正規労働者です）、身分が不安定な労働者にまで保護を広げる必要性が高まったため、週所定労働時間や雇用見込期間を現在の基準まで引き下げました。また、2017年からは、65歳以上の労働者についても雇用保険の対象者となりました。

（3）雇用保険制度の目的①……失業等給付

　現在の雇用保険法は、①失業労働者等に対する給付によって生活の安定や就職の促進を図ること（失業等給付）、②失業予防や雇用状態の是正、並びに職能開発や労働者の福祉増進を図ること（雇用保険二事業）、③育児休業を取得した労働者に対する給付によってその生活の安定等を図ること（育児休業給付）を目的としており、図のようにさまざまな給付を行なっています。

5

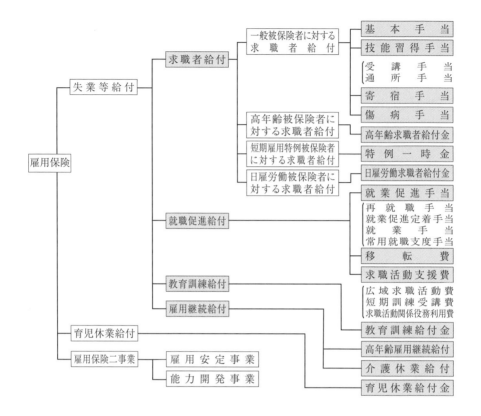

①基本手当

　失業等給付のうち最も代表的なのは、普段私たちが「失業手当」などとよんでいる、「求職者給付」の「基本手当」という給付です。基本手当が受給できる日数は、被保険者が失業した時点の勤続年数、年齢、退職理由（自己都合か会社都合か）によって、下表のとおり定められています。基本的には、勤続年数が長くなるほど日数が長くなるような定めとなっています。

一般（いわゆる自己都合退職）の離職者に対する給付日数

被保険者期間	1年以上 10年未満	10年以上 20年未満	20年以上
全年齢	90日	120日	150日

倒産・解雇等による離職者に対する給付日数

被保険者期間	1年未満	1年以上 5年未満	5年以上 10年未満	10年以上 20年未満	20年以上
～29歳		90日	120日	180日	－
30～34歳		120日		210日	240日
35～44歳	90日	150日	180日	240日	270日
45～59歳		180日	240日	270日	330日
60～64歳		150日	180日	210日	240日

　この手当は「求職者給付」の名のとおり、「失業者」ではなく「求職者」に対して支給されるものです。そのため、受給者は公共職業安定所を通じて4週間ごとに求職の申込みをして失業の認定を受ける必要があります。つまり、定年や結婚退職などで当面の間仕事をする意思を有さない失業者は、給付の対象とはなりません。病気やケガなどで退職した場合も、当面の間は仕事をする能力がないといえますので、同様に給付の対象とはなりません。

②雇用保険未加入者の退職

　前述のとおり、雇用保険はすべての事業所が適用対象となっており、強制的に加入が義務づけられています。しかし、保険料負担の問題等から、雇用保険をはじめとする各種社会保険に加入していない企業も存在しています。社会保険の未加入問題に対しては、建設業など官民一体の取組みによって社会保険加入率が向上している業種もあるものの、行政のマンパワーが追いついていないこともあり、現状把握さえままならない状態にあります。

　では、「強制加入」であるはずの雇用保険に加入していなかった労働者は、失業時に何らの補償も受けられないことになるのでしょうか。

　このような労働者に対しては、救済措置として、さかのぼって雇用保険に加入させることができる制度があります。この点、企業側が給料から雇用保険料を控除していたにもかかわらず雇用保険に加入させていなかったというケースでは、給料明細書等で天引きの事実を確認できる全期間についてさかのぼって雇用保険に加入でき、相応の基本手当を受けることができます。しかし、給料から保険料が控除されていなかった場合には、2年間しかさかのぼって加入できませんので、基本手当の給付日数も勤続2年分に相当するものとなります。

③保険料負担

　失業等給付に関する費用は、労使が折半して負担する保険料および国庫負担分によってまかなわれています。保険料率は、「厚生労働大臣が定める率」として年度（4〜3月）ごとに定められ、2017年4月以降は賃金の1000分の6（労使1000分の3ずつ）に据え置かれていました。しかし、新型コロナウイルスの感染拡大によって雇用調整助成金などの支給額が増加し、雇用保険の財源不足が顕著となったため、2022年10月から保険料率を引き上げるとともに、雇用保険の財政状況が悪化した場合には、国庫負担率の引上げや、国の一般会計からの資金繰入れ等を可能とする法改正が予定されています。

（4）雇用保険制度の目的②……雇用保険二事業

　雇用保険法は、その第1条で「労働者の職業の安定に資するため、失業の予防、雇用状態の是正及び雇用機会の増大、労働者の能力の開発及び向上その他労働者の福祉の増進を図ること」を目的と定めています。そのために、失業等給付だけでなく、「雇用保険二事業」といわれる事業に取り組んできました。

　まず、雇用安定事業とは、景気変動等による失職防止や高齢・障害者などの雇用安定に資するため、事業主に対してさまざまな助成金を支給する事業です。たとえば、代表的なものとして「雇用調整助成金」があげられますが、これは、景気変動等によって事業の縮小を余儀なくされた事業主に対して支給される助成金であり、労使協定に基づいて労働者を休業・出向させたり、教育訓練を受けさせたりする場合に要する費用の一定部分を助成するものとなっています。また、能力開発事業とは、職業訓練の助成を行なう地方公共団体や法人への補助などを行なうものです。

　これらの事業は、事業主のみが負担する保険料部分によって運営されてきましたが、国が雇用保険制度の中で行なう事業として必ずしも適切ではないという意見もあり、徐々に見直しが図られています。かつては「雇用保険三事業」といって、現在の二事業に加えて雇用福祉事業が行なわれていましたが、2007年の改正によって廃止され、雇用保険二事業に再編されました。

第6章

労働組合法

第6章で学ぶこと

◇**労働組合法の全体像**：労組法は、労働者サイドの担い手として労働組合を想定しています。ここでは、労使関係というフィールドの中で労組法の全体像を考えます。

◇**労働組合内部問題**：労働者は加入する組合との関係においてどのような権利・義務をもつかを考えます。

◇**不当労働行為の禁止**：労組法は組合員の解雇や組合活動への支配介入を不当労働行為として禁止し、憲法28条の保障する団結権の実現をめざしています。ここでは、不当労働行為の成否をどのような観点から判断するかを考えます。

◇**労働委員会制度**：不当労働行為の救済には、労働委員会による救済（行政救済）と裁判所による救済（司法救済）の２つの方法があります。また、労働委員会は労使紛争の調整も行ないます。団結権はその権利をどう実現するかが重要なので、労働委員会手続や救済命令の在り方を考えます。

◇**団体交渉権の保障**：労働条件を使用者との団交を通じて決定するために団交権が保障されています。団交権保障の具体的在り方としては、正当性のない団交拒否とともに不誠実交渉を禁止しています。いずれも円滑な団交の実現を目的とします。

◇**労働協約**：労働協約には、労働条件に関する規範的効力と組合掲示板貸与等の労使間ルールに関する債務的効力が認められています。また、ユニオンショップ条項やチェックオフ条項等の中間的な条項もあります。労働組合の意義と関連づけて労働協約の効力を考えます。

◇**団体行動の正当性**：労使間の協議によって対立が解消されない場合には、一定の力の行使によって解決します。そのために、使用者にプレッシャーをかける権利が組合に保障されています。

1 労働組合法の全体像

◆ポイント
・労働組合法の全体像を知るためには、労働組合の役割、実態を知る必要がある。
・職場において労働者の集団的意向を反映させる種々の仕組みがある。

(1)組合はなぜ弱体化したか

　労働組合は、労働条件の維持改善を目的として労働者が主体となって結成された組織です。第2次大戦後に組合運動を保護助長する占領軍の方針もあり、当初の組織率は50％にまで達していました。その後徐々に低下し、現在労働組合の組織率は、約16％であり、実際の影響力も低下しています。

　その主要な原因の1は、産業・就業構造の急激な変化に適切に対応できなかったことです。企業内においてはパート等の非正規労働者の組織化が不十分であり、また、企業を超えた産業別、地域における組織力も低下しました。既存の組合が弱体化する一方新組合の組織化が進みませんでした。

　その2は、労務管理の変化、とりわけ個別化、能力主義化に適切に対応できなかったためです。年俸制・成果主義的賃金制度、裁量労働制等の導入により組合の発言力が急激に落ちています。

　その3は、社会意識のレベルにおいても、競争重視の観点からの個人主義化、能力主義化し、市場原理が重視されています。グローバリゼーションの動きや規制緩和を目的とする動きもそれを助長しています。

　その4は、株式会社「観」についても、多様な関係者（株主以外にも従業員、地域住民等）を重視する発想からもっぱら株主利益中心のものに大きく変貌しています。賃金はもっぱらコストとして、組合はパートナーよりも効率的な経営を阻害するものと見られがちです。もっとも、最近ではステークホルダーと見る見解も有力です。

　このような傾向に対し、組合も次のような組織化拡大の活動をしています。そ

の1は、企業内におけるパート等の非正規労働者の組織化です。その2は、企業を超えた合同労組（コミュニティ・ユニオン）の台頭といえます。労働委員会が処理している不当労働行為事件や調整事件の6〜7割を占めるほどです。

(2)集団化の仕組みと従業員代表制度

　職場での労働条件の決定は集団的になされる傾向があります。労働組合があれば、労働者サイドの意向は集団的に反映され、組合がない場合でも、職場共済会等の自主的な労働者組織が一定の発言をしたり、労基法上の過半数従業員代表との協定が締結されたりすることもあります。とりわけ、過半数従業員代表制が広く採用され、労基法だけではなく多くの法律により一定の権限が付与されています。組合組織の伸び悩みから立法において常設化を図るという構想も示されているほどです。

　実際にも、労基法や労契法により、過半数従業員代表が関与する就業規則によって集団的な労働条件を決定することが一般化してきました。この就業規則による労働条件決定システムは、過半数従業員代表（組合）にとって、一定の発言力を行使することができる反面不利益変更の合理性は最終的に裁判所によるチェックが可能となります。労働者集団が明確な責任を取ることなく労働条件変更に「関与」しうる制度といえます。

(3)集団的な労働条件決定過程

　労働組合を通ずる集団的な労働条件の決定過程はおおむね以下のようになります。

①組合の結成
　組合結成の基本パターンとしては、①従業員が同僚と相談して自主的に結成する、②外部の組織と相談し、もしくはその指導のもと結成する、が想定されます。

②組合への加入
　組合への加入は、既存の企業別組合へ加入する場合が一般的ですが、企業を超えた地域もしくは産業単位の外部組合への個人加入がなされる場合もあります。この組合加入については、ユニオンショップ協定の効力、つまり加入強制が主要

問題になっており、判例法理はその効力を認めるとともに併存組合下においては組合選択の自由等を重視しユニオンショップ協定の効力を制限しています。これらはもっぱら加入義務の問題であり、組合との関係における加入「権」についてはほとんど問題が生じていません。

③組合の内部運営活動

組合役員は日常的に組合員と接触したり、苦情を聞いたり、さらに組合員とリクリエーションや学習活動をします。それ以外に制度化されたものとして、①組合集会、②組合（代議員）大会があり、内部的情宣活動として、③組合ビラの配布、④組合掲示板使用等があります。また、組合活動の拠点として⑤組合事務所の使用も問題になります。

組合内部運営については、その活動を制約する使用者の行為とともにそれを支援する措置の適否も経費援助・便宜供与の禁止として争われています。とはいえ、上述の組合掲示板・事務所の使用についてはあまり問題にならず、より端的な経費援助、たとえば組合専従者に対する賃金支給の適否等が論点となっています。労働委員会事件としてはこの点は、主に資格審査のレベルで争われています。

④使用者との接触、協議

使用者との日常的なコミュニケーションを通じて労働者の要求や意向を伝えることは頻繁になされています。制度化されたものとしては、①苦情処理、②労使協議があり、基本的な労働条件は③団交を通じて話し合われます。この団交過程は、組合内部における意思決定過程と連動しています。

⑤使用者への団体行動

使用者への団体（プレッシャー）活動としては、明確な要求の提示から争議行為まで多様なものがあります。実際には、企業内における①ビラ貼り闘争、②リボン等の服装闘争、企業外における③街宣闘争があります。また、争議行為としては、ストライキ、怠業、職場占拠、ピケ等があり、「争議行為」とみなされると刑事免責（労組法1条2項）および民事免責（同法8条）が認められます。なお、労組法7条1号は、争議行為と組合活動の区別をせず、極めて抽象的に労働組合の正当な「行為」と表現し、それを理由とする不利益取扱いを禁止しています。さ

らに、使用者へのプレッシャー活動に由来する紛争の解決については、労調法上争議調整が定められています。

⑥協約の締結・履行

　労使間において話し合いがなされその結果合意にいたったならば、通常は協定が締結されます。その典型が労働条件の基準や労使間ルールを定めた労働協約です。協約締結は書面化が必要な要式行為とされ（労組法14条）、規範的効力が認められています（同法16条）。

⑦企業外における活動

　労働組合は対使用者の活動だけではなく、政治活動、共済活動、社会活動、さらに組合相互間の連帯活動等をも行ないます。また、労働委員会や裁判において自らや組合員の利益を守る活動も重要です。

2 労働組合内部問題

◆ポイント

・労働組合に加入することはどのようなことを意味するのかを考える。

・労働者が組合との関係においてもつ権利・義務。

・組合民主主義法理の不十分さと組合内部・組合相互の争いの解決システム。

(1)労働組合とは

①組合の組織形態

　労働組合の組織形態としては、特定の職種（たとえば、印刷工）を基盤とする職業別組合、鉄鋼業等の産業を基盤とする産業別組合、特定の企業（もしくは工場や事業所）を基盤とする企業別組合、労働者なら誰でも加入しうる一般労働組合に区分されます。実際には企業別組合がほとんどです。

　組合の組織構造は、企業別組合を中心に、その上部組織として、産業別組織、さらに全国中央連合体（連合、全労連等）があります。同時に地区連合等の地域組織もあります。また、工場や事業所単位の組合が企業単位で組織した「企業連合体（企業連）」や関係会社を含めて組織された「グループ労連」等の連携的な機構もあります。

　単一組織たる組合（単組）の内部構造は、総会・代議員会等の意思決定機関と組合三役（委員長・副委員長・書記長）を中心とする執行機関から構成されます。

②労組法上の定義

　労組法自体は、労働組合を2段階で定義しています。

　まず、2条本文は、①労働者が主体となること、②目的が労働条件の維持改善等を図ること、③2名以上の団体であること、をあげています。主体、目的、構成員数による定義であり、この要件を満たすと一応「労働組合」とみなされます。なお、2条但書は、目的との関係において、共済事業その他福利事業のみを目的

とするもの（2条但書3号）、主として政治運動又は社会運動を目的とするもの（同4号）は労働組合と認められないと規定しています。

　労組法は、さらに次の要件をも課し、それを満たした組合についてだけ、労組法上の手続参与や救済を受ける権能を認めています（5条1項）。

　その1は、自主性の要件であり、①使用者の利益代表者の参加を許していないこと（2条但書1号）、②使用者から経理上の援助をうけていないこと（但書2号）、が要請されます。

　その2は、民主性の要件であり、組合規約に5条2項の各号に掲げる規定を含む必要があります。とりわけ、平等な組合活動参加（3号）、人種・性別等による資格剥奪の禁止（4号）、組合役員選挙（5号）・同盟罷業の開始（8号）に関する直接無記名投票による決定の規定が重要です。このような間接的な方法によって組合民主主義の実現が図られているわけです。

　これらの要件をすべて満たした組合を「法内組合」といい、2条本文のみを満たした組合は「法外組合」といわれます。法内組合か否かは、労働委員会による資格審査により判定されます。この資格審査は、不当労働行為の救済や法人格の付与さらに労働委員会の労働者委員の推薦のために利用されており（労委規22条）、実際の運営において組合規約に問題があれば補正勧告制度（同24条）が利用されています。

(2)組合員の権利・義務

　組合内部問題に関する判例法理は、組合加入・脱退、統制処分、資格審査をめぐる紛争に関するものに大きく区分されます。その他の紛争として、組織的対立に由来する組合分裂に関連する事例があげられます。

①組合加入・脱退

　組合加入に関しては、それを義務付けるユニオンショップ協定の効力が争われました。判例法理は、ユニオンショップ協定の効力を承認し、同協定に基づく解雇を有効としています[1]。同時に、組合からの除名が無効な場合には解雇を無効とし[2]、また別組合加入がなされた場合には、組合選択の自由や別組合の団結権

＊1　日本食塩製造事件・最二小判昭50.4.25判時774号3頁。
＊2　同上・日本食塩製造事件・最二小判。

保障の観点から解雇は許されないと解しています[*3]。

とはいえ、脱退レベルになると脱退の自由はほぼ無制限に認められており、最高裁は、脱退を制約することは公序良俗に違反すると判示しています[*4]。このような判断がユニオンショップ協定有効論と矛盾しないかの問題は残されています。

なお、学説上ユニオンショップ協定無効論が労働者の自己決定や組合の任意団体性から強力に主張されています。しかし、労働組合は、「職場における利害の同一性」がその存立基盤であり、その集団を前提にして使用者と対峙していると考えると一定の団結強制による集団的労働条件決定システムの構築は組合機能を維持するうえで不可欠であり、憲法28条の予定するところといえるでしょう。また、上述のように、一定のケースにおいてはユニオンショップ協定の適用が排除されるので、その点からも問題はないと思われます。

なお、組合加入権については、組合員資格の決定、資格ある者についての加入要請の拒否につき、どの程度司法審査が及ぶかという論点もあります。若干の裁判例[*5]はあるものの、ほとんど本格的な議論はなされていません。

②組合員の権利・義務

組合と組合員との間の権利義務について規定しているのは組合規約です。この規約は組合運営の基盤となるので、その改正には、組合員の直接無記名投票の過半数の支持が必要とされます（労組法5条2項9号）。組合内部の紛争解決基準として基本的に規約の条項が適用されますが、同時に統制処分については適法手続の要請も重視されています。

組合員の権利は、組合活動に平等に参加し、組合役員選挙や同盟罷業の決定に直接関与する権利です。最近、役員選挙につき多様な紛争が生じており、公正な選挙の実現とともに司法審査のあり方も問われています。組合活動の権利は、組合内部において保障されるだけではなく、使用者からの制約からも保護されます（不当労働行為制度）。また、共済制度があれば同制度上の権利も保障されます。

＊3　三井倉庫港運事件・最一小判平元. 12. 14労判552号6頁。
＊4　東芝労組小向支部・東芝事件・最二小判平19. 2. 2労判933号5頁。
＊5　全ダイエー労組事件・横浜地判平元. 9. 26労判557号73頁。

一方、組合員の義務は、組合費納入と組合の統制に服する義務があります。組合費については、通常組合費とともに特定の目的に使う臨時組合費について、規約上に根拠があれば納入義務があります。

裁判上、臨時組合費は徴収目的がはっきりしているので強制徴収しうるかが争われています。それを義務づけることのできる組合活動上の必要性は広く解されていますが（同情カンパ、犠牲者救援）、組合員個人の政治的自由を制約することは許されていません[*6]。

③統制処分

組合の統制権はその活動を活性化し組織を維持するために必要性があります。裁判上、その法的根拠、統制処分事由の有無、手続の相当性、司法審査のあり方が問題になります。

法的な根拠としては、組合の団体たる側面を重視する団体権説、団結目的を重視する団結権説、さらに組合員との合意の契機を重視する規約準拠説があります。排他的に特定の説を採用するよりも、以上の3つの側面があると解すべきものと思われます。

統制事由としては、組合の円滑な運営を阻害する行為がその対象となり、民主的運営の要請との調整が必要とされます。具体的には以下の事由が問題になっています。

執行部批判：特定の政策決定過程との関連では、決定前は批判の自由が広くみとめられますが、いったん決定した後はより制限されます。

争議不参加：違法争議の場合には参加を義務づけることはできません。

別組合との共闘：これを統制事由としうるかは疑問です。

政治的行為：この点については後述。

統制処分の態様としては、戒告、罰金、権利停止、除名等があります。ユニオンショップ協定があれば、除名は解雇事由になります。

統制処分は、手続上の瑕疵を理由として、また実体的に統制事由に該当しない場合には無効とされます。司法審査の対象となることには異論がありませんが、審査の仕方について、組合の自主性をどの程度重視すべきかの問題はあります。

＊6　国労広島地本事件・最三小判昭50.11.28判時798号3頁。

④政治活動との関連

　裁判上は、主に政治活動に関連した統制処分[*7]や臨時組合費の徴収[*8]のあり方が争われています。組合として政治活動をし、決議に基づき一定の勧告等はできますが、統制処分や強制徴収はできないというのが判例法理といえます。

(3)組合組織の変動

　組合の組織変動として解散と分裂が主に問題となります。

　解散は、規約で定めた解散事由の発生もしくは組合員または構成団体の４分の３以上による総会の決議で行なわれます（労組法10条）。解散にともなう清算手続については労組法上独自の規定があります（同法13条～13条の13）。

　分裂は、明文の規定はありませんが、組合内部での組織対立が激化し内部手続では適切な処理ができなくなったときに、組合財産の帰属を定めるために提示された概念です。法的な建前としては、対立は一部の組合員の脱退と構成され、組合財産は残存組合に帰属します。しかし、事実上組合の単一性が破綻した場合には、組合「分裂」として組合財産を分割すべきであるという主張にも合理性があり、最高裁もごく例外的に分裂がありうると解しています[*9]。

(4)組合内部問題に関する課題

　労組法は、組合内部問題に関して適切な規制をなさず、またその内容も実態に合致しない部分も多いと思われます。

　立法的課題の１として、組合民主主義に関する規定を整備し、組合との関係における組合員の権利を明らかにする必要があります。ユニオンショップ協定の効力承認、団交権の付与、協約の規範的効力の承認等から労働組合に多大の権限が付与されているにもかかわらず、内部の民主制の規定はきわめて不十分です。とくに、協約締結過程との関連における組合員による民主的チェックの規定は不可欠といえるでしょう。

　その２として、組合内部・組合相互間紛争を処理する機構を整備することも必要です。労働委員会実務としては、併存組合下における不当労働行為事案の処理

＊７　中里鉱業所事件・最二小判昭44．5．2労旬別冊708号４頁。
＊８　前掲・国労広島地本事件・最三小判昭50.11.28。
＊９　名古屋ダイハツ労組事件・最一小判昭49．9．30判時760号97頁。

などにおいて別組合の実態や意向等を調査・打診することもありますが、手続的にはそのようなことは予定されておらず、整備もされていないからです。

　その3として、労使対立的な古典的な労働組合観の見直しも必要です。組合の存在が企業経営や社会にとってどのような意義があるかの再検討といえます。わが国の労働組合が従業員代表的機能を有していることはほぼ共通の了解になっているからです。

3 不当労働行為制度

◆ポイント

・組合員に対する解雇や組合活動への支配介入は不当労働行為として禁止されている。

・不当労働行為制度は憲法28条の保障する団結権の実現をめざしている。

・労使関係の変貌によって親会社の使用者性や査定差別の不当労働行為性等の難しい問題も生じている。

・不当労働行為の成否をどのような観点から判断するかを考える。

(1)不当労働行為の類型

　不当労働行為制度の基本的特徴の1は、労働問題の専門家から構成される労働委員会により救済（行政救済）がなされることです。迅速・効果的な救済が求められています。もっとも、裁判所も不当労働行為たる解雇を無効としたり、使用者の反組合的行為を違法としたりして一定の救済（司法救済）をしています。

　その2は、不当労働行為とされるのは、解雇や配転等の法律行為だけではなく組合批判の発言や仕事上の細々した差別などの事実上の反組合的行為も含みます。それらの行為が職場においてどのような意味をもつかについての現場のセンスともいうべきものが要求されます。

　ところで、この不当労働行為類型について、労組法7条は、1号から4号の規定において次のように定めています。

　①組合員であること、②組合に加入したこと、③組合を結成しようとしたこと、④労働組合の正当な行為をしたこと、を理由とする解雇や不利益取扱い。

　⑤組合不加入もしくは脱退を雇用条件とすること。

　⑥労働者代表との団交拒否。

　⑦組合結成・運営に対する支配。

　⑧組合結成・運営に対する介入。

⑨組合運営に対する経理上の援助。

⑩不当労働行為の申立・再審査申立、申立についての調査・審問さらに争議調整の際の証拠の提示・発言、を理由とする解雇や不利益取扱い。

①から④までが不利益取扱いもしくは差別待遇（1号）、⑤が黄犬契約（1号）、⑥が団交拒否（2号）、⑦⑧が支配介入（3号）、⑨が経費援助（3号）、⑩が報復的不利益取扱い（4号）、といわれます。

以上の不当労働行為類型のうち⑥については、5で検討します。

(2) 不当労働行為をめぐる総論的問題

① 使用者概念―命令の名宛人

不当労働行為とは、労働者や労働組合の活動に対する使用者の反組合的行為です。そこで、使用者概念の確定が必要になります。企業組織については、分社化、別会社化、営業譲渡等の再編が頻繁になされており、労働者派遣も一般的です。労使関係が流動化しだれが使用者かがはっきりしないケースが少なくありません。

使用者概念は、不当労働行為事件においておおむね次の2つのパターンで問題となります。

その1は、命令の名宛人（被申立人適格）であり、使用者概念の拡大が争点となります。救済命令の名宛人は、被申立人を意味し、具体的には、団交事例を中心に次の3つの紛争類型（労働契約関係に準じる、契約関係が近接する、親会社）があります。団交は労使関係に由来するとともにそれを通じて労使関係を形成していく側面があり、実態に合致したより柔軟な法理が必要とされます。

なお、不当労働行為は法律行為ではなく、事実行為なのでそれが行なわれた組織や行為者を名宛人とする余地があります。しかし、最高裁は、名宛人は法人にかぎると判示し[10]、実務上もそのように処理されています。

その2は、使用者への帰責の問題です。解雇や配転等会社自体がなす行為については問題になりませんが、特定個人が行なう脱退勧奨等の事実行為については、それを「使用者」の行為とみなしうるかが争われます。これは②で取り扱います。

労働契約関係に準じるケース

第1は、法形式的には使用者ではありませんが、実質的には労働者（組合員）

---

*10　済生会中央病院事件・最三小判昭60．7．19労判455号4頁。

の労働条件の決定に深く関与し、労務の対価たる金員を支払っているとみられる親会社や元請会社の使用者性です。労働委員会実務は、それらの会社が子会社もしくは下請会社の労働条件の決定に実質的に強い影響力を及ぼしている場合には、使用者性を認めて救済命令の名宛人としています。最高裁も、元請会社[11]やキャバレー経営会社の使用者性を認めています[12]。

子会社もしくは下請会社にそれなりの独立性があった場合のリーディングケースはテレビ番組製作の元請会社の使用者性が争われた朝日放送事件です。最高裁判決[13]は、以下のように判示して使用者性を認めました。「労働組合法7条にいう『使用者』の意義について検討するに、一般に使用者とは労働契約上の雇用主をいうものであるが、同条が団結権の侵害に当たる一定の行為を不当労働行為として排除、是正して正常な労使関係を回復することを目的としていることにかんがみると、雇用主以外の事業主であっても、雇用主から労働者の派遣を受けて自己の業務に従事させ、その労働者の基本的な労働条件等について、雇用主と部分的とはいえ同視できる程度に現実的かつ具体的に支配、決定することができる地位にある場合には、その限りにおいて、右事業主は同条の『使用者』に当たるものと解するのが相当である」。

契約関係が近接するケース

第2は、契約関係が時系列的に変化するケースです。合併や営業譲渡等の場合の合併先・譲渡先の使用者性が争われることが多く、日本育英会事件[14]では、雇用契約の終了により従業員たる地位を失っていても、当該従業員で構成する労働組合は、その後解決可能な交渉事項（たとえば、退職金額等）がある場合にはその限度で団交主体たる地位があると判示されました。

その後はJR発足時に、国鉄がなした不当労働行為の責任をJRに帰責しうるか、またJRを被申立人として命令を発しうるかの問題として争われました。具体的には、国鉄改革法23条の解釈が中心となり、最高裁判決は、JR自体の使用者性は認めませんでした[15]。他方、青山会事件では、営業譲渡過程における

---

*11　油研工業事件・最一小判昭51．5．6民集30巻4号409頁。
*12　阪神観光事件・最一小判昭62．2．26労判492号6頁。
*13　朝日放送事件・最三小判平7．2．28労判668号11頁。
*14　日本育英会事件・東京地判昭53．6．30労判301号19頁。
*15　JR北海道事件・最一小判平15.12.22判時1847号8頁。

選別を不当労働行為とし、譲渡先の使用者性は認められています[16]。ＪＲ事案はあくまで国鉄改革法23条の解釈問題であり、青山会事案のほうが一般的なケースであると思われます。

　最近の注目すべき論点は、派遣先の使用者性で、労働委員会実務も判例法理も流動的な状態にあります。それでも、将来雇用関係を形成することがはっきりしている派遣先については使用者性が認められています[17]。

親会社のケース

　最近、親会社（的）事案が増加する傾向にあります。親子会社の要件については、総株主の議決権の過半数をもっているとか役員派遣をしていることで、親子会社関係は成立します（会社法2条3号、4号、会社法施行規則3条）。親会社は、過半数の株式取得等によって子会社に対する支配力を行使でき、ここに使用者性をみとめることができるかが問題になります。

　裁判例は、朝日放送事件・最高裁判決のフレームにより、労働条件を雇用主と同視できる程度に現実的かつ具体的には支配、決定していないとして親会社や持株会社の使用者性を認めない傾向にあります[18]。

　では、親会社の使用者性をどう考えるべきでしょうか。使用者性の基準は一般的に支配力の有無や程度、それをふまえた具体的な支配力の行使態様が問題になります。しかし、親会社につき朝日放送事件・最高裁判決のフレーム、「雇用主と同視できる程度に現実的かつ具体的に支配、決定」したことを立証することは困難です。たとえば、親会社が子会社の労務管理の在り方等につき具体的アクションを起こすと支配力の行使を立証しやすいですが、企画や包括的・抽象的指示だけならば、あくまで子会社独自の立場で管理をしているとみなされがちです。しかし、そのような指示は実質的な強制力を有するので、具体的な支配力の行使といえるかが争点となります。

②使用者への帰責

　解雇や配転等法人自身の名義、責任においてなされる不当労働行為については、

---

* 16　青山会事件・東京高判平14. 2. 27労判824号17頁。
* 17　クボタ事件・東京地判平23. 3. 17労判1034号87頁。
* 18　大阪証券取引所・仲立証券事件・東京地判平16. 5. 17労判876号5頁、高見澤電機製作所
　　等事件・東京地判平23. 5. 12判時2139号108頁。

それが使用者の行為か否かをことさら検討する必要はありません。しかし、組合員に対するいやがらせ、反組合的言辞、脱退勧奨等の事実行為については、実際の行為者の地位との関連において、それが使用者の行為とみなされるか、つまり使用者に帰責しうるか否かが問題となります。

　労働委員会実務はおおむね以下のように処理しており、判例法理もそれをほぼ追認していると思われます。まず、企業の代表者や役員、法人の理事等の行為は、その職責上まさに使用者自身の行為とみなされます。一定の人事・労務管理権限のある部長、課長等のミドル・マネージメントの行為も使用者に帰責しうるでしょう。他方、同僚等の行為については、使用者の意向による場合は別として使用者の行為と評価されません。デリケートなのは、係長、主任等の下級職制の行為です。

　裁判上主に問題になったのは、下級職制というより、より上位の課長レベルの者の行為です。

　リーディングケースであるＪＲ東海事件・最高裁判決[19]は、「労働組合法2条1号所定の使用者の利益代表者に近接する職制上の地位にある者が使用者の意を体して労働組合に対する支配介入を行った場合には、使用者との間で具体的な意思の連絡がなくとも、当該支配介入をもって使用者の不当労働行為と評価することができるものである」という基準を提示しました。

　本件最高裁判決によって帰責法理について一定の基準、つまり①利益代表者に近接する職制上の地位にある者の、②使用者の意を体する支配介入は、③使用者との間で具体的な意思の連絡がなくとも、支配介入とされる、が示されました。しかし、「使用者の意」や「意を体して」をどう具体的に立証すべきか、また、別組合員としてのもしくは個人的な関係からの発言であるという「特段の事情」があればなぜ帰責されないのか等の問題は残されています。

③併存組合に対する中立保持義務

　わが国の主要な組合組織形態は、企業別組合です。実際には組合の結成がしごく容易なので、企業内に複数の組合が存在したり、一部の従業員が外部の組合（コミュニティ・ユニオン、合同労組）に所属することも少なくありません。法政策的

---

*19　ＪＲ東海事件・最二小判平18.12.8労判929号5頁。

にアメリカ法のような排他的交渉代表制度がとられていないので、複数の交渉関係が成立することとなります。問題は、これらの組合が必ずしも職種や労働条件決定上の共通の利害に基づいて結成されておらず、多くは、政治的立場や企業に対する関与のスタンスさらに人間関係に基づく場合さえあります。ここに、労働組合相互間の対立、葛藤の原因があり、それに使用者が関与する（関与せざるをえない）というわが国独特の不当労働行為図式が出来上がっています。

　労組法において、組合間紛争を処理する独自のシステムに欠ける、というよりまったく想定していないことが組合（員）間の差別をめぐる紛争を助長しています。それでも労働委員会実務は、併存組合間の紛争を処理する基準として使用者の中立保持義務の法理を確立し、裁判所もそれを基本的に支持しています。

関連する法規定

　憲法28条により、勤労者および労働組合は、不可侵の団結権、団交権、団体行動権を持ちます。同時に、労組法は、組合の要件（労組法2条、5条2項）につき定めるだけで、結成の手続や登録等につき何らの規定をも有していません。そうすると、労働者の利害が対立すると複数組合併存状態が容易に成立します。

　それぞれの組合が独自の団結権、団交権、団体行動権を有し、使用者と団交を通じて自主的に労働条件を決定し、協約規範は原則として所属する組合員にだけ及ぶ（労組法16条）という状態が発生しがちです。労使関係が不安定になり、組合（員）間差別状態が発生しやすいわけです。

　一方、事業所内において過半数を組織している組合についてだけ特別の権能を与える規定もあり、過半数代表組合は従業員代表的な機能をも果しています。主要な規定として、賃金控除（労基法24条）、労働時間に関する特別規制（同法32条の3〜32条の5、38条の2）、36協定（同法36条）、計画年休（同法39条）、就業規則作成・変更時の意見聴取（同法90条）等があげられます。また、労組法にも、過半数代表組合とユニオンショップ協定を締結することが不当労働行為にならない旨（労組法7条1号但書）の規定や事業所内の「同種の労働者の4分の3以上の数の労働者が一の労働協約の適用を受けるに至ったとき」に他の同種の労働者についても当該協約の適用をうけるという一般的拘束力制度の定め（17条）があります。

使用者の中立保持義務

　不利益取扱いの禁止（労組法7条1号）は、組合活動の自由を確保するために、組合員と非組合員との差別を禁止することを原則とします。同時に、併存組合状

態になると、組合（員）間差別、さらには組合内部のグループ（潮流）間差別も争われます。

労委実務および判例法理は、使用者には組合間および組合内紛争や対立に関与せず、併存組合を平等に取り扱う、いわば中立保持義務があると解しています。最高裁は、残業差別が争われた日産自動車事件[20]において、「複数組合併存下にあっては、各組合はそれぞれ独自の存在意義を認められ、固有の団体交渉権及び労働協約締結権を保障されているものであるから、その当然の帰結として、使用者は、いずれの組合との関係においても誠実に団体交渉を行うべきことが義務づけられているものといわなければならず、また、単に団体交渉の場面に限らず、すべての場面で使用者は各組合に対し中立的態度を保持し、その団結権を平等に承認、尊重すべきものであり、各組合の性格、傾向や従来の運動路線のいかんによって差別的な取扱いをすることは許されないものといわなければならない」と明確に判示しています。

同時に、「各組合の組織力、交渉力に応じた合理的、合目的的な対応をすることが右義務に反するものとみなさるべきではない」という指摘もなされており、この多数組合重視の視点は高知県観光事件・最高裁判決[21]においても強調されています。全体としては、使用者の中立保持義務と多数組合の意向を重視せざるをえないという労使関係上の要請の調整によって不当労働行為の成否が判断されています。

その際の基本的視点は、各組合との交渉の誠実さの程度・有無です。たとえば、この種事案のリーディングケースたる日本メール・オーダー事件・最高裁判決[22]は、「生産性向上に協力する」という「本件の前提条件が抽象的で具体性を欠くものであり、しかもこれを労働組合が受諾することが労働強化等に連なるという見方も肯認できないものではないことからすると、前記のように一時金の積上げを実施するための前提としてその提案をした趣旨については、被上告人において団体交渉を通じ分会に対しその理解を得るため十分説明することが必要であった」と説示しています。

*20　日産自動車事件・最三小判昭60．4．23労判450号23頁。
*21　高知県観光事件・最二小判平7．4．14労判679号21頁。
*22　日本メール・オーダー事件・最三小判昭59．5．29労判430号15頁。

団交を媒介とした労働条件上の差別事件以外においても、最高裁は中立保持義務を重視しています。組合事務所や掲示板貸与差別が争われた日産自動車事件[23]、査定差別が争われた紅屋商事事件[24]がその例です。また、不当労働行為以外の事案においても、団結権の平等は強調されています。たとえば、併存組合下のユニオンショップ協定の効力が争われた三井倉庫港運事件[25]において、別組合員に対し解雇の脅威によって特定の組合への加入を強制することは、「労働者の組合選択の自由及び他の労働組合の団結権を侵害する場合には許されない」と判示されています。

（3）不利益取扱い

　労組法7条1号は、組合活動等を理由として、「解雇し、その他これに対して不利益な取扱いをすること」を禁止しています。使用者の特定の行為が1号に違反するかは、基本的に、①正当な組合活動等がなされたか、②はたして不利益取扱いといえるか、③②が①を理由とするものなのか、の観点から争われます。③はいわゆる不当労働行為意思論といわれるものです。

　まず、使用者のいかなる行為、措置が「不利益」といえるでしょうか。

　第1に、あくまで事実上の不利益が問題となるので、労働条件以外に仕事上、生活・精神上の不利益をも含みます。不利益か否かの基準も、性質上当然のもの（懲戒、解雇等）、現状を不利益に変更したもの（賃金減額、労働時間の延長等）、さらに差別的措置（別組合員についてだけ賃上げを実施する等）等多様です。

　第2に、不利益性は申立人の意向によって相対的に決定される側面があります。たとえば、残業差別は、残業を命じられることが不利益とされるケースと命じられないことが割増賃金を得ることができないので不利益とされるケースがあります。不当労働行為の成否に関しては、使用者が労働者の意向を知っていたこと、もしくは知りうべきであることが必要になります。

　労委実務において争われる不利益取扱い事件はおおむね以下のように区分しえます。①労働契約の締結に関するもの、②労働条件や処遇に関するもの、③雇用終了に関するもの、です。

＊23　日産自動車事件・最二小判昭62. 5. 8労判496号6頁。

＊24　紅屋商事事件・最二小判昭61. 1. 24労判467号6頁。

＊25　前掲・三井倉庫港運事件・最一小判平元. 12. 14。

①契約締結に関する不利益取扱い

　労働契約の締結過程における不当労働行為としては、組合活動等を理由とする採用拒否がその典型です。タクシー乗務員等転職の多い職種については争われる例があり、労基法上も「労働組合運動に関する通信」を禁止する規定をもち（労基法22条4項）、間接的に採用差別を規制しています。近時はＪＲ採用差別事件のように実質は営業譲渡の事案において譲渡先における「採用」拒否の不当労働行為性が問題になる事案も増加する傾向にあります。

　まず、採用拒否が不利益取扱いに該当する余地があるかについては、ＪＲの採用差別事件において正面から問題になり、裁判例の立場は対立しています。採用過程の不当労働行為は原則として黄犬契約にかぎられるが、特別な場合にかぎり不利益取扱いは成立するという見解[26]と原則として不利益取扱いの規定が適用されるとする見解[27]です。不当労働行為はあくまで事実行為なので、労組法7条1号本文の不利益取扱いは組合員であること等を理由とする採用拒否も当然含まれると解されます。

　次に、たとえ採用したとしても、「労働者が労働組合に加入せず、若しくは労働組合から脱退することを雇用条件とすること」（労組法7条1号）も禁止されています。このような合意は、黄色の犬は臆病であることから黄犬契約（yellow dog contract）といわれ、1920年代にアメリカにおいて頻繁に利用されていました。わが国においては、それほど一般的ではありません。

②労働条件や処遇に関する不利益取扱い
賃金に関する不利益取扱い

　労働条件や処遇上の不利益取扱いとして賃金、労働時間、年休等あらゆる労働条件が問題となります。具体的には、不利益に変更した場合と別（非）組合員との間に差別がある場合があり、当該措置の合理性等が争われます。労働条件に関する端的な不利益取扱いは、賃金上のそれで、組合員に対する賃金の不払い・遅滞、賃金カット、減給等が問題になり、そうする相当な理由がなければ原則とし

---

*26　前掲・ＪＲ北海道事件・最一小判平15.12.22。
*27　前掲・青山会事件・東京高判平14.2.27。

て不当労働行為になります。

　賃金不払いについては、一時金の不支給や賃上げの不実施事案が多く、労使間の合意が成立していないことが理由とされます。賃金支払いの遅延についても組合員についてのみそれがなされると不当労働行為とされ、交渉態度の不誠実さが主要な争点となります。賃金額の減額は、懲戒処分（減給処分）としてもなされます。懲戒事由があり処分の程度も相当で差別的でないならば減給処分も不当労働行為とみなされません。

　賃金カットについては、カットの原因とされる不就労の評価、カットの対象となった賃金の性質、カットの割合等が問題になります。とりわけ、争議や組合活動による不就労をどう評価するかがポイントといえます。なお、賃金カットについては、カットの仕方は協約や労使慣行に従ってなすべきであるという基準を定立し、家族手当のカットも慣行化していることを理由に認めた最高裁判決[28]の影響を受けています。争議行為や組合活動による離席時間に応じて割合的に賃金カットすることは原則的に不利益取扱いとみなされませんが、離席時間以上の割合でカットすることは不当労働行為と解されます。

査定差別

　年功制度から職能資格制度へ、さらには成果主義人事制度への変化にともない、人事考課上の評価を理由とする多様な査定差別事件が発生しました。賃金額に関する一時金・昇給、職位に関する昇級、資格に関する昇格の各差別が、独立してもしくは関連して問題になっています。労働委員会実務は、基本的に同職種、同期、同学歴の非（別）組合員との比較から不当労働行為（労組法7条1号、3号）を認定するいわゆる「大量観察方式」を採用しています。つまり、使用者の一方組合に対する嫌悪の存在を前提に、申立組合が全体としての組合員間格差を立証したならば、使用者がその格差の相当性を反証しなければ不当労働行為とみなす立場です。

　判例法理もおおむねそれを承認しており、一時金の査定差別が労組法7条1号、3号に違反するとされた事件として紅屋商事事件・最高裁判決[29]があります。ところが、査定システムが複雑になり、また転職が一般化するにともない、不当

＊28　三菱重工業事件・最二小判昭56.9.18労判370号16頁。
＊29　前掲・紅屋商事事件・最二小判昭61.1.24。

労働行為の認定に困難をともなう事案が増加する傾向にあります。

　現在、大量観察方式を堅持する立場とそれを修正する立場の裁判例が混在する状態です。後者は、個別立証を必要としたり組合員間の能力の等質性の立証を要求する立場[*30]といえます。

配転・出向・仕事に関する不利益取扱い

　配転は、転勤にせよ配置換えにせよ労働者のキャリアや生活に大きな影響があるのでそれが労働者の意に反する場合は、不利益な取扱いとみなされます。出向も、実質的に使用者が変更するのでこれも不利益な取扱いと解されています。もっとも、配転事件については、判例法上使用者に広い裁量が認められている[*31]ので、配転の業務上の必要性は立証されやすく、不当労働行為の認定は困難となっています。

　配転につき、労働委員会は、使用者の不当労働行為意思の有無、配転の業務上の必要性、配転慣行、組合間差別の有無等から不当労働行為の成否を判断し、裁判所もほぼ同様な判断を示しています。また、配転や作業変更にともなう「不利益性」については、生活上、経済上のそれだけではなく、キャリアや職務能力上の不利益も考慮されています[*32]。

　降格は、人事権の行使による場合と懲戒権の行使による場合に大別され、後者については懲戒処分であり、不利益性につき疑問がありません。前者については、資格制度上の降格といっても実質は賃下げを意味する降給のケースが多く、いずれも不利益取扱いにあたります。労働委員会実務および裁判例ともに、当該降格に相当な理由があるか、組合員に対して差別的かを問題にしています。

　不当労働行為はあくまで事実行為なので、使用者の業務上の措置や個別の指揮命令が不利益か否かも問題になります。多額の収入を得ることができる仕事や自分の専門とする仕事から排除し、努力の割に成績が上がらない仕事やとくに負担の多い仕事に就けること、さらにまったく仕事を与えないことや隔離した場所での仕事を命じることも仕事差別に他なりません。不利益性や不当労働行為の成否を判断する際に、当該職場における評価が重視されている点が重要です。

6

＊30　たとえば、ＪＲ東日本事件・最一小判平24．2．23判時2149号141頁。

＊31　東亜ペイント事件・最二小判昭61．7．14労判477号6頁。

＊32　倉田学園事件・最三小判平6．12．20労判669号13頁。

残業差別

残業差別は、組合の意に反して残業をさせる、もしくはさせないパターンがあります。実際には、ほとんどが残業をさせないケースであり、当該措置に相当な理由があるかが主要な争点となります。一般的な紛争パターンは、（申立）組合が残業に反対しているケースであり、日産自動車事件・最高裁判決[33]は、申立組合の計画残業反対を口実として協議をすることもなく、一方的に同組合員の残業への組入れを拒否したことは不当労働行為にあたると判断しています。もっとも、高知県観光事件・最高裁判決[34]は、新勤務シフトおよび新賃金計算方法の導入を前提とした新36協定（労基法上の協定ではなく、残業に関する協約）を締結しなかった（別組合は締結している）ことを理由とする残業差別は不当労働行為にあたらないと判示しています。

懲戒処分

懲戒処分は、典型的な不利益取扱いです。労契法15条は、「使用者が労働者を懲戒することができる場合において、当該懲戒が、当該懲戒に係る労働者の行為の性質及び態様その他の事情に照らして、客観的に合理的な理由を欠き、社会通念上相当であると認められない場合は、その権利を濫用したものとして、当該懲戒は、無効とする。」と規定しています。したがって、組合員に対する懲戒処分も相当な理由がなければ不当労働行為とみなされます。実際の事例は、特定の非違行為の有無、非違行為の懲戒処分該当性、懲戒の程度が問題になり、不当労働行為との関連では、組合員もしくは組合活動に対する差別的取扱いかが争われます。具体的には、特定の組合の活動や争議行為を理由とするケースが多く、そこでの主要な争点は組合活動等の正当性とともに処分の程度です。

③雇用終了をめぐる不利益取扱い

解雇をはじめ意に反する雇用終了は典型的な不利益取扱いです。この不利益取扱いは、あくまで事実上のものなので、退職の強要、合意解約、有期契約の更新拒否、退職取扱い、さらに、解雇するという予告や脅しも不当労働行為とみなされることがあります。

---

*33 前掲・日産自動車事件・最三小判昭60.4.23。
*34 前掲・高知県観光事件・最二小判平7.4.14。

解雇の不当労働行為性は、解雇に相当な理由があるか、被解雇者の組合活動の内容、組合活動への会社の嫌悪、解雇に関する会社の慣行等から判断されています。不当労働行為たる解雇の成否につき、リーディングケースとなる最高裁判断はなく、個別事案について判断が累積されている状況といえます。

　主要な判断基準は、解雇事由の相当性です。もっとも、解雇事由があったとしても、不当労働行為意思が決定的動機になっている場合は不当労働行為が成立するという判断が示されており、具体的には以下の諸点が問題となっています。①不当労働行為は、不利益取扱いが組合所属や組合活動を理由にしたものであることが前提となるので被解雇者の組合活動が顕著な場合は不当労働行為性は認められやすくなります。②反組合的態度が明確な場合には不当労働行為が認められやすくなります。③解雇理由やタイミング、さらに組合活動への影響も重視されています。

　ところで、特定の（旧）会社が組合対策のために会社を解散し組合員を解雇し、その後実質的に同一内容の（新）会社を設立し組合員を排除した形で経営を継続することはいわゆる偽装解散として不当労働行為とみなされています。もっとも、近時はそのような単純な事案は少なく、会社解散自体に相当な経営上の理由があるとして不当労働行為とみなされない傾向にあります。もっとも、解散過程でなされた組合員に対する差別的取扱いは不当労働行為とされます。

④報復的不利益取扱い

　労組法7条4号は、不当労働行為の申立等をしたことを理由とする不利益取扱いを以下のように禁止しています。「労働者が労働委員会に対し使用者がこの条の規定に違反した旨の申立てをしたこと若しくは中央労働委員会に対し第27条の12第1項の規定による命令に対する再審査の申立てをしたこと又は労働委員会がこれらの申立てに係る調査若しくは審問をし、若しくは当事者に和解を勧め、若しくは労働関係調整法（昭和21年法律第25号）による労働争議の調整をする場合に労働者が証拠を提示し、若しくは発言をしたことを理由として、その労働者を解雇し、その他これに対して不利益な取扱いをすること」。この規定は、間接的には組合活動を擁護する目的を持ちますが、直接的には労働委員会の円滑な運営を目的としているといえます。

6

⑤組合併存下における団交を媒介にする賃金差別

団結権、団交権は基本的人権（憲法28条）とみなされ、あらゆる組合にそれらの権利が認められています。それに対応して、使用者には、非組合員との差別が禁止されているだけではなく、併存組合下において組合（員）間の差別をしないという中立保持義務が課せられています。一方、各組合は、それぞれ独自の方針、立場によって使用者と交渉し、合意が得られたならば協約を締結することになります。自主交渉の結果、組合間に差別状態が発生したとしても組合の自主選択の結果なので原則として不当労働行為とはみなされません。そこで使用者は組合の立場の相違を利用して、特定の交渉戦術を使い意図的に組合（員）間差別状態を現出することも可能となります。とくに、一方組合が協定を締結しない（できない）ケースにおいて、デリケートな問題が生じます。

労委実務および判例は、団交を媒介とした差別の事案につき主に次の二つの観点から不当労働行為の成否を判断しています。

第1は、団交自体の差別の有無です。団交の仕方（場所、出席者、回数、説明等）につき、また回答や申し入れ内容につきことさら組合間差別をすることは不当労働行為（労組法7条2号、3号）とみなされます。交渉結果たる組合（員）間差別状態も、団交拒否、団交差別、回答の相違に由来する場合は不当労働行為と解されます。もっとも、労働条件決定への影響力の相違から、多数組合をある程度優遇する（たとえば、先に交渉する）ことはやむをえず、また、一連の交渉経過のなかで組合の対応の違いに応じて、異なった回答をすることはありえます。

第2は、使用者の交渉テクニックが円滑な団交を阻害するか否かです。使用者は、団交応諾だけではなく、誠実交渉をも義務づけられているので組合併存状態においても協約締結にむけた相当な努力を要します。したがって、円滑な団交を阻害するような交渉態度は許されず、それに由来する差別状態も不当労働行為とみなされます

デリケートな問題は、いわゆる差し違えもしくは前提条件の「諾否」に由来する差別のケースです。たとえば、一時金支給の前提条件として、使用者が「生産性向上に協力する」という条項に固執した事案において、別組合が当該条項を承諾し、申立組合が拒否したため組合（員）間に一時金差別状態が発生した日本メール・オーダー事件があります。最高裁[35]は、当該条件が当時の労使関係にお

*35　前掲・日本メール・オーダー事件・最三小判昭59.5.29。

いて労働組合側から消極的評価をうけていたのにもかかわらず、会社がその具体的内容について十分な説明をしなかったために分会はやむなく当該条件を受諾しなかったと判断するとともに一時金不支給についても会社が、「前提条件を、分会が受諾しないであろうことを予測しえたにもかかわらずあえて提案し、これに固執したことに原因がある」として不当労働行為の成立を認めました。

さらに最高裁は、少数組合員に対する残業差別が争われた日産自動車事件[*36]において中立保持義務につき、以下のように①③で自主交渉を重視し、②④で差別性に着目するというモザイク的な論理を展開しました。

①残業取扱いの差異が、組合が団交において自由な意思決定に基づいて選択した結果による場合は不当労働行為の問題は発生しない。②組合の自由な意思決定を実質的に担保するために、併存組合下において使用者はすべての場面で中立的態度を保持し各組合の団結権を平等に尊重しなければならない。③しかし、使用者が同一時期に同一内容の提案を行ない、多数組合との間で一定の合意が成立した場合にはその合意内容をもって譲歩の限度という交渉態度を示したとしても非難に価せず、各組合の組織力、交渉力に応じた合理的対応である。④そうであっても、特定の組合に対する団結権の否認が決定的動機となり、団交が既成事実を維持するために形式的になされたという特段の事情がある場合には不当労働行為が成立し、その判断のためには一切の事情を総合勘案し不当労働行為意思の有無を判断しなければならない。

その後、最高裁は、広島ときわタクシー事件[*37]および高知県観光事件[*38]において、組合併存下における差し違え条件の諾否に由来する差別につき、不当労働行為の成立を認めない立場を明らかにしました。前掲日産自動車事件・最高裁判決の2つの側面のうちの多数組合との交渉を尊重する側面（①③）を重視したものです。差し違え条件自体が経営上不可欠であるとの評価に基づき、多数組合との交渉実績により差別状態が生じたのはやむをえない、という構成をとっており、職場全体における集団的労働条件の決定過程の観点からはリアルな職場認識といえます。しかし、少数組合の独自性や存在意義を否定する側面もあります。

＊36　前掲・日産自動車事件・最三小判昭60.4.23。
＊37　広島ときわタクシー事件・最三小判平6.10.25労判665号10頁。
＊38　前掲・高知県観光事件・最二小判平7.4.14。

⑥いわゆる不当労働行為意思

　使用者の特定の行為が組合員に対する不利益な取扱いであったり、組合活動を抑制するものであっても、使用者側にそうする相当な理由があれば不当労働行為とみなされず、不当労働行為意思による場合には不当労働行為になるといわれます。これは、いわゆる「処分理由の競合」の問題とされ、労委実務はおおむねどちらが決定的動機であったか[*39]、もしくは組合活動故に当該不利益取扱いがなされたかという相当因果関係的な観点から判断しています。この不当労働行為意思は、条文の体裁（労組法7条1号「故をもって」、4号「を理由として」）から、とくに1号、4号につき論じられていますが、3号の支配介入事件でも問題となります。

　この決定的動機説については、どのような観点から動機の解明をし、決定的かをどう判断をするかは必ずしも明確に説示されていません。理論的には相当因果関係的なアプローチのほうが組合差別的な視点を明確にしうると考えられます。

不当労働行為意思とは

　不当労働行為は、使用者の意図的な行為にほかならないので、ある種の意思が介在することは否定できません。意思がまったく不要なわけではなく、問題はどのような意思かです。不当労働行為の禁止は、刑事的な規制ではなくあくまで行政救済として、つまり、集団的労使関係ルールの確立の観点から使用者の反組合的行為の影響を除去し、再発を防止するという特徴を有しているので、その点に留意して判断すべきです。このルール確立という視点からは、あくまで事実としての不利益性等が問題となり、使用者の行為が職場において実際にどのような意味を持ち評価されるかが重視されます。行為の外形から推定される「意思」といってよく、行為の影響力の除去の観点からは、基本的に労働者サイドの捉え方から判断されると思われます。その点では、ハラスメント事案と類似しています。

　ところで、不当労働行為意思とは一般的に「反組合的意思」、「組合に対する嫌悪」といわれますが、それ自体を独自に立証する必要はありません。ただ次の2点の「立証」は必要といえます。①不当労働行為制度は、組合活動等を特別に保護する制度なので組合員であることや組合活動の認識を使用者が有していたこと、②特定の行為が労働者にとって不利益であること、です。

---

*39　裁判例として、前掲・日産自動車事件・最三小判昭60.4.23。

処分理由の競合

　不当労働行為意思がことさら問題になるのは、いわゆる処分理由の競合とみられるケースであり、次の３つの側面から考えることができます。

　第１は、処分理由がない、もしくは薄弱なケースです。この時には、組合員に対する不当労働行為とみなされます。理論的には、組合員、非組合員を問わず、ずさんな労務管理をしているケースでは、処分が組合員であるが故とは必ずしもいえない場合はありますが、このように差別性が希薄な場合でも、組合員に対する不当な処分に他ならないのでやはり不当労働行為と解されます。

　第２は、処分に相当な理由があっても、非組合員に比しことさら重い処分がなされているケースです。非組合員には相当な処分がなされていないので差別的な不当労働行為と解されます。ただ、差別性の立証のためには、処分等に関する職場慣行や非組合員に対する処分例等、つまり「通常の取扱い」を明らかにする必要があります。

　第３は、非組合員との差別という点では問題がありませんが、処分や不利益取扱いが組合活動を抑制するケースが想定されます。たとえば、組合役員に対する、もしくは組合役員選挙期間中の配転については、１号的な観点からは問題がなくても、組合の円滑な運営を阻害する３号的な側面は残るわけです。

（4）支配介入

　組合結成や活動に対する支配介入には多くの態様があり、①組合結成への妨害として、脱退工作や対抗的団体の結成等、②組合組織への妨害として、組合員資格、役員人事、上部団体加入への介入等、③組合運営への妨害として、役員の解雇、組合大会監視、施設管理上の措置、便宜供与の中止等、④対抗団体との差別、のパターンがあります。以下、主要な論点について検討します。

①組合結成・加入妨害、脱退工作

　組合結成を妨害する端的な手段としては、それを阻止する働きかけや活動家の配転・解雇等が挙げられます。また、いったん組合が結成されたとしても当該組合へ加入することを規制したり、加入した場合には脱退を勧奨する発言や行為がなされると典型的な支配介入になります。脱退届の作成まで関与する例さえあります。

②反組合的発言

　組合加入に対する批判や脱退勧奨は、上司の発言によってなされます。それらの発言は、憲法（21条）上の言論の自由の行使という側面もありますが、実際には「言論」というより「言動」的な色彩が濃いといえます。支配介入との関連では、発言内容が使用者の利害が絡む労使関係的なテーマ（スト回避等）の場合にはその威嚇的側面が重視され、組合内部問題に関する発言（組合役員批判）はそれ自体が支配介入になる傾向があります。不当労働行為の成否は、発言内容以外に、その発言主体の社内における地位、相手側、場所、発言の経緯・時期、発言の影響、労使関係の状況等も考慮されます。「どうぞストでもなんでもやってください」という発言であっても、組合活動を抑制することは十分にありえます。

③組合対策

　使用者の組合対策として組合員・組合活動調査、社員教育、役員選挙妨害等の多様な手段が採用されています。それが組合運営に対する不当な干渉や制約になると支配介入とみなされます。

④便宜供与の中止等

　労組法は、組合活動の自主性確保の観点から使用者による便宜供与を原則として禁止しています（7条3号）。しかし、組合活動を活性化させるためには一定の便宜供与が必要という側面もあり、組合費レベルについてはチェックオフ、組合活動時間については組合休暇、内部的意思形成や日常活動レベルについては組合集会のための施設利用、組合事務所・掲示板等の施設の貸与・利用がその例と言えます。そこで、労働委員会実務は、便宜供与の禁止をそれほど厳密には解せず、むしろ相当な理由のない便宜供与の一方的中止等を不当労働行為と解する傾向にあります。また、併存組合下における組合間の便宜供与差別をも禁止しています。

チェックオフ（賃金からの組合費控除）

　チェックオフ協定は労使関係が安定化している場合に締結されることが多く、対立状態になると使用者は一方的にチェックオフを中止しがちです。労働委員会はそれに相当な事由がなければ支配介入とみなす傾向にあります[40]。チェックオ

---

*40　大阪市事件・東京高判平30．8．30労判1187号5頁。

フは、賃金控除という方式をとるので労基法24条の適用があるか、あるとして同条に違反しないかが問題となります。済生会中央病院事件・最高裁判決[41]は、チェックオフも賃金控除の一態様であり労基法24条1項但書の要件を満たす必要があるとして、本件につき組合が過半数を組織化していたかについて疑問がありかつ書面化もなされていなかったとしてチェックオフ中止は不当労働行為にあたらないと判断しています。もっとも、チェックオフ中止の際に使用者がそのような主張をしていたか否かは問題になると思われます。

チェックオフに関する協約法理[42]は、有効なチェックオフをするためにはチェックオフ協定と共に「使用者が個々の組合員から、賃金から控除した組合費相当分を労働組合に支払うことにつき委任をうけることが必要」としています。これを受けて、個々の組合員の委任なしにチェックオフ分を申立組合に対して支払うことを命じる救済命令については、「私法的法律関係から著しくかけ離れるものであるのみならず、その実質において労働基準法24条1項の趣旨にも抵触する」として違法とされています[43]。

組合休暇・組合専従

組合の規模が大きくなると事務量も拡大し、専従の役員や職員が必要となり、労働協約等によって組合専従制度や組合休暇を定めることが少なくありません。組合専従や組合休暇が認められるかは原則的に労使間の合意によります。

組合集会

組合集会をめぐる不当労働行為事件では、国鉄札幌駅事件・最高裁判決[44]の影響が決定的です。会社施設の利用は使用者の許諾が必要であり、利用の必要が大きい故に組合がその利用権を取得しえず、施設利用を認めないことが権利濫用である場合以外は施設を利用した組合活動は正当とされないという法理が適用されています[45]。もっとも、施設利用が労使慣行化している場合や併存組合間における差別のケースについては不当労働行為とみなされます。

---

*41　済生会中央病院事件・最二小判平元．12．11労判552号10頁。

*42　エッソ石油事件・最一小判平5．3．25労判650号6頁。

*43　ネスレ日本霞ヶ浦工場事件・最一小判平7．2．23労判670号10頁。

*44　国鉄札幌駅事件・最三小判昭54．10．30労判329号12頁。

*45　池上通信機事件・最三小判昭63．7．19労判527号5頁、オリエンタルモーター事件・最二小判平7．9．8労判679号11頁等。

組合掲示板

　組合員に対するコミュニケーション手段として組合掲示板は重要です。貸与自体の拒否、その利用方法への制限、貸与の中止、無許可利用を理由の処分等が争われています。

　貸与の拒否については、使用者が掲示板を組合に貸与するか否かは原則として使用者の意向によるので貸与しないことが不当労働行為とみなされるわけではありません。もっとも、併存組合下における貸与差別は、それに相当な理由がないかぎり不当労働行為とされます。

　掲示板の利用方法については、使用者が掲示版を貸与した以上、組合は目的の範囲で自由にその利用をなしえます。利用方法につき不当に関与することは支配介入とみなされます[46]。貸与の中止については、いったん貸与した場合には、その中止につき相当な理由や手続が必要とされます。

組合事務所

　組合活動の基盤として組合事務所の役割も重要です。しかし、使用者に事務所の貸与義務はありません。とはいえ組合間差別は許されず[47]、また、組合分裂過程において一方の組合の存在を否定して事務所を貸与しないことも不当労働行為とされます[48]。組合員が少ないことも不貸与の理由とはなりません[49]。

＊46　たとえば、掲示物撤去の事件としてＪＲ東海事件・最三小判平29.9.12労経速2331号17頁。

＊47　前掲・日産自動車事件・最二小判昭62.5.8。

＊48　東洋シート事件・最一小判平９.４.24労判737号23頁。

＊49　灰孝小野田レミコン事件・最三小判平７.10.３労判694号26頁。

4 労働委員会制度

◆ポイント

・不当労働行為の救済には労働委員会による救済（行政救済）と裁判所による救済（司法救済）の2つの方法がある。

・労働委員会は労使紛争の調整も行なう。

・団結権は、その権利をどう実現するかが重要なので、労働委員会手続や救済命令の在り方を考える。

(1)労使紛争処理システム

　労使紛争については、その類型に応じて多様な相談・処理システムが整備されています。まず、紛争類型としては、労働条件の新たな設定をめぐる利益紛争と特定のルールの当てはめに関する権利紛争に大別されます。また、その労働サイドの主体が個別的なケースと集団的なケースがあります。

　紛争処理システムについては、利益紛争に関して、個別契約レベルでは特段の処理システムは存在しません。集団レベルについては、企業内では労組法上団交・協約・争議ルールが定められており、不当労働行為法理がその円滑な実施をサポートしています。外部的には労調法において労働委員会による斡旋（労調法10条以下）・調停（17条以下）・仲裁（29条以下）の各システムが整備されています。

　次に、権利紛争に関しては、主に個別紛争を想定した処理が想定されています。企業内部においては独自の苦情処理制度が利用されています。外部のシステムとしては、個別労働関係紛争解決促進法5条に基づく紛争調整委員会による斡旋および各労働委員会による斡旋制度があり、より強制力のあるものとして調停制度と審判が連動している労働審判制度があります。通常の裁判所も労使の権利・義務関係を取り扱います。不当労働行為に関しては労働委員会がその救済を図っています。

（2）労働委員会制度の特徴

　労働委員会の主要な権限は、不当労働行為の審査・救済、集団的争議の調整です（労組法20条）。それ以外に、多くの労委では各都道府県の条例や要綱に基づき個別幹旋も行なっています。労働委員会は独立行政委員会であり、各都道府県に労働委員会、再審査機構として東京に中央労働委員会（中労委）があります。独立性は、不当労働行為の審査という判定的権限を適切に行使するために不可欠といえます。

　労働委員会の構成は、同数の公労使の委員（同法19条）と事務職員からなります。この三者、実質は職員をも含めた四者構成は、とりわけ争議調整のために効果的です。一方、不当労働行為の審査は基本的に公益委員だけで行います（同法24条）。

①行政救済の特徴

　労働委員会による不当労働行為の救済は行政救済といわれ、裁判所による救済は司法救済と言われます。では、行政救済において、不当労働行為の成否や救済命令の在り方を考える際にどのような配慮をしているでしょうか。

　その１として、不当労働行為の成否は、申立や救済の在り方と関連づけて判断していることが多いのです。特定の要件事実の有無・適用につき判断するのではなく、救済の仕方と関連づけて不当労働行為の成否をも判断する傾向があります。同時に、将来の労使関係をも考慮して救済措置を考えています。

　その２として、不当労働行為の成否が争われている個別事実だけではなく、事件全体や当該労使関係を視野に入れた判断をしています。同時に、一連の労使関係の時系列的な把握をも重視しています。

　その３として、契約や処分の効力、就業規則の解釈ではなく、あくまで事実としての使用者の行為が組合活動を抑制するか否かに留意しています。たとえば、使用者の処分が当該労使関係においていかなる意味、機能を有するのかを、処分の目的・経緯、時期、非組合員・別組合員に対する場合との比較、処分に関する労使慣行等と関連づけてかつ職場実態をふまえて判断することになります。

　その４として、救済の実効性、柔軟性が重視されます[*50]。労働委員会は、不

[*50]　第二鳩タクシー事件・最大判昭52．2．23労判269号14頁。

当労働行為の内容・性質、労使関係への影響等から救済命令レベルにおいて種々の工夫をしています。

②事件処理の実態

　事件処理の全般的傾向については、毎年発行されている『労働委員会年報』が参考になります。また、実際の事件処理について次のような特徴を有します。

　第1は、命令までいかない和解的処理が約7割と多いことです。迅速な事件処理の要請、円満な解決を望む労使の期待、公労使の三者構成であること、調整権限をも有していること、さらに事務局の積極的な役割からこのような傾向がみられます。

　第2に、通常は組合主導で事件処理がなされます。不当労働行為の申立については、個人、組合、連名による申立がありますが、実際には組合申立が圧倒的に多く、組合が、組合自身とともに処分等のなされた組合員個人をも代表することになります。

　第3に、最近は合同労組が申立人となる事案が増加し、全体の3分の2を占めるほどです。被申立人たる会社で就労している組合員が少ない場合には、集団紛争ではなく、実質的に個別紛争の色彩を持ちます。

(3)労働委員会手続のアウトライン

①労働委員会手続

　労働委員会手続は、申立、調査、審問、合議、命令のプロセスをたどります。

申立

　不当労働行為の調査は、申立により開始し、申立との関連での審査となります。救済命令についても、申立人の請求にかかる救済の全部もしくは一部を認容し、または申立を棄却する命令を発すると定めており（労組法27条の12）、審査はもっぱら申立内容を対象とします。

　申立については、労組法7条の各号につき、誰の申立が認められるか（申立適格）が主要争点です。労働委員会実務は、7条1号および4号については、組合申立と個人申立の双方を、2号については組合申立のみを認めています。3号については、組合申立とともに個人申立についても認める傾向にあります[51]。

*51　京都市交通局事件・最二小判平16．7．12労判875号5頁。

申立については、除斥期間の定めがあり、「行為の日（継続する行為にあってはその終了した日）から１年を経過した事件に係る」申立は却下されます（労組法27条２項）。この除斥期間については、主に査定差別事件との関連において、「継続する行為」とはなにかという複雑な問題が発生しています*52。

調査

申立を受けて論点の整理、審問の準備のための調査が開始され、その段階で迅速的確な審査のために労使双方の意見を聞いて審査計画書を作成します（労組法27条の６）。同時に、和解の試みがなされるケースもあります。和解は、労働委員会手続のあらゆる段階でなされます（同法27条の14）。

審問

審問において、労使が不当労働行為の成否や救済命令の適否を争い、それぞれが申請した証人について、主尋問、反対尋問、参与委員尋問、審査委員尋問と続きます。代理人に弁護士が多いこともあり、実際は、証人や書証の採用等を含めてかなり当事者主義的な運営がなされています。

合議

命令内容を決定するのは公益委員による合議であり、事実の有無、事実の評価、不当労働行為該当性、命令の在り方等につき議論がなされます。

再審査申立

初審命令に不服な者は中労委に再審査申立（労組法27条の15、労委規51条）もしくは地裁に取消訴訟（労組法27条の19）を提起しえます。同時に、職権による再審査も認められています（労組法25条２項、労委規52条）。実際の処理実態は、取消訴訟よりも再審査の例が圧倒的に多いといわれます。

②命令の審査手続

労働委員会命令に不服な者は、被申立人（認容命令の場合）、申立人（却下・棄却命令の場合）はともに再審査申立や取消訴訟を提起しえます。また、労使双方は、それぞれ相手が提起した取消訴訟につき参加をなしえます。 以上のような再審査と行政訴訟の並立的審査システムに関しては、同システム自体の是非が問題となり、事件処理の統一性の立場からは再審査前置が、また、５審制の解消の観点

---

*52　たとえば、紅屋商事事件・最三小判平３. ６. ４労判595号７頁。

からは再審査制度不要論が主張されています。

　司法審査は、救済命令のすべての部分に及びます。事実の有無、事実の法的な評価、不当労働行為の成否に関する法的な判断、審査手続違反、救済命令の適否等です。新証拠、新主張の提出も原則自由とされています。司法審査をめぐっては、司法審査の基本的在り方（労委の専門性をどの程度尊重するか）、棄却・却下命令の争い方、原告適格、命令交付後の事情変更による訴えの利益の有無、違法性判断の基準時、資格審査上の瑕疵の効果、訴訟参加の許否、取消の範囲等が争われています。

③命令の強制システム

　労委命令を争わず、再審査申立期間、取消訴訟出訴期間が過ぎると命令は確定し（労組法27条の13）、救済命令に使用者が従わなければ、「確定命令」違反として過料に処されます（同法32条）。また、被申立人が取消訴訟を提起したにもかかわらず、その主張が認められず、救済命令が確定判決によって支持された場合は、当該命令に違反した「行為をした者」は「確定判決」違反として1年以下の禁固もしくは100万円以下の罰金に処され、または併科されます（同法28条）。このように行政救済システムは、基本的に過料等のプレッシャーによって命令の実現を図っています。したがって、組合等が金銭解決をしようとしたならば、和解によるか（同法27条の14第4項以下）もしくは司法救済によらざるをえません。

（4）救済命令

①救済命令の型

　労働委員会は、不当労働行為類型に応じて一定の型の救済命令を発しています。

　第1に、解雇に対しては原職復帰およびバックペイの支払いが命じられ、原職復帰についてはいかなる措置が「原職」「復帰」にあたるか、またバックペイについては中間収入の控除の要否が主に争われています。他の不利益取り扱い事案についても当該不利益取扱いの是正等が命じられます。

　第2に、査定差別については、その態様に応じて、具体的な差額賃金の支払い、差別行為の中止等が命じられます。

　第3に、団交拒否に関しては、団交の応諾が命じられ、不誠実交渉に関しては一定の態様（たとえば、特定の企業情報の開示）の誠実交渉が命じられます。

第4に、支配介入に対しては、当該行為の中止や将来における禁止が命じられます。

　第5に、各不当労働行為につき、①ポストノーティス（文書掲示）、②文書交付・手交、③不作為措置等が命じられます。また、差別解消の仕方につき協議が命じられることもあります。

②救済命令の法理

　労働委員会の判断につき、不当労働行為の成否についての裁量（要件裁量）は認められません[*53]が、救済命令の在り方についての裁量（効果裁量）は認められます[*54]。「労使関係について専門的知識経験を有する労働委員会に対し、その裁量により、個々の事案に応じた適切な是正措置を決定し、これを命じる権限をゆだねる趣旨」とされます。

　労働委員会は実際に次の3つの観点から救済命令を発しています。①原状回復的措置で、不利益変更事案に対する基本的なパターンです。解雇に対する原職復帰、バックペイが典型例といえます。②労使関係秩序の確保措置で、原状というよりあるべき労使関係を積極的に形成する目的を持ちます。昇給差別に対する差額賃金の支払いや団交拒否に対する応諾の救済がその例です。③再発防止的措置で、将来の労使関係の安定のために一定の教育的措置として、ポストノーティス命令や（抽象的）不作為命令がその例といえます。

　労働委員会は救済命令の内容の決定につき広範な裁量がありますが次のような制約も課せられています。①申立との関連で、「条件付き救済命令」のような申立人の意向に明確に反する救済が許されるかが問題となります。②私法上の規範との関連で、バックペイの支払いにつき中間収入を控除するか否かについて多くの裁判例[*55]があります。③使用者の人事権や経営権との関連で、使用者の人事権を制約する程度が大きい場合（管理職への昇進命令など）には違法とされる可能性があります。

---

*53　寿建築研究所事件・最二小判昭53. 11. 24労判312号54頁。
*54　前掲・第二鳩タクシー事件・最大判昭52. 2. 23。
*55　同上・第二鳩タクシー事件・最大判等。

5 団体交渉権の保障

・労働条件を使用者との団交を通じて決定するために団交権が保障されている。

・団交権保障の具体的在り方として、正当性のない団交拒否と不誠実交渉を禁止している。

・円滑な団交の実現をどう法的に強制するかは難問である。

　団交権については、憲法28条において、「勤労者の団結する権利及び団体交渉その他の団体行動をする権利は、これを保障する。」と定められています。憲法を受けて労組法7条2号は、正当な理由のない団交拒否を不当労働行為として禁止し、1条2項は団交についての刑事免責を、6条は組合代表者または組合の委任を受けた者の交渉権限を定め、同時に1条1項は、協約締結に向けた団交を促進することを労組法の目的のひとつとしています。団交の結果、労使合意が達成されない場合には、労働関係調整法上の斡旋、調停、仲裁制度の利用が可能です。他方、合意がなされた場合には労働協約が締結されます。

(1)団交権保障の意義

①団交権保障の目的

　団交権保障の目的として以下があげられます。①団結承認であり、組合の団結権を実効化するために独自の権利として保障されました。組合が結成され、団交を要求したにもかかわらず、それが拒否されると組合の存続自体も危ぶまれるからです。②労働条件の平和的決定であり、争議代替的目的を持ちます。③経営参加であり、労働条件の集団的決定を通じて労働条件の維持改善を図るとともに間接的に経営内容に関与する目的を持ちます。

②団交権保障の効果

　では、団交「権」が保障されているというのは具体的にどのようなことを意味

するのでしょうか。

第1に、団交権の保障とは団交応諾が義務づけられること（団交拒否の禁止）、換言すれば団交の場を国家が強制的に設定することを意味します。具体的には、司法救済との関連においては、団交に応ずべき地位の確認請求が、行政救済との関連においては、団交拒否に対しては団交の応諾が、不誠実交渉に対しては誠実交渉の履行が命じられています。

第2に、団交権侵害行為は私法上違法もしくは無効とみなされます。団交拒否は組合の団交権を侵害する行為として民法709条の不法行為に該当するわけです。

第3に、団交の効果的実施のために以下のような国家もしくは使用者の行為が一定の規制を受けます。①団交開催を要求するための、もしくは団交の際の組合員の行為が「正当」とされたならば、刑事上違法性が阻却され（労組法1条2項）、使用者による解雇等の不利益取扱いは禁止されます（同法7条1号）。②団交を回避し、その後の団交を無意味にするような個別交渉や労働条件の一方的変更も禁止されます。③誠実団交義務の観点から、特定の交渉戦術やその結果たる使用者の（不）措置を、不当労働行為と解することがあります。

(2)団交拒否紛争の類型

団交紛争は、いろいろな理由によって団交自体を拒否する型と団交には応じ（ようとし）ているがその態様が不誠実な型に二分されます。

①団交「拒否」類型

特定の理由に基づく団交拒否については、それが正当な理由によるものかが争われます。

交渉主体・当事者：組合についてははたして適法な（労組法2条、5条）組合であるか、また、当該組合は使用者が「雇用する労働者の」代表者か（同法7条2号）が争われます。最近、親会社や元請け会社の使用者概念が争われており、リーディングケースたる朝日放送事件・最高裁判決[56]は、「雇用主以外の事業主であっても、雇用主から労働者の派遣を受けて自己の業務に従事させ、その労働者の基本的な労働条件等について、雇用主と部分的とはいえ同視できる程度に現実的か

---

[56]　前掲・朝日放送事件・最三小判平7.2.28。

つ具体的に支配、決定することができる地位にある場合には、その限りにおいて、右事業主は同条の『使用者』に当たるものと解する」としています。

交渉担当者：組合は交渉担当者を誰にするかを自由に決定しえます（労組法6条）。上部団体役員、被解雇者の参加を理由とする団交拒否は正当とされません。

交渉方法：団交方式は通常、使用者との対面方式を執ります。使用者がそれ以外の方式、たとえば委員会方式、書面方式に固執する場合がありますが、そのような理由による拒否は正当とされません。

交渉事項：労働条件と組合活動に関する事項が義務的交渉事項になります。会社の管理運営事項であってもそれが労働条件に関連するならばその範囲で、また、個別人事[57]も義務的交渉事項になります。

交渉ルール：団交を開始する際に、いつ、どこで、何名参加して、何時間の予定で開催するかが問題となり、このような個別的な交渉ルールについて意見が一致しないことを理由として団交拒否がなされるケースも少なくありません。労使が自主的にルールを決めることが好ましいですが、それができない場合には、使用者の主張が正当かが問題になります。

組合の対応：組合側が特定の行為をしないこと（たとえば、暴力事件の謝罪をしない）や組合規約違反の行為があったことを理由に団交を拒否するケースもあります。正当事由とされることはほとんどありません。

②不誠実交渉

　交渉のテーブルには着席するものの、交渉に誠実に応じない、つまり不誠実交渉の事案は労組法上明文の規定がないのにもかかわらず、労働委員会および裁判所は7条2号違反としています。不誠実な対応は実質的に団交「拒否」にあたるというわけです。誠実団交義務の在り方について主に次の事項が問題となっています。

譲歩意図：話合いをする前提には一定の譲歩意図の存在が不可欠です。とはいえ、譲歩意図がまったくないということは拒否の正当理由とはなりません。

回数・時間：実質的な論議のためには相当な回数・時間をかけた話合いが必要であり、一般的には回数が多いほど、時間が長いほど誠実な交渉とみなされます。

---

[57]　日本鋼管鶴見造船所事件・最三小判昭61.7.15労判484号21頁。

出席者：責任のある説明・回答をなすためには特定の地位にある会社側担当者（人事担当の役員等）の出席を要します。

期日の設定：要求に対する回答期日や団交期日を相当な理由なしに引きのばすことは許されません。とくに、特定の時期に決定することが強く要請されている一時金や賃上げについてそのようにいえます。

提案・対案：団交は一連のプロセスに他ならないので、提案・対案の内容自体が直接問題となることはあまりありません。しかし、それへの固執ということになると不誠実な交渉態度と解される余地がでてきます。

説明・説得：団交義務は必ずしも譲歩義務を意味しないので、提案への固執はそうする相当な理由を明らかにしさえすれば不誠実とはみなされません。その意味では、誠実交渉義務につき十分な説明・説得をしたかが決定的であり*58、そのために関連資料・情報の開示*59も必要とされます。

書面化：交渉の結果、合意にいたった事項について協約としての効力付与（労組法14条）のために書面化することが要請*60されます。

行き詰り後の事情変更：使用者が誠実に交渉した結果、団交が行き詰りにいたったならば、それ以上団交する義務はありません。しかし、その後交渉を再開すべき相当な事情（変更）があれば別です。

（3）団交紛争の処理パターン

多様な団交紛争について、おおむね次のような処理がなされています。

司法救済	①不法行為を理由とする損害賠償 ②団交に応ずべき地位の確認
行政救済	③団交応諾命令 ④和解による団交の実現
調整的処理	⑤あっせんによる団交の促進

＊58　大手前高松高等学校事件・最一小判平2.10.24労判600号9頁、山形大学事件・最二小判令4.3.18労判1264号20頁。

＊59　東北測量事件・最二小判平6.6.13労判656号15頁。

＊60　文祥堂事件・最三小判平7.1.24労判675号6頁。

ごくおおまかにいえば、確信犯的な組合否認型のケースについては①が、団交の仕方について紛争があり、その部分さえ解決できれば団交がなされうる場合は②③が適切と思われます。他方、単純に組合と話し合うことがイヤなケースについては④⑤が効果的です。もっとも、④⑤の方法が機能するためには一定程度の組合の力量が必要です。団交「権」保障の仕組みは以上の実態を前提に考えることが必要と思われます。

6 労働協約

・団交の結果、労使間に合意が成立したならば労働協約が締結される。
・労働協約には、労働条件に関する規範的効力と組合掲示板貸与等の労使間ルールに関する債務的効力が認められている。
・ユニオンショップ条項やチェックオフ条項等の中間的な条項もある。
・労働組合の意義と関連づけて労働協約の効力を考える。

　使用者と労働組合との合意である労働協約はそれを通じて組合員の労働条件の維持・確保を図るとともに争議状態のない労使間の平和の実現を目指します。その間は争議行為をしない平和義務が組合に課せられます。また、協約の内容は、賃金や労働時間等の労働条件に関する規範的部分、組合掲示板等の労使間ルールに関する債務的部分に大別されます。前者については規範的効力、後者については、違反につき損害賠償の請求が可能となる債務的効力が認められます。それ以外に人事協議条項等は制度的部分ともいわれることがあります。労組法は、協約締結のために団交をすることが同法の目的のひとつであること（1条）の他に、協約の成立（14条）、期間（15条）、規範的効力（16条）、一般的拘束力（17条、18条）を定めています。裁判上は、主に労組法16条の規範的効力のあり方が問題になっており、さらに就業規則との関連についても協約規定が優先する旨の規定がみられます（労基法92条、労契法13条）。

(1) 協約の締結

　協約については、書面化とともに署名もしくは記名・押印がその成立要件（労組法14条）とされ（要式行為）、それを欠く場合には協約としての規範的効力は付与されません[61]。書面化していない労働条件に関する労使間「合意」について、

---

[61]　都南自動車教習所事件・最三小判平13.3.13労判805号23頁。

どのような法的な意味があるか（第三者のための契約、代理説等）は残された問題といえます。

　協約の有効期間は最長3年であり、それ以上の長期の定めは3年とみなされます。また、期間を定めなかった場合には相手側による少なくとも90日前の署名もしくは記名・押印した書面による予告によって解約されます（労組法15条）。

(2)協約の効力

　協約には労組法16条によって「労働協約に定める労働条件その他の労働者の待遇に関する基準に違反する労働契約の部分は、無効とする。この場合において無効となつた部分は、基準の定めるところによる。労働契約に定がない部分についても、同様とする」として規範的効力が認められています。この規範的効力は主に労働契約との関連で次のように問題になります。

　第1は、協約規範が契約内容になる、もしくはならない法的なメカニズムに関連します。たとえば、賃金額につき契約上18万円、協約上20万円のケースを想定しましょう。この場合、有力説（化体説）によると協約規範が契約内容になるので契約上の賃金額も20万円になります。他方、協約規範と契約はあくまで別個のもの（外部規律説）となれば契約上の賃金額は18万円のままです。この違いは協約の有効期間満了時にとくに問題になります。前者ならば、契約上の賃金額は20万円となり、後者ならば一応18万円となります。化体説によると協約内容は期間満了後も実質的な影響力があるわけです。

　第2は、協約と契約が異なった内容を定めているときにどちらが適用されるかの論点です。協約により労働条件の不利益変更をした場合にとくに問題となります。理論的には、規範的効力は有利・不利を問わず両面的に適用されるか、もしくは契約より有利な場合だけ片面的に適用されるかが争われます。判例は、定年制・退職金に関する不利益変更事案において規範的効力の両面性を認め労働契約を不利に変更しうると解しています*62。もっとも、「特定の又は一部の組合員を殊更不利益に取り扱うことを目的として締結されたなど労働組合の目的を逸脱して締結された」場合にはその適用はないとされています。また、労組法17条の一般的拘束力との関連においても規範的効力の両面性は認められていますが、組

---

*62　朝日火災海上保険事件・最一小判平9. 3. 27労判713号27頁。

合員以外についてはやや制限的に解されています*63。

　不利益変更内容が組合員にとって一律でない場合（特定の年齢層だけの賃金を下げる）の法的効力について、協約締結手続*64や協約内容に応じて多様な見解が示されています。組合が組合員の多様な利益をどう公正に代表しうるかが問われているわけです。

　第3は、協約自治の限界についてです。労使の合意が重要であっても、既得権を侵害するような条項や個人的自由を不当に制約する条項は無効になります。

(3)個別的論点

①ユニオンショップ条項

　ショップ制は、従業員資格と組合員資格との関連についてのルールであり、従業員になれば必ず組合に加入しなければならないユニオンショップ、組合員資格がなければ従業員になれないクローズドショップ、組合加入がまったく義務づけられないオープンショップがあります。ユニオンショップについては労組法の規定（7条1号但書）により組織対象労働者の過半数を代表する組合でなければ当該協定を締結できません。

　判例法理は、ユニオンショップに基づき組合未加入者、除名者、組合脱退者に対する解雇の効力を認めています*65。ユニオンショップ協定の効力、つまり組織強制を正面から認めているわけです。もっとも、除名が無効の場合*66や別組合加入のために脱退した場合*67には解雇は無効とされています。さらに、学説上はユニオンショップ協定は組合に加入しない自由を不当に制限するという見解も有力です。

②チェックオフ条項

　チェックオフとは、賃金から組合費相当分を使用者が控除し、それを組合に支払うものです。チェックオフについては、組合と組合員、さらに使用者の3面関

＊63　朝日火災海上保険事件・最三小判平8. 3. 26労判691号16頁。

＊64　中根製作所事件・最三小判平12. 11. 28労判797号12頁。

＊65　前掲・日本食塩製造事件・最二小判昭50. 4. 25。

＊66　同上・日本食塩製造事件・最二小判。

＊67　前掲・三井倉庫港運事件・最一小判平元. 12. 14。

係が問題になります。組合規約に定められた組合に対する組合費納入義務に基づき、労使間のチェックオフ協定、さらに個別組合員の使用者に対する支払い委任によりチェックオフがなされます[*68]。したがって、個々の組合員が使用者に対しチェックオフの中止を求めたならば中止しなければなりません。

チェックオフは組合に対する便宜供与としてなされるので、その中止が不当労働行為となるかが争われます。チェックオフは賃金控除に他ならないので労基法24条により過半数代表（組合）との書面協定が必要とされ、24条上の疑義を理由とするチェックオフの中止は不当労働行為にあたらないと判示されています[*69]。

③人事協議・同意条項

組合員に対する解雇や配転につき、事前に組合と協議することを義務づけるものとして人事協議条項が、また組合との同意まで要求するものとして人事同意条項があります。使用者がこれらの条項に違反して解雇等を行なった場合には解雇は無効となります。もっとも、協議が十分になされたか、組合が同意権の濫用をしたらどうかの問題はあります。

（4）一般的拘束力制度

協約の効力は原則として組合員にのみ及びます（労組法16条）。しかし、労組法17条は、「1の工場事業場に常時使用される同種の労働者の4分の3以上の数の労働者が1の労働協約の適用を受けるに至ったときは、当該工場事業場に使用される他の同種の労働者に関しても、当該労働協約が適用されるものとする」と事業場単位の一般的拘束力制度を定めています。協約規範を事業場に拡張することによって、その影響力を拡大する目的を持ちます。しかし、実際の機能は、非組合員は組合費を納入することなく協約規範の適用を受けるので、不公正であるという見解もあります。

この一般的拘束力制度については、労働条件の不利益変更についても適用があるかが争われ、それを認める判断が示されています[*70]。また、併存組合下で少数組合員にも適用があるかも問題になっています。

*68　前掲・エッソ石油事件・最一小判平5.3.25。
*69　前掲・済生会中央病院事件・最二小判平元.12.11。
*70　前掲・朝日火災海上保険事件・最三小判平8.3.26。

労組法18条は、企業を超えた地域的一般的拘束力制度を定めていますが、わが国の協約の多くが企業別であるため、ほとんど利用されていません。

(5)協約法制の課題

協約法制は、企業別組合を前提にし、さらにその規範的効力を中心に規定しているので、次のような問題点も指摘されています。

第1は、労働条件の具体的な決定過程をふまえた協約法理の構築です。協約締結までの過程は、組合内における要求の集約、使用者との団交、協約の締結、協約の実施の過程をたどります。協約法理レベルになると締結された協約の効力が主要な論点となり、組合内部問題や団交過程とどう関連するかがあまり意識されていません。

第2は、職場全体の労働条件決定との関連です。協約の規範的効力は原則として組合員についてだけ及びます。実務的には、非組合員をも含んだ職場全体の労働条件を統一的に定める必要性があるため、協約だけでは不十分であり、就業規則でも規定する傾向があります。そこで、労働条件決定における協約と就業規則の関係につき、以下のような多様な問題が発生します。①就業規則内容が協約に反してはならないことを定める労基法92条や労契法13条の趣旨、②協約内容に準じた就業規則の作成・変更の効力（合理性）、③協約上の労働条件と非組合員の労働条件に格差がある場合に、たとえば組合員のほうが有利な賃金格差が同一労働同一賃金原則に反しないか、等が論点となります。

7 団体行動の正当性

◆ポイント

- 労使間の協議によっても対立が解消されない場合には、一定の力の行使によって解決する。
- 使用者にプレッシャーをかける権利が組合に保障されている。
- 団体行動権の内容と保障の意味について考える。

　団交を通じて協約の締結にいたる過程において、労働組合が自己の要求を実現するためには効果的な交渉とそれを支える「力」が必要です。使用者に一定のプレッシャーをかけることが効果的であり、労組法は、同盟罷業等の争議行為についてその権利を保障しています。他方、争議行為にいたらないビラ貼りやリボン闘争等の組合活動については明確な規定を欠き、その正当性につき争いがあります。

　ここでは、使用者に対してプレッシャーをかける団体行動として、組合活動と争議行為に関する法理を検討します。

(1)組合活動の正当性

　組合活動の正当性判断の前提として、それが「組合の活動」か否かが問題になります。経営人事への介入[71]や政治活動であっても、それが労働者の労働条件の維持改善その他経済的地位の向上を図るための必要的手段としてなされた場合には肯定されています。また、少数派組合員や組合員個人の自主的活動も組合活動とされており、組合活動性は広く認められる傾向にあります。問題はその正当性にあります。

---

[71]　大浜炭坑事件・最二小判昭24. 4 .23刑集 3 巻 5 号592頁。

①ビラ貼り闘争等―施設管理権との関連

　企業施設を利用しての組合活動としては、施設内におけるビラ貼り、ビラ配りが典型です。判例法理を確立した国鉄札幌駅事件・最高裁判決[72]は使用者の許諾なしの活動は本来不当であるという基本的立場から「労働組合又はその組合員において企業の物的施設を組合活動のために利用しうる権限を取得し、また、使用者において労働組合又はその組合員の組合活動のためにする企業の物的施設の利用を受忍しなければならない義務を負うとすべき理由はない」と判示しています。もっとも、労働委員会実務は、労使慣行、組合活動の目的、経緯、態様、使用者の対抗措置等から施設利用が企業秩序をどの程度侵害するかを個別に問題にして正当性を判断する傾向にあります。

　以上のような不当労働行為事件以外にも、刑事事件[73]や損害賠償請求や撤去の自力執行の適否も争われています。

②ビラ配り

　ビラ配りについては、2つの争点があります。その1は、ビラ配りが施設管理権を侵害するか、その2は、ビラの内容が使用者の名誉や企業秩序を侵害するかの問題です。

　前者については、会社の施設管理権を（それほど）侵害しないとし[74]、または形式的には就業規則に違反するが、組合ニュースの内容、配布の態様等からその配布が学園内の職場規律を乱すおそれがなく、生徒に対する教育的配慮に欠けるおそれのない特別の事情があるとして[75]組合員に対する処分を不当労働行為とみなす傾向にあります。

　後者のビラの内容に関しては、組合活動上ビラの表現はある程度事実を誇張し正当性の一方的主張になるのはやむをえないという見解もありますが、その内容が事実に反したり[76]、個人の名誉や人格を害する場合には許されないと解されています。

---

*72　前掲・国鉄札幌駅事件・最三小判昭54. 10. 30。
*73　たとえば、ビラ貼りが建造物損壊罪にあたるとした電電公社東北電気通信局事件・最二小決昭57. 3. 18労経速1113号15頁。
*74　住友化学工業事件・最二小判昭54. 12. 14労判336号46頁。
*75　前掲・倉田学園事件・最三小判平6. 12. 20。
*76　中国電力事件・最三小判平4. 3. 3労判609号10頁。

③リボン闘争等―職務専念義務との関連

　使用者に対するプレッシャー活動は、就労中のいわゆる服装（リボン、腕章、ワッペン、はちまき）闘争としてもなされます。就労中は、職務専念義務があるので、組合活動は当該義務違反とみなされる傾向にあります。実質的にそのリーディングケースとなったのは、目黒電報電話局事件であり、就労中のベトナム反戦プレートの着用行為等を理由とする戒告処分の効力が争われました。最高裁判決[77]は、プレート着用行為は「身体活動の面だけからみれば作業の遂行に特段の支障が生じなかったとしても、精神的活動の面からみれば注意力のすべてが職務の遂行に向けられなかつたものと解される」と評価し、職務専念義務に違反するとともに他の職員の職務への集中を妨げるとして戒告処分を有効としていました。

　もっとも、就労と両立する組合活動について例外的に許されるかが問題となりました。労働委員会実務は、組合活動の目的・必要性、態様、業務秩序侵害の程度、労使慣行等からその正当性を問題にする傾向にあります。しかし、判例は職務専念義務違反等の理由でおおむねその正当性を認めていません。リーディングケースは、大成観光事件で、賃上げ交渉時にホテルの従業員が要求貫徹等のリボンを着用して就労したことを理由に会社が減給処分等をしたことが争われました。最高裁判決[78]は、本件リボン闘争は就業時間中に行なわれた組合活動であって組合の正当な行為にあたらないとした原判決の判断は結論において正当と判示しました。もっとも、リボン闘争がなぜ「正当な行為」にあたらないのかの具体的理由づけはなされていません。組合バッジの着用についても正当な組合活動にあたらないという一連の判断が示されています。組合員であることを示す、バッジ着用が「組合活動」といえるかは疑問ですが。

④街宣活動等

　組合が使用者にプレッシャーをかけるためもしくは社会的な支援を得るために街頭宣伝活動をすることがあります。労使紛争としては、その宣伝内容が会社や会社役員の名誉・信用を傷つける等の理由で組合役員を処分するというパターン

---

*77　目黒電報電話局事件・最三小判昭52.12.13労判287号26頁。
*78　大成観光事件・最三小判昭57.4.13労判383号19頁。

が多く、最近は合同労組事案が増えたこともあって街宣活動の差止めや損害賠償事件も増加する傾向にあります。

(2)争議行為の正当性

　組合のプレッシャー活動の典型は争議行為です。もっとも、どのような行為が争議行為にあたるかは労調法上の定義（労調法7条「同盟罷業、怠業、作業所閉鎖その他労働関係の当事者が、その主張を貫徹することを目的として行ふ行為及びこれに対抗する行為であって、業務の正常な運営を阻害するものをいふ。」）はありますが、労組法の解釈において必ずしも明らかではありません。学説的には、労務不提供（同盟罷業、怠業）とそれを支えるピケッティングおよび職場占拠がその例とされています。

　争議行為は、使用者の業務を阻害するのでその正当性が問題になります。労組法は、正当な争議行為を次の3つの方法で保護しています。

　第1は、刑事免責です（労組法1条2項）。争議行為は実力をともなうので、刑法上の威力業務妨害罪（刑法234条）等に該当する可能性があります。しかし、正当な争議については正当行為として違法性が阻却されるので刑罰は科されません（刑法35条）。もっとも、暴力の行使は許されません（労組法1条2項）。

　第2は、民事免責です（労組法8条）。争議行為は、参加者については就労義務の不履行として、また争議の企画者については、当該債務不履行をそそのかす債権侵害としていずれも損害賠償の対象となります。しかし、同規定により正当とされると損害賠償の請求は許されません。もっとも、債務不履行に由来する賃金カットは許されます。このカットの仕方については当該労使の契約内容如何ですが、不就労の割合以上のカットは不当労働行為とされます。

　第3は、不当労働行為制度上の保護（労組法7条1号、3号）です。正当な争議行為の企画やそれへの参加を理由とする処分等の不利益な取扱いは不当労働行為とされます。

　なお、争議行為の正当性を判断する視角として、その目的、開始手続、態様等が挙げられています。

①争議目的

　争議目的につき、労働条件の維持改善や労使間ルールの設定に関するものは正当とされます。この労働条件は、賃金や労働時間だけではなく、働き方も対象に

なり、作業体制変更反対のスト*79は正当とされています。他方、政治目的の争議*80は正当とされません。

②争議開始手続等

争議開始手続については組合規約上一定の規制がなされる場合が多く（労組法5条2項8号）、当該手続違反が問題になります。また、団交を要求することなく争議を開始することも争われますが、いずれも正当性が否定されていません。

もっとも、争議の通告は必要であり、通告なしの争議行為（欠務）は無断欠勤とみなされ処分の対象となります。また、争議の開始につき組合内部に対立があり、本部の意向に反した争議が正当となるかはいわゆる山猫スト問題として議論されています。

③争議態様

争議行為の典型は、労務の提供をしないことにより使用者にプレッシャーをかける同盟罷業（ストライキ）です。また、怠業は十分な労務を提供しないことであり、全体として仕事のスピードを低下させるスローダウンと一部の仕事を提供しない型の2つのパターンがあります。同盟罷業を含めいずれも正当な争議行為とされています。

一方、争議に附随するピケッティングについては強制的に入場を阻止する態様の場合は不当とされ、また職場占拠についても原則不当とされます。さらに、労務不提供以上の使用者の所有権や営業の自由を不当に侵害する態様の争議行為、たとえば、スト中の営業用自動車確保戦術（実際はピケ）は違法とされています*81。

他方、労働組合の争議行為に対抗するために使用者がロックアウトをなした場合にもその正当性が問題になります。主にロックアウト期間中の賃金請求権が認められるかの問題として争われており、「衡平の見地から見て労働者側の争議行為に対する対抗防衛手段として相当と認められるかどうかによってこれを決すべ」きという判例法理が確立しています*82。

---

*79 興人佐伯工場事件・最三小判昭50．9．9労判233号21頁。
*80 三菱重工業長崎造船所・最二小判平4．9．25労判618号14頁。
*81 御国ハイヤー事件・最二小判平4．10．2労判619号8頁。
*82 丸島水門事件・最三小判昭50．4．25判時777号15頁。

第7章

社会保障・社会保険

第7章で学ぶこと

◇**社会保障制度の全体像**：傷病、障害、老齢、要介護状態、死亡、出産、多子、失業、困窮などの事故が発生したとき、生活の安定をはかるのが社会保険や生活保護あるいは社会福祉などから構成される社会保障制度です。

◇**社会保険**：社会保険には医療、年金、労災、雇用そして介護の5種類の保険があります。加入を強制されるという強制加入が社会保険の特徴のひとつです。しかし、社会保険の種類に応じて、加入の仕方や保険料の算定方法が異なります。そして、労働者か自営業者かによって、それぞれ加入すべき制度が異なります。ここでは、社会保険の仕組みについて、被保険者資格と保険料を中心に概説します。

◇**労災保険**：労災保険は、ほかの社会保険とは異なり、その保険料を事業主が全額負担するところに大きな特徴があります。業務災害でもなく通勤災害でもない傷病は、これを私傷病といいます。業務災害と私傷病との違いを、雇用保障、所得保障の観点から検討します。

◇**高年齢者雇用安定法**：高齢者の就労促進の一環として、高年齢者の雇用確保措置を充実させる等の改正が行なわれました。継続雇用制度、高年齢雇用継続給付について考察します。

1 社会保障制度の全体像

◆ポイント

・社会保障制度は、社会保険、生活保護、社会福祉などを通じて、病気やけが、
　障害などに備えるとともに、健康で文化的な最低限度の生活を保障する。
・社会保険は、保険事故による所得の減少・喪失に備える。

　人は長い人生のなかで、その生活を脅かし、生活の安定を妨げる出来事に直面
することがあります。その出来事にはさまざまなものがありますが、社会保障制
度は、これらの出来事のうち傷病、障害、老齢、要介護状態、死亡、出産、多子、
失業、困窮などが発生したとき、社会保険料や租税などを財源として、国および
地方公共団体あるいはそれらの監督下にある機関が現金給付やサービスなどの給
付を提供します。この社会保障制度は、以下に簡単に紹介する社会保険や生活保
護あるいは社会福祉などから構成されます。

　すでに勤めている人は、自分の給料明細に健康保険、厚生年金保険および雇用
保険に関する保険料の記載を見たことがあると思います。これら健康保険、厚生
年金保険、雇用保険は、病気やけが、高齢、失業など一定の保険事故に陥った場
合の所得の減少や喪失に対して、それまでの生活水準を維持するために、療養の
給付（医療サービス）、老齢、障害あるいは遺族などの年金、あるいは雇用保険に
おける基本手当などの保険給付を支給するものです。また、業務災害や通勤災害
に対しては労災保険からの給付が支給されます。このほか、40歳になれば介護保
険の被保険者にもなります。この場合には、加入している医療保険の保険者を通
じて介護保険の保険料を支払うことになります。これら健康保険、厚生年金保険、
雇用保険、労災保険および介護保険は、社会保険と総称されます。

　これに対して、病気やけがのために就職もままならず、社会保険給付の支給期
間が終了しても再就職することができないときなど、何らかの事情で生活に困窮
する場合には、所得や資産などの調査を前提に、生活保護を利用することができ
ます。これは、租税を財源として、健康で文化的な最低限度の生活水準を維持す

ることを目的としています。

　近年では、セーフティネットを重層化するため、生活困窮者自立支援制度や休職者支援制度が設けられています。前者は、一定期間、家賃相当額をし支給したり、困窮世帯の子どもの学習・生活支援事業などを行い、後者は、失業給付の支給期間が終了した後も再就職できないときに、生活支援給付を受けながら職業訓練を受講することができます。

　さらに、障害などハンディキャップを持っている人に対して、健常者と同じように生活するための一定のサポートがなされることがあります。社会福祉と言われる領域です。障害者手帳を保有していることなどを条件に、障害者総合支援法に基づく自立支援給付をはじめとする各種の社会福祉サービスを提供することなどがそれに該当します。このほか、従業員が一定規模以上の事業主に対して、従業員に占める身体障害者等の割合を「法定雇用率」以上にする義務を課する障害者雇用制度も存在します。

2 社会保険

・加入すべき社会保険制度は、仕事の内容、扶養の有無、年齢により異なる。
・非正社員でも、4分の3ルールによって健保・厚年の被保険者となりうる。

(1)社会保険制度と保険事故

　わが国には、医療保険、年金保険、雇用保険、労災保険および介護保険という5種類の社会保険制度が存在します。これらの社会保険制度では、その制度に応じた保険給付の支給事由（以下では、これを保険事故といいます）に遭遇したとき、一定の保険給付を行なうことによって、生活を脅かす出来事に備えています。

　医療保険では業務以外の疾病、負傷もしくは死亡または出産を、年金保険では老齢、障害、死亡を保険事故としています。ここでは死亡という保険事故が共通しますが、医療保険における死亡については葬祭料が支給され、年金保険における死亡については、遺族年金が支給されることになります。

　雇用保険は、労働者が失業した場合や雇用の継続が困難となる事由が生じた場合に、基本手当や育児休業給付などが支給されます。

　労災保険は、業務上の事由または通勤による労働者の負傷、疾病、障害、死亡等に対して必要な保険給付を行ないます。負傷、疾病という事由は医療保険と共通しますが、労災保険はあくまでも業務上ないし通勤による負傷、疾病に対応します。より正確には、業務上の負傷、疾病、障害または死亡を業務災害といい、通勤による負傷、疾病、障害または死亡を通勤災害といいます。

　最後に、介護保険は、要介護状態あるいは要支援状態との認定を受けた者に対して、一定の保険給付が支給されます。

(2)適用制度と保険者

　いま紹介した5種類の社会保険は、歴史的経緯から加入すべき被保険者の類型

に応じて、複数の制度が存在します。自分の意思にかかわらず、加入を強制されるのが社会保険の特徴ですが、どのような仕事に従事しているかによって、加入すべき社会保険が分かれることになります。簡単にいうと労働者、公務員および自営業者に応じて、それぞれ加入すべき社会保険が異なることになるのです。とくに医療保険と年金保険が重要です。以下ではまず、民間企業の労働者に焦点をあてて、これらの人々に適用される制度を概観します。

　民間企業の労働者は、会社に入社すると同時に、健康保険、厚生年金保険および雇用保険に加入することになります。また、労災保険には被保険者という概念は存在しませんが、民間企業であれば労災保険の適用を受けますから、もしも民間企業の労働者が業務災害に被災した場合には労災保険の恩恵も受けることになります。

　健康保険は先にみたように業務外の疾病負傷等に対する医療保険ですが、この事業を管理運営する保険者は、全国健康保険協会と健康保険組合に分かれます。大企業や企業グループ、あるいは同業種の企業が共同で健康保険組合を設立することが認められています。入社した企業が健康保険組合に加入している場合には、あなたはその健康保険組合の組合員ということになります。入社した企業が健康保険組合に加入していないときには、あなたは、全国健康保険協会の被保険者（正確には、その企業の所在地を管轄する都道府県支部）の被保険者になります。

　厚生年金保険は政府が管掌し、厚生労働大臣や国家公務員共済組合等が実施機関となります。したがって、民間企業に就職した場合は、厚生年金保険の被保険者となりますが、同時に、国民年金の2号被保険者にもなることに注意しなければなりません。すなわち、厚生年金保険に基づく保険給付（各種厚生年金）と国民年金法に基づく保険給付（基礎年金）の給付を受けることができます。

　また、公務員や私立学校等の教職員は、国家公務員共済組合、地方公務員共済組合および日本私立学校振興・共済事業団などの共済組合組織に加入します。これらの組織は、医療給付と年金給付を支給します。このうち、年金給付については、2015年10月から、厚生年金保険に統一されました。厚生年金保険の被保険者同様、これら共済組合の組合員は国民年金の2号被保険者でもあります。なお、公務員は身分保障との関係で雇用保険の適用はされません。さらに、公務員の業務災害（公務災害という）については国家（地方）公務員災害補償法が適用されます。

　これに対して、専業農家である農業従事者や自営業者などは、医療保険にあっ

ては国民健康保険、年金保険については国民年金保険に加入することになります。また自営業者の人たちには失業という概念が存在しないので、雇用保険は適用されません。さらに、使用者の指揮命令を受けないことから、労災保険についても、一部の人を対象とする特別加入制度を利用することができるにとどまります。

　最後に、介護保険の適用関係はどうでしょうか。2000年から施行された介護保険は市町村が保険者であり、40歳以上の地域住民を被保険者とします。したがって、40歳未満の人は介護保険に加入する必要はありません。40歳以上の人については労働者か自営業者かに関わりなく、地域住民としてその住所地を管轄する市町村の運営する介護保険に加入することになります。ただし、被保険者は、40歳以上65歳未満の医療保険加入者（2号被保険者）と市町村の区域内に住所を有する65歳以上の者（1号被保険者）とに分かれます。

　なお、雇用保険については、第5章8（雇用終了と雇用保険）も参照してください。労災保険については本章3で詳しく検討します。

（3）非正社員

　ここまで、民間企業の労働者、公務員および自営業者という類型に従い、これらの人々に適用される制度を説明してきました。ここで問題となるのが、アルバイトや契約社員など、いわゆる非正規雇用労働者です。

　あまり知られていませんが、非正規雇用労働者の健康保険・厚生年金保険に関する適用関係については4分の3ルールというものが存在します（1980年6月6日付厚生省保険局保険課長等内翰）。それによると、非正社員など短時間就労者については、勤務している事業所の正社員の労働時間、労働日数の4分の3を超えていれば、その非正社員は健康保険などの被保険者として扱うというのです。この基準は法的根拠としては十分ではなく、周知徹底が図られてきませんでした。しかし、雇用保険の被保険者資格とのバランスをとるため、2016年10月1日から、健康保険、厚生年金保険ともに、週の所定労働時間および月の所定労働日数に関する「4分の3要件」を満たす者に加え、以下の条件に該当する短時間労働者も、健康保険および厚生年金保険の適用対象とする規定を設けました。すなわち4分の3要件を満たさない者のうち、「週所定労働時間が20時間以上」、「賃金が月額8万8000円以上」、「勤務期間が1年以上」および「従業員501人以上の規模である企業に使用されている」の基準をすべて満たすパート労働者（学生を除く）です

（健保法3条1項9号、厚年法12条1項5号）。

このように短時間労働者については段階的にその適用を拡大する方策がとられており、従業員500人以下の民間企業においても、2017年4月から労使の合意に基づき、健康保険および厚生年金保険の適用拡大が可能とされています。2022年10月からは勤務期間について2カ月超、企業規模については従業員100人超、さらに、2024年10月からは50人超の企業に拡大されることになりました。

（4）被保険者資格の取得・喪失および届出・確認

民間企業は、基本的に健康保険、厚生年金保険の適用事業所とされ、その事業所に勤務する労働者は、使用されたときから健康保険と厚生年金保険の被保険者資格を取得します。逆に、事業所に使用されなくなったり、死亡した場合は、その翌日からその資格を喪失します（健保法35条、厚年法13条など）。しかし、使用される者すべてが被保険者となるわけではありません。臨時に使用される者で日々雇い入れられる者や2カ月以内の期間を定めて使用される者、季節的業務に使用される者などは被保険者とはなりません（健保法3条1項、厚年法12条）。また、厚生年金保険の被保険者には70歳未満という制限が設けられています（厚年法9条）。

事業主は、被保険者資格の得喪、報酬月額および賞与額を保険者（厚生労働大臣・健康保険組合）に届け出なければなりません（健保法48条、厚年法27条）。そして健康保険においては厚生労働大臣ないし健康保険組合が、厚生年金保険においては厚生労働大臣が確認を行なうことによって、被保険者資格の得喪に関する効力が発生します（健保法39条、厚年法18条）。健康保険と厚生年金保険の被保険者資格取得届は、1枚の届書によって同時に申請できます。したがって、健康保険の被保険者証が交付されれば、被保険者資格の取得手続がなされたことを意味します。なお、被保険者または被保険者であった者はいつでも、被保険者資格の得喪に関する確認を請求することができます（健保法51条、厚年法31条）。

（5）保険料

健康保険も厚生年金保険も、その保険料は被保険者の賃金に一定の保険料率を乗じて算定する報酬比例方式を採用しています。会社にはじめて採用されたときには基本的には最初の賃金をもとに、その後は7月1日の時点で、同月前3カ月の報酬をもとに報酬月額等級を用いて算定されます（健保法40条以下、厚年法40条以

下）。賃金だけではなく賞与からも保険料を負担するものとされ、賃金や賞与に保険料率を乗じて具体的な保険料が算定されます。保険料率はやや複雑で、健康保険の場合には都道府県単位あるいは健康保険組合ごとに異なります。厚生年金保険の保険料率は、2017年9月以降1000分の183に固定されています。

　こうして算定された保険料は、基本的に労使折半で負担することになります。しかし、労使双方の保険料を保険者に納付する義務を負うのは事業主です（健保法161条、厚年法82条）。

　労災保険と雇用保険の保険料は、事業主が使用するすべての労働者の賃金総額をもとに、保険料率を乗じて算定されます。労災保険の保険料率は、事業の種類に応じて細かく定められています（1000分の2.5〜1000分の88、一般の事業は1000分の13.5）。そのうえ、労働災害の防止努力を促進し、保険料負担の公平性を確保するため、同じ業種であっても労働災害の多寡に応じて、保険料率を増減させるメリット制を設けています。さらに、労災保険の保険料は全額、事業主が負担します。

　雇用保険の保険料は労使折半ですが、事業主は雇用保険二事業のための保険料を別途負担しなければなりません。このため、給料明細には雇用保険の項目はあっても、労災保険の項目はないはずです。

（6）会社を辞めたときなどの制度の変更

　先にのべたように、社会保険は医療、年金、労災、雇用そして介護の5種類の保険があり、労働者か自営業者かにより、それぞれ加入すべき制度が変わります。ここでは、会社を辞めたとき、社会保険制度の適用関係はどうなるかを概観しておきましょう。

　会社を辞める理由は様々でしょうが、社会保険の場合、その理由は問題となりません。

　次に前の会社を辞めて、直ちに違う会社に再就職したときには、その被保険者資格に変化はありません。

　会社を辞めて、次の就職まで6カ月かかった場合を想定してみましょう。前の会社を辞めた時点で、医療保険では健康保険の被保険者から市町村国保の被保険者へ、年金保険では厚生年金保険の被保険者から国民年金の1号被保険者へと、被保険者資格が変化することとなります。そして、新しい会社に就職したときに

は再び健康保険と厚生年金保険の被保険者となり、新たに雇用保険の被保険者ともなるわけです。なお、会社を辞めた時点で被扶養者がいる場合には、被扶養者の資格も変わります。

　では、結婚を機に退職して専業主婦（夫）となったときはどうでしょう。この場合は他方配偶者が所属している制度によって、資格が異なります。他方配偶者が健康保険の被保険者のときには被扶養者となりますが、国民健康保険の場合には被扶養者という概念がありません。この場合には夫婦そろって国民健康保険の被保険者となります。年金の場合も、他方配偶者が国民年金の2号被保険者であれば被扶養配偶者は3号被保険者となります。逆に他方配偶者が1号被保険者であれば、被扶養配偶者も1号被保険者ということになります。

　会社に勤めはじめたときには、事業主が被保険者資格等の届出をします。しかし、国民健康保険の被保険者および国民年金における1号被保険者となることの届出は、被保険者本人が行なわなければなりません（国保法9条、国年法12条）。なお、国民健康保険は、2018年4月から、市町村とともに都道府県も国民健康保険事業を行なうこととされました。都道府県は国民健康保険事業に要する費用に充てるため、条例により、市町村から国民健康保険事業費納付金を徴収し、市町村はこの納付金等の費用に充てるため被保険者の属する世帯主から保険料を徴収します。また、国民年金の1号被保険者に関する保険料は、2019年度以降、月額1万7000円とされています。

　会社を辞めて、新しい会社に就職が決まるまでの間の所得保障として、雇用保険法に基づく基本手当を受けることができます（第5章8　雇用終了と雇用保険を参照）。基本手当の支給期間を経過した後も再就職できなかったとき、ハローワークの支援指示により職業訓練を受講する場合、職業訓練期間中の生活を支援するため職業訓練受講給付金を受けることができます。

3 労災保険

- 業務災害は、業務起因性、業務過重性によって判断される。
- 業務災害か私傷病か、あるいは出産・育児休業など、事由に応じて、雇用保障や所得保障の内容が異なる。
- 私傷病であっても傷病休職制度を利用することができる場合がある。

(1)労災保険の特徴・性格

　労災保険は、他の社会保険とは異なり、その保険料を事業主が全額負担するところに大きな特徴があります。これは、労働災害が企業の営利活動にともなう現象である以上、企業活動によって利益を得ている使用者に当然に損害の補償を行なわせ、労働者を保護すべきである、という考え方に基づくものです。この考え方を受けて、労基法は、業務上負傷し、疾病にかかった労働者に対して、療養補償、休業補償、障害補償などを行なうことを使用者に義務づけています（労基法75条〜88条）。これを災害補償責任といいます。

　この災害補償責任は、使用者に過失があるか否かに関わりなく課せられ、無過失責任とされます。このような災害補償責任を確実に履行するために設けられたのが、労働者災害補償保険法に基づく労働者災害補償保険制度です（以下、労災保険制度と略します）。労災保険の保険者は、国です。

　労災保険は度重なる法改正によって、給付の年金化、通勤災害の設定あるいは労働福祉事業の実施など、独自の展開を遂げてきました。このため、労災法に基づく労災保険制度と労基法に基づく災害補償制度は、使用者の補償責任法理を共通の基盤とするものの並行して機能する独立の制度と位置づけられます[*1]。しかし、労災法に基づいて労基法の補償に相当する給付が行なわれる場合には、使用

＊1　戸塚管工事件・最一小判昭49．3．28判時741号110頁。

者は災害補償責任を免れます（労基法84条1項）。そして労基法に基づく災害補償は、災害事由が発生すれば遅滞なく行なうべきものとされる[*2]のに対して、労災保険の場合は、被災労働者の側が労災保険給付を受けようとする者の所属する事業場所在地を管轄する労働基準監督署長に請求書を提出しなければなりません（労災則12条等）。

　なお、業務実態や災害の発生状況からみて労働者に準じて保護するため、中小事業主等・一人親方等・特定作業従事者・海外派遣者を対象に一定の要件のもと任意に加入することのできる特別加入制度があります。

（2）業務上・外の認定

　業務災害と認められるか否かは、労働者の処遇に大きな違いをもたらします。まず、業務災害はどのように認定されるのか、見ていきましょう。

　建設現場での転落事故や営業勤務中の交通事故など、客観的に誰の目にも明らかな、そして短い時間の経過のなかで発生する災害ないし事故の場合、「災害の発生が業務に内在する危険が現実化したことによるものとみることができるか」すなわち「業務起因性」が認められるか否かによって、業務上外の判断が行なわれます[*3]。これを業務上・外の認定といいます。

　業務上・外の認定を現実に担当する行政実務では、認定の定型化・容易化のため、「業務起因性」を判断する前段階として「業務遂行性」すなわち災害が事業主の支配ないし管理下にあるときに発生したか否かを判断する立場を採用しています。これによると、①業務遂行性がなければ、業務起因性は判断するまでもなく否定される、②業務遂行性があるときには、さらに業務起因性の有無から業務上か否かが決まる、ということになります。

　また、災害を介在しない業務災害もあります。長年、危険有害物質に暴露されることによって発病するじん肺など、いわゆる職業病がその典型です。このように職業病は、災害が存在しなくても発症することから、非災害性（非事故性）疾病ともいわれます。非災害性疾病については医学的な知見によって業務起因性が認められる疾病のリストが定められています（労基則35条・同別表1の2）。また、

＊2　伸栄製機事件・最一小判昭41.12.1判時470号58頁。
＊3　地公災基金東京都支部長（町田高校）事件・最三小判平8.1.23労判687号16頁、地公災基金愛知県支部長（瑞鳳小学校教員）事件・最三小判平8.3.5労判689号16頁。

過重な業務によって発症する業務関連性疾病については、主に急性脳心臓疾患やメンタル不調の業務起因性が問題とされてきました。これらの疾病については、高血圧症など基礎疾病の有無やストレスに対する個人の対応力の強弱などが関係するため、認定基準に関する行政解釈が示されています*4。

(3)業務災害

　労災法では、業務上の負傷、疾病、障害または死亡を業務災害といい、通勤による負傷、疾病、障害または死亡を通勤災害といいます。業務災害と通勤災害について、給付の名称は療養補償給付と療養給付というように、"補償"の2文字がつくか否かの違いはありますが、給付内容に違いはありません。

①解雇制限規定（労基法19条）

　業務災害であれば、使用者は、療養のために休業する期間およびその後の30日間、その労働者を解雇することができません（労基法19条）。しかし、療養開始後3年を経過しても負傷または疾病が治らない場合、使用者は、平均賃金の1200日分の打切補償を行なうことによって、その労働者を解雇することができます（同法81条）。また、傷病に係る療養の開始後3年を経過した日に傷病補償年金を受けている場合または3年経過後に傷病補償年金を受けることとなった場合には、打切補償と同様に、使用者はその労働者を解雇することができます（労災法19条）。

　打切補償は、業務上の傷病に対する事業主の補償義務を永久的なものとせず、療養開始後3年を経過したときに相当額の補償を行なうことにより、その後の事業主の補償責任を免責させようとするものです。

　それでは、労災法に基づく療養補償給付および休業補償給付を受給していた労働者に、労基法81条所定の打切補償を支払った場合はどうでしょうか。これについて、最高裁は「取り扱いを異にすべきものとはいい難い」し、「労働者の利益につきその保護を欠くことになるものともいい難い」として、労災法に基づく療養補償給付を受けている労働者は、労基法81条の規定による打切補償の支払をすることにより、解雇制限の除外事由を定める労基法19条但書の適用を受け

7

＊4　急性脳心臓疾患について http://www.mhlw.go.jp/new-info/kobetu/roudou/gyousei/rousai/040325-11.html、精神障害について http://www.mhlw.go.jp/bunya/roudoukijun/rousaihoken04/120427.html など参照。

ることができるとしました*5。

②休業補償給付・傷病補償年金

業務災害と認定されれば労災法の適用を受けることになり、この法律に基づき、休業補償給付、社会復帰促進事業からの休業特別支給金、場合によっては傷病補償年金が支給されます。

休業補償給付は、労働者が業務上の負傷または疾病による療養のため労働することができないために賃金を受けない日の第4日目から支給されます（労災法14条）。その額は、1日につき給付基礎日額の100分の60です。休業特別支給金は、休業補償給付と同じく、療養のため労働することができないために賃金を受けない日の第4日目から、社会復帰促進事業の一環として支給されます（同法29条）。こうして、業務災害に被災した労働者は、休業補償給付と休業特別支給金あわせて給付基礎日額の100分の80に相当する額を支給されることになります。ここで給付基礎日額とは、業務災害の発生した日以前の3カ月間に、その労働者に支払われた賃金総額をその期間の総日数で除して得られるもので、平均賃金に相当する額です。

傷病補償年金は、療養を開始して1年6カ月を経過した日あるいはその日以後に、負傷・疾病が治っておらず、負傷・疾病による障害の程度が一定の傷病等級に該当するときに支給されます（労災法12条の8第3項）。支給額は傷病等級に応じて決められますが、傷病補償年金が支給される場合には休業補償給付は支給されません。つまり、療養が長期化し一定の傷病等級に該当する場合に、休業補償給付に代わって傷病補償年金が支給されます。

③療養補償給付・障害補償給付・遺族補償給付・葬祭料

業務災害に関する医療の提供は、療養補償給付として提供されます。この場合、被災労働者は一部負担金を支払う必要はありません。

傷病が治癒ないし症状固定したのち障害が残ったとき、所得保障の一環として、障害の程度に応じて、障害補償年金ないし障害補償一時金が支給されます（労災法15条）。また、障害者手帳を保有していることを条件に、各種の社会福祉サー

---

*5　専修大学事件・最二小判平27.6.8民集69巻4号1047頁。

ビスを受けることができますし、障害者総合支援法に基づく諸給付や障害者雇用促進法に基づく雇用促進のための措置等を受けることができます。

さらに、労働者が死亡した場合には、業務災害のときには遺族補償給付（遺族特別支給金を含みます）と葬祭料が支給されます。

④複数事業労働者

これまでは、傷病等が発生した事業場との関係のみで業務災害の成否が判断され、保険給付額が算定されていました。しかし、働き方の多様化に伴い副業や兼業を取り巻く環境も変化し、複数の事業場で働く労働者（複数事業労働者）が増えてきました。

このため、大きく二点にわたる労災保険制度の改正が行われました。

第1は、脳・心臓疾患や精神障害の業務過重性に関して、ひとつの事業場のみでは労災認定されない場合、他の事業場における業務上の負荷も含めて総合的に判断して、労災認定することになりました。これを複数業務要因災害といいます。第2に、複数事業労働者に対する保険給付は、労働者が働いているすべての事業場の賃金額を基礎に支払われることになりました。

これらの改正は、2020年9月1日以降に発生した傷病等を対象としています。

（4）私傷病

①解雇予告規定（労基法20条）

業務災害でもなく通勤災害でもない傷病は、これを私傷病といいます。それでは、私傷病における雇用保障はどうなるでしょうか。

使用者は、長期にわたって就労できないことを理由に、その労働者を解雇することができます。しかし、無制限に解雇することができるわけではなく、解雇することに合理的な理由があること、社会通念上相当であることが求められます（労契法16条）。

また使用者は、労働者を解雇しようとする場合においては、少なくとも30日前にその予告をしなければなりません。30日前に予告をしない使用者は、30日分以上の平均賃金を支払わなければなりません（労基法20条1項）。

②傷病休職制度

　企業によっては就業規則や労働協約に基づいて傷病休職制度（病気休職制度など、名称は企業によって異なります）を設けている場合があります。この制度は、傷病により労務の提供が不能となった労働者がただちに使用者から解雇されることのないよう、一定期間、使用者の解雇権の行使を制限して労働者を保護する制度です。しかし、この制度は法律に基づくものではなく、その期間の長さや賃金の取り扱いなど、あくまでも企業ごとに勤続年数や傷病の性質に応じて定められるものです。

　傷病休職の場合、休職期間中に傷病が治癒すれば復職となり、治癒せずに休職期間が満了すれば自然退職または解雇となります。こうした傷病休職の性格から、期間満了時に傷病が治癒しているかが大きな争点となります。期間満了時に労働者の本来業務に就く程度には回復していなくとも、ほどなく回復すると見込まれる場合には、可能なかぎり軽減業務に就かせる義務を認めるのが最近の判例傾向といえます[*6]。このような使用者の「治癒」認定について、労働者は診断書の提出など一定の協力義務を負うことになります。

③傷病手当金

　業務災害の場合には、先に見たように、休業補償給付などが支給されます。これに対して、私傷病の場合はどうでしょうか。

　まず、企業独自に一定期間・一定の割合で賃金を保障する場合があります。先に述べた傷病休職制度と連動している場合が多いようですが、これはあくまでも任意の給付で、すべての企業に義務づけられるものではありません。

　次に、健康保険から傷病手当金が支給されます。傷病手当金は、療養のために労務に服することができなくなった日から起算して3日を経過したときから1年6カ月間、標準報酬日額の3分の2に該当する金額が支給されます。このとき、賃金の一部が支払われている場合、標準報酬日額の3分の2相当額との差額が傷病手当金として支給されます。たとえば、標準報酬日額の半額が会社から支給されている場合には、標準報酬日額の16％（66％－50％）相当額が傷病手当金として支給されます。また、傷病手当金の支給期間はこれまで支給が始まってから1年6カ月とされていました。しかし、2022年1月1日から休んだ期間のみを通算し

＊6　片山組事件・最一小判平10．4．9労判736号15頁。

て1年6カ月とすることになりました。

④療養給付・障害厚生年金等・遺族厚生年金・埋葬料

　私傷病の場合に対する医療の提供は健康保険法の適用を受け、療養の給付として支給されます。したがって療養に要した費用のうち、年齢によりますが多くの人はその３割に相当する一部負担金を負担しなければなりません。一部負担金の存在しない業務災害（療養補償給付）と大きく異なるところです。ただし、一部負担金が著しく高額になる場合は、高額療養費の支給を請求することができます（健保法115条）。

　傷病が治癒ないし症状固定したのち障害が残ったときには、障害の程度に応じて、障害厚生年金あるいは障害手当金（厚年法47条）が支給されます。また、障害者手帳を保有していることを条件に、各種の社会福祉サービスを受けることができることや、障害者総合支援法に基づく諸給付や障害者雇用促進法に基づく就労支援事業の対象となる点は、業務災害との区別は存在しません。さらに、労働者が死亡した場合には、その遺族に対して遺族厚生年金が支給されるほか、葬儀を執り行う者に対して埋葬料が支給されます。

(5)労災民訴

　労災保険に基づく保険給付は、個々の事情を考慮せずに定率的・定型的に決定され、慰謝料は給付の対象とされないなど、被災労働者やその遺族が現実に被ったすべての損害を填補するものではありません。こうして労災保険ではカバーされない損害を回復するため、わが国では、労基法84条２項の反対解釈として、被災労働者・遺族は民法に基づく損害賠償請求を行なうことを認めています。

　特に、最高裁が認めた安全配慮義務を根拠に損害賠償を求める事案は激増しています[7]。労働関係についても、使用者は「労働者が労務提供のため設置する場所、設備もしくは器具等を使用し又は使用者の指示のもとに労務を提供する過程において、労働者の生命及び身体等を危険から保護するよう配慮すべき義務を負」うとされています[8]し、いわゆる過労自殺の先例とされる電通事件[9]も会社

---

* 7　八戸自衛隊車両整備工場事件・最三小判昭50.2.25労判222号13頁。
* 8　川義事件・最三小判昭59.4.10労判429号12頁。
* 9　電通事件・最二小判平12.3.24労判779号13頁。

に損害賠償を求めた事案です。長時間にわたる残業を恒常的にともなう業務に従事していた労働者が、大学新卒者として採用されて1年半後に、うつ病を発症して自殺した事件で、負担軽減措置を講じなかった会社に損害賠償責任を認めました。

　労災補償すなわち業務上外の認定がいわばオール・オア・ナッシングであるのに対して、損害賠償請求の事案では、損害額の算定において、被災労働者の過失も斟酌されます。

(6)出産手当金・育児休業給付

　使用者は、6週間以内に出産する予定の女性が休業を請求した場合にはその者を就業させてはならないし、原則として産後8週間を経過しない女性を就業させてはなりません（労基法65条）。出産日以前42日から出産日の翌日以降56日目までの範囲で、給与の支払いがないときには、1日につき、標準報酬日額の3分の2に相当する金額が出産手当金として支給されます。出産日が遅れた場合、遅れた分も含めて支給されますし、一定の条件を満たしていれば、会社を退職しても出産手当金を申請できます。なお、出産のための入院費用などについては、被保険者には出産育児一時金が被扶養者には家族出産育児一時金が支給されます。支給額は基本的に被保険者・被扶養者ともに1児につき42万円です。

　雇用保険の被保険者が、1歳（最長2歳）に満たない子を養育するために育児休業を取得した場合、一定の要件を満たすと育児休業給付金の支給を受けることができます。一定の要件とは、育児休業開始日以前の2年間に、賃金支払基礎日数が11日以上ある月が12カ月以上ある場合です。そして、育児休業の取得と同様、育児休業給付金の支給は男女を問いません。育児休業を開始してから180日目までは休業開始前の賃金の67％、181日目からは休業開始前の50％が支給されます。

　介護休業給付も、育児休業給付と同じ要件のもとで支給されますが、支給期間は93日が限度とされ、支給額は休業開始前の賃金の67％です。育児休業、介護休業にも関係する看護休暇、介護休暇については、第4章3（5）（6）を参照してください。

4 高年齢者等の雇用の安定等に関する法律

◆ポイント

・年金受給との関係で、希望者はすべて継続雇用されることになった。

・賃金の大幅な下落に備えて高年齢雇用継続給付が支給されるが、年金との調整
も行なわれる。

　少子高齢化が急速に進展し、若者、女性、高齢者、障害者など働くことができ
る人すべての就労を促進し、社会を支える全員参加型社会の実現が求められてい
るなか、「高年齢者等の雇用の安定等に関する法律（高年法）」は2012年 8 月、高
年齢者の雇用確保措置を充実させる等の改正を行ないました。

　また、2020年3月には、労働者に対して70歳までの就業確保を努力義務とする
法改正が行われました。

　なお、雇用保険の基本手当などについては、第 5 章を参照してください。

(1)継続雇用制度の改正

　これら高年法の改正は、定年年齢と厚生年金の支給開始年齢との開きが生じる
ことに関連します。

　厚生年金の報酬比例部分は、それまで60歳であったその支給開始年齢が2013
年 4 月から61歳に引き上げられました。その後3年間に1歳ずつ引き上げられ、
2022年4月からは64歳とされ、最終的には2025年 4 月から65歳になります。す
でに基礎年金部分の支給開始年齢は65歳とされていますから、雇用の継続を希
望する者全員が再雇用されないとすれば、定年退職するものの報酬比例部分の年
金をもらうまでに所得を失う人が出てくる可能性があります。

　このギャップを解消するため、2012年改正は、高年法における 3 つの高年齢者
雇用確保措置（①定年年齢の引き上げ、②定年の定めの廃止、③継続雇用制度の導入）のう
ち、③の継続雇用制度を、希望者が全員継続雇用できる制度に改めました。この
結果、2013年 4 月から、少なくとも年金支給開始年齢までは希望者全員が雇用を

257

継続されることとなりました。つまり2022年4月から2025年3月まででいえば、64歳までの希望者すべてを雇用継続の対象としなければなりません。

したがって、企業に対して65歳までの雇用が求められるのは、経過措置の期間が終了する2025年4月1日以降ということになります。

また、2012年改正では、継続雇用制度の対象者を雇用する企業の範囲を大きく拡大しました。具体的には、子会社や関連会社など、当該事業主と特殊の関係のある事業主（特殊関係事業主）をも含める広範囲なものとされました。

2020年法改正は、65歳までの継続雇用制度を導入している事業主などを対象に、70歳までの就業を確保することが努力義務とされました。継続雇用制度のほか70歳まで継続的に業務委託契約を締結することなどの就業確保措置が求められます。また、解雇などにより離職する高年齢者に対して、再就職援助措置を講じることに努めることとされるほか、1カ月以内に5人以上の高年齢者が離職する場合には離職者数等に関する多数離職届をハローワークに届け出なければなりません。

（2）高年齢雇用継続給付

再雇用でしばらく働けることになったとしても、賃金はそのまま維持されるのでしょうか。老齢年金も支給されることから、賃金を大幅に下げられることもありそうです。この点、定年退職後に再雇用された有期契約労働者に対する労働条件の相違（賃金（年収）が退職前の8割程度となること）が、労契法20条にいう不合理と認められないとする最高裁判例[10]があります。

このような賃金の大幅な下落に備えて、高年齢雇用継続給付が支給されます。

高年齢雇用継続給付とは、60歳到達時点に比べて賃金が75％未満に低下した状態、つまり25％以上の賃下げがなされた状態で働き続ける60歳以上65歳未満で一定の要件を満たす者に支給される雇用保険制度に基づく給付です。その支給額は、低下したあとの賃金の15％相当額とされます。

月額40万円であった労働者の賃金が月額20万円に減額された場合、20万円の15％である3万円が高年齢雇用継続給付金となります。そして、この高年齢雇用継続給付の支給を受けている場合、その4割相当額の年金が支給停止となります。

*10　長澤運輸事件・最二小判平30.6.1労判1179号34頁。

つまりこの場合、３万円の４割相当額である１万2000円の年金が支給停止となります。もし、老齢年金額が10万円だとすると、この労働者の月額の手取額は、賃金20万円、高年齢雇用継続給付３万円および年金（10万円−１万2000円）の合計31万8000円となります。

　なお、賃金と年金額の合計額（高年齢雇用継続給付は除く）が28万円を超える場合、賃金２に対して年金１の割合で、年金の支給停止が行なわれます。このように、賃金の増加に対応して支給停止される年金を在職老齢年金といいます。支給停止される年金額は、受給者の年齢（60歳以上65歳未満か、65歳以上か）と賃金額に応じて算定されます。

7

判例索引

最高裁判決

高裁判決

参考条文

日本国憲法（抄）

第25条　すべて国民は、健康で文化的な最低限度の生活を営む権利を有する。

2　国は、すべての生活部面について、社会福祉、社会保障及び公衆衛生の向上及び増進に努めなければならない。

第26条　すべて国民は、法律の定めるところにより、その能力に応じて、ひとしく教育を受ける権利を有する。

2　すべて国民は、法律の定めるところにより、その保護する子女に普通教育を受けさせる義務を負ふ。義務教育は、これを無償とする。

第27条　すべて国民は、勤労の権利を有し、義務を負ふ。

2　賃金、就業時間、休息その他の勤労条件に関する基準は、法律でこれを定める。

3　児童は、これを酷使してはならない。

第28条　勤労者の団結する権利及び団体交渉その他の団体行動をする権利は、これを保障する。

労働基準法（抄）

第1章　総則

（労働条件の原則）

第1条　労働条件は、労働者が人たるに値する生活を営むための必要を充たすべきものでなければならない。

2　この法律で定める労働条件の基準は最低のものであるから、労働関係の当事者は、この基準を理由として労働条件を低下させてはならないことはもとより、その向上を図るように努めなければならない。

（労働条件の決定）

第2条　労働条件は、労働者と使用者が、対等の立場において決定すべきものである。

2　労働者及び使用者は、労働協約、就業規則及び労働契約を遵守し、誠実に各々その義務を履行しなければならない。

（均等待遇）

第3条　使用者は、労働者の国籍、信条又は社会的身分を理由として、賃金、労働時間その他の労働条件について、差別的取扱をしてはならない。

（男女同一賃金の原則）

第4条　使用者は、労働者が女性であることを理由として、賃金について、男性と差別的取扱いをしてはならない。

（強制労働の禁止）

第5条　使用者は、暴行、脅迫、監禁その他精神又は身体の自由を不当に拘束する手段によって、労働者の意思に反して労働を強制してはならない。

（中間搾取の排除）

第6条　何人も、法律に基いて許される場合の外、業として他人の就業に介入して利益を得てはならない。

（公民権行使の保障）

第7条　使用者は、労働者が労働時間中に、選挙権その他公民としての権利を行使し、又は公の職務を執行するために必要な時間を請求した場合においては、拒んではならない。但し、権利の行使又は公の職務の執行に妨げがない限り、請求された時刻を変更することができる。

（定義）

第9条　この法律で「労働者」とは、職業の種類を問わず、事業又は事務所（以下「事業」という。）に使用される者で、賃金を支払われる者をいう。

第10条　この法律で使用者とは、事業主又は事業の経営担当者その他その事業の労働者に関する事項について、事業主のために行為をするすべての者をいう。

第11条　この法律で賃金とは、賃金、給料、手当、賞与その他名称の如何を問わず、労働の対償として使用者が労働者に支払うすべてのものをいう。

第12条　この法律で平均賃金とは、これを算定すべき事由の発生した日以前3箇月間にその労働者に対し支払われた賃金の総額を、その期間の総日数で除した金額をいう。ただし、その金額は、次の各号の一によって計算した金額を下ってはならない。

　一　賃金が、労働した日若しくは時間によって算定され、又は出来高払制その他の請負制によって定められた場合においては、賃金の総額をその期間中に労働した日数で除した金額の100分の60

　二　賃金の一部が、月、週その他一定の期間によって定められた場合においては、その部分の総額をその期間の総日数で除した金額と前号の金額の合算額

2　前項の期間は、賃金締切日がある場合においては、直前の賃金締切日から起算する。

3　前2項に規定する期間中に、次の各号のいずれかに該当する期間がある場合においては、その日数及びその期間中の賃金は、前2項の期間及び賃金の総額から控除する。

　一　業務上負傷し、又は疾病にかかり療養のために休業した期間

　二　産前産後の女性が第65条の規定によって休業した期間

　三　使用者の責めに帰すべき事由によって休業した期間

　四　育児休業、介護休業等育児又は家族介護を行う労働者の福祉に関する法律（平成3年法律第76号）第2条第1号に規定する育児休業又は同条第2号に規定する介護休業（同法第61条第3項（同条第6項において準用する場合を含む。）に規定する介護をするための休業を含む。第39条第10項において同じ。）をした期間

五　試みの使用期間

4　第1項の賃金の総額には、臨時に支払われた賃金及び3箇月を超える期間ごとに支払われる賃金並びに通貨以外のもので支払われた賃金で一定の範囲に属しないものは算入しない。

5　賃金が通貨以外のもので支払われる場合、第1項の賃金の総額に算入すべきものの範囲及び評価に関し必要な事項は、厚生労働省令で定める。

6　雇入後3箇月に満たない者については、第1項の期間は、雇入後の期間とする。

7　日日雇い入れられる者については、その従事する事業又は職業について、厚生労働大臣の定める金額を平均賃金とする。

8　第1項乃至第6項によって算定し得ない場合の平均賃金は、厚生労働大臣の定めるところによる。

第2章　労働契約

（この法律違反の契約）

第13条　この法律で定める基準に達しない労働条件を定める労働契約は、その部分については無効とする。この場合において、無効となった部分は、この法律で定める基準による。

（契約期間等）

第14条　労働契約は、期間の定めのないものを除き、一定の事業の完了に必要な期間を定めるもののほかは、3年（次の各号のいずれかに該当する労働契約にあっては、5年）を超える期間について締結してはならない。

　　一　専門的な知識、技術又は経験（以下この号及び第41条の2第1項第1号において「専門的知識等」という。）であって高度のものとして厚生労働大臣が定める基準に該当する専門的知識等を有する労働者（当該高度の専門的知識等を必要とする業務に就く者に限る。）との間に締結される労働契約

　　二　満60歳以上の労働者との間に締結される労働契約（前号に掲げる労働契約を除く。）

2　厚生労働大臣は、期間の定めのある労働契約の締結時及び当該労働契約の期間の満了時において労働者と使用者との間に紛争が生ずることを未然に防止するため、使用者が講ずべき労働契約の期間の満了に係る通知に関する事項その他必要な事項についての基準を定めることができる。

3　行政官庁は、前項の基準に関し、期間の定めのある労働契約を締結する使用者に対し、必要な助言及び指導を行うことができる。

（労働条件の明示）

第15条　使用者は、労働契約の締結に際し、労働者に対して賃金、労働時間その他の労働条件を明示しなければならない。この場合において、賃金及び労働時間に関する事項その他の厚生労働省令で定める事項については、厚生労働省令で定める方法により明示しなければならない。

2　前項の規定によって明示された労働条件が事実と相違する場合においては、労働者は、即時に労働契約を解除することができる。

3　前項の場合、就業のために住居を変更した労働者が、契約解除の日から14日以内に帰郷

する場合においては、使用者は、必要な旅費を負担しなければならない。

（賠償予定の禁止）

第16条　使用者は、労働契約の不履行について違約金を定め、又は損害賠償額を予定する契約をしてはならない。

（前借金相殺の禁止）

第17条　使用者は、前借金その他労働することを条件とする前貸の債権と賃金を相殺してはならない。

（解雇制限）

第19条　使用者は、労働者が業務上負傷し、又は疾病にかかり療養のために休業する期間及びその後30日間並びに産前産後の女性が第65条の規定によって休業する期間及びその後30日間は、解雇してはならない。ただし、使用者が、第81条の規定によって打切補償を支払う場合又は天災事変その他やむを得ない事由のために事業の継続が不可能となった場合においては、この限りでない。

2　前項但書後段の場合においては、その事由について行政官庁の認定を受けなければならない。

（解雇の予告）

第20条　使用者は、労働者を解雇しようとする場合においては、少くとも30日前にその予告をしなければならない。30日前に予告をしない使用者は、30日分以上の平均賃金を支払わなければならない。但し、天災事変その他やむを得ない事由のために事業の継続が不可能となった場合又は労働者の責に帰すべき事由に基いて解雇する場合においては、この限りでない。

2　前項の予告の日数は、１日について平均賃金を支払った場合においては、その日数を短縮することができる。

3　前条第２項の規定は、第１項但書の場合にこれを準用する。

第21条　前条の規定は、左の各号の一に該当する労働者については適用しない。但し、第１号に該当する者が１箇月を超えて引き続き使用されるに至った場合、第２号若しくは第３号に該当する者が所定の期間を超えて引き続き使用されるに至った場合又は第４号に該当する者が14日を超えて引き続き使用されるに至った場合においては、この限りでない。

一　日日雇い入れられる者

二　２箇月以内の期間を定めて使用される者

三　季節的業務に４箇月以内の期間を定めて使用される者

四　試の使用期間中の者

（退職時等の証明）

第22条　労働者が、退職の場合において、使用期間、業務の種類、その事業における地位、賃金又は退職の事由（退職の事由が解雇の場合にあっては、その理由を含む。）について証明書を請求した場合においては、使用者は、遅滞なくこれを交付しなければならない。

2　労働者が、第20条第１項の解雇の予告がされた日から退職の日までの間において、当該

解雇の理由について証明書を請求した場合においては、使用者は、遅滞なくこれを交付しなければならない。ただし、解雇の予告がされた日以後に労働者が当該解雇以外の事由により退職した場合においては、使用者は、当該退職の日以後、これを交付することを要しない。

3　前2項の証明書には、労働者の請求しない事項を記入してはならない。

4　使用者は、あらかじめ第三者と謀り、労働者の就業を妨げることを目的として、労働者の国籍、信条、社会的身分若しくは労働組合運動に関する通信をし、又は第1項及び第2項の証明書に秘密の記号を記入してはならない。

（金品の返還）

第23条　使用者は、労働者の死亡又は退職の場合において、権利者の請求があった場合においては、7日以内に賃金を支払い、積立金、保証金、貯蓄金その他名称の如何を問わず、労働者の権利に属する金品を返還しなければならない。

2　前項の賃金又は金品に関して争がある場合においては、使用者は、異議のない部分を、同項の期間中に支払い、又は返還しなければならない。

第3章　賃金

（賃金の支払）

第24条　賃金は、通貨で、直接労働者に、その全額を支払わなければならない。ただし、法令若しくは労働協約に別段の定めがある場合又は厚生労働省令で定める賃金について確実な支払の方法で厚生労働省令で定めるものによる場合においては、通貨以外のもので支払い、また、法令に別段の定めがある場合又は当該事業場の労働者の過半数で組織する労働組合があるときはその労働組合、労働者の過半数で組織する労働組合がないときは労働者の過半数を代表する者との書面による協定がある場合においては、賃金の一部を控除して支払うことができる。

2　賃金は、毎月1回以上、一定の期日を定めて支払わなければならない。ただし、臨時に支払われる賃金、賞与その他これに準ずるもので厚生労働省令で定める賃金（第89条において「臨時の賃金等」という。）については、この限りでない。

（非常時払）

第25条　使用者は、労働者が出産、疾病、災害その他厚生労働省令で定める非常の場合の費用に充てるために請求する場合においては、支払期日前であっても、既往の労働に対する賃金を支払わなければならない。

（休業手当）

第26条　使用者の責に帰すべき事由による休業の場合においては、使用者は、休業期間中当該労働者に、その平均賃金の100分の60以上の手当を支払わなければならない。

（出来高払制の保障給）

第27条　出来高払制その他の請負制で使用する労働者については、使用者は、労働時間に応じ一定額の賃金の保障をしなければならない。

（最低賃金）

第28条　賃金の最低基準に関しては、最低賃金法（昭和34年法律第137号）の定めるところに

よる。

第4章　労働時間、休憩、休日及び年次有給休暇

（労働時間）

第32条　使用者は、労働者に、休憩時間を除き1週間について40時間を超えて、労働させてはならない。

2　使用者は、1週間の各日については、労働者に、休憩時間を除き1日について8時間を超えて、労働させてはならない。

第32条の2　使用者は、当該事業場に、労働者の過半数で組織する労働組合がある場合においてはその労働組合、労働者の過半数で組織する労働組合がない場合においては労働者の過半数を代表する者との書面による協定により、又は就業規則その他これに準ずるものにより、1箇月以内の一定の期間を平均し1週間当たりの労働時間が前条第1項の労働時間を超えない定めをしたときは、同条の規定にかかわらず、その定めにより、特定された週において同項の労働時間又は特定された日において同条第2項の労働時間を超えて、労働させることができる。

2　使用者は、厚生労働省令で定めるところにより、前項の協定を行政官庁に届け出なければならない。

第32条の3　使用者は、就業規則その他これに準ずるものにより、その労働者に係る始業及び終業の時刻をその労働者の決定に委ねることとした労働者については、当該事業場の労働者の過半数で組織する労働組合がある場合においてはその労働組合、労働者の過半数で組織する労働組合がない場合においては労働者の過半数を代表する者との書面による協定により、次に掲げる事項を定めたときは、その協定で第2号の清算期間として定められた期間を平均し1週間当たりの労働時間が第32条第1項の労働時間を超えない範囲内において、同条の規定にかかわらず、1週間において同項の労働時間又は1日において同条第2項の労働時間を超えて、労働させることができる。

一　この項の規定による労働時間により労働させることができることとされる労働者の範囲

二　清算期間（その期間を平均し1週間当たりの労働時間が第32条第1項の労働時間を超えない範囲内において労働させる期間をいい、3箇月以内の期間に限るものとする。以下この条及び次条において同じ。）

三　清算期間における総労働時間

四　その他厚生労働省令で定める事項

2　清算期間が1箇月を超えるものである場合における前項の規定の適用については、同項各号列記以外の部分中「労働時間を超えない」とあるのは「労働時間を超えず、かつ、当該清算期間をその開始の日以後1箇月ごとに区分した各期間（最後に1箇月未満の期間を生じたときは、当該期間。以下この項において同じ。）ごとに当該各期間を平均し1週間当たりの労働時間が50時間を超えない」と、「同項」とあるのは「同条第1項」とする。

3　1週間の所定労働日数が5日の労働者について第1項の規定により労働させる場合における同項の規定の適用については、同項各号列記以外の部分（前項の規定により読み替えて適

用する場合を含む。）中「第32条第1項の労働時間」とあるのは「第32条第1項の労働時間（当該事業場の労働者の過半数で組織する労働組合がある場合においてはその労働組合、労働者の過半数で組織する労働組合がない場合においては労働者の過半数を代表する者との書面による協定により、労働時間の限度について、当該清算期間における所定労働日数を同条第2項の労働時間に乗じて得た時間とする旨を定めたときは、当該清算期間における日数を7で除して得た数をもつてその時間を除して得た時間）」と、「同項」とあるのは「同条第1項」とする。

4　前条第2項の規定は、第1項各号に掲げる事項を定めた協定について準用する。ただし、清算期間が1箇月以内のものであるときは、この限りでない。

第32条の3の2　使用者が、清算期間が1箇月を超えるものであるときの当該清算期間中の前条第1項の規定により労働させた期間が当該清算期間より短い労働者について、当該労働させた期間を平均し1週間当たり40時間を超えて労働させた場合においては、その超えた時間（第33条又は第36条第1項の規定により延長し、又は休日に労働させた時間を除く。）の労働については、第37条の規定の例により割増賃金を支払わなければならない。

第32条の4　使用者は、当該事業場に、労働者の過半数で組織する労働組合がある場合においてはその労働組合、労働者の過半数で組織する労働組合がない場合においては労働者の過半数を代表する者との書面による協定により、次に掲げる事項を定めたときは、第32条の規定にかかわらず、その協定で第2号の対象期間として定められた期間を平均し1週間当たりの労働時間が40時間を超えない範囲内において、当該協定（次項の規定による定めをした場合においては、その定めを含む。）で定めるところにより、特定された週において同条第1項の労働時間又は特定された日において同条第2項の労働時間を超えて、労働させることができる。

一　この条の規定による労働時間により労働させることができることとされる労働者の範囲

二　対象期間（その期間を平均し1週間当たりの労働時間が40時間を超えない範囲内において労働させる期間をいい、1箇月を超え1年以内の期間に限るものとする。以下この条及び次条において同じ。）

三　特定期間（対象期間中の特に業務が繁忙な期間をいう。第3項において同じ。）

四　対象期間における労働日及び当該労働日ごとの労働時間（対象期間を1箇月以上の期間ごとに区分することとした場合においては、当該区分による各期間のうち当該対象期間の初日の属する期間（以下この条において「最初の期間」という。）における労働日及び当該労働日ごとの労働時間並びに当該最初の期間を除く各期間における労働日数及び総労働時間）

五　その他厚生労働省令で定める事項

2　使用者は、前項の協定で同項第4号の区分をし当該区分による各期間のうち最初の期間を除く各期間における労働日数及び総労働時間を定めたときは、当該各期間の初日の少なくとも30日前に、当該事業場に、労働者の過半数で組織する労働組合がある場合においてはその労働組合、労働者の過半数で組織する労働組合がない場合においては労働者の過半数を代

表する者の同意を得て、厚生労働省令で定めるところにより、当該労働日数を超えない範囲内において当該各期間における労働日及び当該総労働時間を超えない範囲内において当該各期間における労働日ごとの労働時間を定めなければならない。

3　厚生労働大臣は、労働政策審議会の意見を聴いて、厚生労働省令で、対象期間における労働日数の限度並びに1日及び1週間の労働時間の限度並びに対象期間（第1項の協定で特定期間として定められた期間を除く。）及び同項の協定で特定期間として定められた期間における連続して労働させる日数の限度を定めることができる。

4　第32条の2第2項の規定は、第1項の協定について準用する。

第32条の4の2　使用者が、対象期間中の前条の規定により労働させた期間が当該対象期間より短い労働者について、当該労働させた期間を平均し1週間当たり40時間を超えて労働させた場合においては、その超えた時間（第33条又は第36条第1項の規定により延長し、又は休日に労働させた時間を除く。）の労働については、第37条の規定の例により割増賃金を支払わなければならない。

第32条の5　使用者は、日ごとの業務に著しい繁閑の差が生ずることが多く、かつ、これを予測した上で就業規則その他これに準ずるものにより各日の労働時間を特定することが困難であると認められる厚生労働省令で定める事業であって、常時使用する労働者の数が厚生労働省令で定める数未満のものに従事する労働者については、当該事業場に、労働者の過半数で組織する労働組合がある場合においてはその労働組合、労働者の過半数で組織する労働組合がない場合においては労働者の過半数を代表する者との書面による協定があるときは、第32条第2項の規定にかかわらず、1日について10時間まで労働させることができる。

2　使用者は、前項の規定により労働者に労働させる場合においては、厚生労働省令で定めるところにより、当該労働させる1週間の各日の労働時間を、あらかじめ、当該労働者に通知しなければならない。

3　第32条の2第2項の規定は、第1項の協定について準用する。

（災害等による臨時の必要がある場合の時間外労働等）

第33条　災害その他避けることのできない事由によって、臨時の必要がある場合においては、使用者は、行政官庁の許可を受けて、その必要の限度において第32条から前条まで若しくは第40条の労働時間を延長し、又は第35条の休日に労働させることができる。ただし、事態急迫のために行政官庁の許可を受ける暇がない場合においては、事後に遅滞なく届け出なければならない。

2　前項ただし書の規定による届出があった場合において、行政官庁がその労働時間の延長又は休日の労働を不適当と認めるときは、その後にその時間に相当する休憩又は休日を与えるべきことを、命ずることができる。

3　公務のために臨時の必要がある場合においては、第1項の規定にかかわらず、官公署の事業（別表第1に掲げる事業を除く。）に従事する国家公務員及び地方公務員については、第32条から前条まで若しくは第40条の労働時間を延長し、又は第35条の休日に労働させることができる。

（休憩）

第34条 使用者は、労働時間が6時間を超える場合においては少くとも45分、8時間を超える場合においては少くとも1時間の休憩時間を労働時間の途中に与えなければならない。

2 前項の休憩時間は、一斉に与えなければならない。ただし、当該事業場に、労働者の過半数で組織する労働組合がある場合においてはその労働組合、労働者の過半数で組織する労働組合がない場合においては労働者の過半数を代表する者との書面による協定があるときは、この限りでない。

3 使用者は、第1項の休憩時間を自由に利用させなければならない。

（休日）

第35条 使用者は、労働者に対して、毎週少くとも1回の休日を与えなければならない。

2 前項の規定は、4週間を通じ4日以上の休日を与える使用者については適用しない。

（時間外及び休日の労働）

第36条 使用者は、当該事業場に、労働者の過半数で組織する労働組合がある場合においてはその労働組合、労働者の過半数で組織する労働組合がない場合においては労働者の過半数を代表する者との書面による協定をし、厚生労働省令で定めるところによりこれを行政官庁に届け出た場合においては、第32条から第32条の5まで若しくは第40条の労働時間（以下この条において「労働時間」という。）又は前条の休日（以下この条において「休日」という。）に関する規定にかかわらず、その協定で定めるところによって労働時間を延長し、又は休日に労働させることができる。ただし、坑内労働その他厚生労働省令で定める健康上特に有害な業務の労働時間の延長は、1日について2時間を超えてはならない。

2 前項の協定においては、次に掲げる事項を定めるものとする。

　一　この条の規定により労働時間を延長し、又は休日に労働させることができることとされる労働者の範囲

　二　対象期間（この条の規定により労働時間を延長し、又は休日に労働させることができる期間をいい、1年間に限るものとする。第4号及び第6項第3号において同じ。）

　三　労働時間を延長し、又は休日に労働させることができる場合

　四　対象期間における1日、1箇月及び1年のそれぞれの期間について労働時間を延長して労働させることができる時間又は労働させることができる休日の日数

　五　労働時間の延長及び休日の労働を適正なものとするために必要な事項として厚生労働省令で定める事項

3 前項第4号の労働時間を延長して労働させることができる時間は、当該事業場の業務量、時間外労働の動向その他の事情を考慮して通常予見される時間外労働の範囲内において、限度時間を超えない時間に限る。

4 前項の限度時間は、1箇月について45時間及び1年について360時間（第32条の4第1項第2号の対象期間として3箇月を超える期間を定めて同条の規定により労働させる場合にあつては、1箇月について42時間及び1年について320時間）とする。

5 第1項の協定においては、第2項各号に掲げるもののほか、当該事業場における通常予見

することのできない業務量の大幅な増加等に伴い臨時的に第3項の限度時間を超えて労働させる必要がある場合において、1箇月について労働時間を延長して労働させ、及び休日において労働させることができる時間（第2項第4号に関して協定した時間を含め100時間未満の範囲内に限る。）並びに1年について労働時間を延長して労働させることができる時間（同号に関して協定した時間を含め720時間を超えない範囲内に限る。）を定めることができる。この場合において、第1項の協定に、併せて第2項第2号の対象期間において労働時間を延長して労働させる時間が1箇月について45時間（第32条の4第1項第2号の対象期間として3箇月を超える期間を定めて同条の規定により労働させる場合にあっては、1箇月について42時間）を超えることができる月数（1年について6箇月以内に限る。）を定めなければならない。

6　使用者は、第1項の協定で定めるところによって労働時間を延長して労働させ、又は休日において労働させる場合であっても、次の各号に掲げる時間について、当該各号に定める要件を満たすものとしなければならない。

一　坑内労働その他厚生労働省令で定める健康上特に有害な業務について、1日について労働時間を延長して労働させた時間　2時間を超えないこと。

二　1箇月について労働時間を延長して労働させ、及び休日において労働させた時間　100時間未満であること。

三　対象期間の初日から1箇月ごとに区分した各期間に当該各期間の直前の1箇月、2箇月、3箇月、4箇月及び5箇月の期間を加えたそれぞれの期間における労働時間を延長して労働させ、及び休日において労働させた時間の1箇月当たりの平均時間　80時間を超えないこと。

7　厚生労働大臣は、労働時間の延長及び休日の労働を適正なものとするため、第1項の協定で定める労働時間の延長及び休日の労働について留意すべき事項、当該労働時間の延長に係る割増賃金の率その他の必要な事項について、労働者の健康、福祉、時間外労働の動向その他の事情を考慮して指針を定めることができる。

8　第1項の協定をする使用者及び労働組合又は労働者の過半数を代表する者は、当該協定で労働時間の延長及び休日の労働を定めるに当たり、当該協定の内容が前項の指針に適合したものとなるようにしなければならない。

9　行政官庁は、第7項の基準に関し、第1項の協定をする使用者及び労働組合又は労働者の過半数を代表する者に対し、必要な助言及び指導を行うことができる。

10　前項の助言及び指導を行うに当たっては、労働者の健康が確保されるよう特に配慮しなければならない。

11　第3項から第5項まで及び第6項（第2号及び第3号に係る部分に限る。）の規定は、新たな技術、商品又は役務の研究開発に係る業務については適用しない。

（時間外、休日及び深夜の割増賃金）

第37条　使用者が、第33条または前条第1項の規定により労働時間を延長し、または休日に労働させた場合においては、その時間又はその日の労働については、通常の労働時間又は労

働日の賃金の計算額の２割５分以上５割以下の範囲内でそれぞれ政令で定める率以上の率で計算した割増賃金を支払わなければならない。ただし、当該延長して労働させた時間が１箇月について60時間を超えた場合においては、その超えた時間の労働については、通常の労働時間の賃金の計算額の５割以上の率で計算した割増賃金を支払わなければならない。

2　前項の政令は、労働者の福祉、時間外又は休日の労働の動向その他の事情を考慮して定めるものとする。

3　使用者が、当該事業場に、労働者の過半数で組織する労働組合があるときはその労働組合、労働者の過半数で組織する労働組合がないときは労働者の過半数を代表する者との書面による協定により、第１項ただし書の規定により割増賃金を支払うべき労働者に対して、当該割増賃金の支払に代えて、通常の労働時間の賃金が支払われる休暇（第39条の規定による有給休暇を除く。）を厚生労働省令で定めるところにより与えることを定めた場合において、当該労働者が当該休暇を取得したときは、当該労働者の同項ただし書に規定する時間を超えた時間の労働のうち当該取得した休暇に対応するものとして厚生労働省令で定める時間の労働については、同項ただし書の規定による割増賃金を支払うことを要しない。

4　使用者が、午後10時から午前５時まで（厚生労働大臣が必要であると認める場合においては、その定める地域又は期間については午後11時から午前６時まで）の間において労働させた場合においては、その時間の労働については、通常の労働時間の賃金の計算額の２割５分以上の率で計算した割増賃金を支払わなければならない。

5　第１項及び前項の割増賃金の基礎となる賃金には、家族手当、通勤手当その他厚生労働省令で定める賃金は算入しない。

（時間計算）

第38条　労働時間は、事業場を異にする場合においても、労働時間に関する規定の適用については通算する。

2　坑内労働については、労働者が坑口に入った時刻から坑口を出た時刻までの時間を、休憩時間を含め労働時間とみなす。但し、この場合においては、第34条第２項及び第３項の休憩に関する規定は適用しない。

第38条の２　労働者が労働時間の全部又は一部について事業場外で業務に従事した場合において、労働時間を算定し難いときは、所定労働時間労働したものとみなす。ただし、当該業務を遂行するためには通常所定労働時間を超えて労働することが必要となる場合においては、当該業務に関しては、厚生労働省令で定めるところにより、当該業務の遂行に通常必要とされる時間労働したものとみなす。

2　前項ただし書の場合において、当該業務に関し、当該事業場に、労働者の過半数で組織する労働組合があるときはその労働組合、労働者の過半数で組織する労働組合がないときは労働者の過半数を代表する者との書面による協定があるときは、その協定で定める時間を同項ただし書の当該業務の遂行に通常必要とされる時間とする。

3　使用者は、厚生労働省令で定めるところにより、前項の協定を行政官庁に届け出なければならない。

第38条の3 使用者が、当該事業場に、労働者の過半数で組織する労働組合があるときはその労働組合、労働者の過半数で組織する労働組合がないときは労働者の過半数を代表する者との書面による協定により、次に掲げる事項を定めた場合において、労働者を第1号に掲げる業務に就かせたときは、当該労働者は、厚生労働省令で定めるところにより、第2号に掲げる時間労働したものとみなす。

一　業務の性質上その遂行の方法を大幅に当該業務に従事する労働者の裁量に委ねる必要があるため、当該業務の遂行の手段及び時間配分の決定等に関し使用者が具体的な指示をすることが困難なものとして厚生労働省令で定める業務のうち、労働者に就かせることとする業務（以下この条において「対象業務」という。）

二　対象業務に従事する労働者の労働時間として算定される時間

三　対象業務の遂行の手段及び時間配分の決定等に関し、当該対象業務に従事する労働者に対し使用者が具体的な指示をしないこと。

四　対象業務に従事する労働者の労働時間の状況に応じた当該労働者の健康及び福祉を確保するための措置を当該協定で定めるところにより使用者が講ずること。

五　対象業務に従事する労働者からの苦情の処理に関する措置を当該協定で定めるところにより使用者が講ずること。

六　前各号に掲げるもののほか、厚生労働省令で定める事項

2　前条第3項の規定は、前項の協定について準用する。

第38条の4 賃金、労働時間その他の当該事業場における労働条件に関する事項を調査審議し、事業主に対し当該事項について意見を述べることを目的とする委員会（使用者及び当該事業場の労働者を代表する者を構成員とするものに限る。）が設置された事業場において、当該委員会がその委員の5分の4以上の多数による議決により次に掲げる事項に関する決議をし、かつ、使用者が、厚生労働省令で定めるところにより当該決議を行政官庁に届け出た場合において、第2号に掲げる労働者の範囲に属する労働者を当該事業場における第1号に掲げる業務に就かせたときは、当該労働者は、厚生労働省令で定めるところにより、第3号に掲げる時間労働したものとみなす。

一　事業の運営に関する事項についての企画、立案、調査及び分析の業務であって、当該業務の性質上これを適切に遂行するにはその遂行の方法を大幅に労働者の裁量に委ねる必要があるため、当該業務の遂行の手段及び時間配分の決定等に関し使用者が具体的な指示をしないこととする業務（以下この条において「対象業務」という。）

二　対象業務を適切に遂行するための知識、経験等を有する労働者であって、当該対象業務に就かせたときは当該決議で定める時間労働したものとみなされることとなるものの範囲

三　対象業務に従事する前号に掲げる労働者の範囲に属する労働者の労働時間として算定される時間

四　対象業務に従事する第2号に掲げる労働者の範囲に属する労働者の労働時間の状況に応じた当該労働者の健康及び福祉を確保するための措置を当該決議で定めるところにより使用者が講ずること。

五　対象業務に従事する第2号に掲げる労働者の範囲に属する労働者からの苦情の処理に関する措置を当該決議で定めるところにより使用者が講ずること。

　六　使用者は、この項の規定により第2号に掲げる労働者の範囲に属する労働者を対象業務に就かせたときは第3号に掲げる時間労働したものとみなすことについて当該労働者の同意を得なければならないこと及び当該同意をしなかった当該労働者に対して解雇その他不利益な取扱いをしてはならないこと。

　七　前各号に掲げるもののほか、厚生労働省令で定める事項

2　前項の委員会は、次の各号に適合するものでなければならない。

　一　当該委員会の委員の半数については、当該事業場に、労働者の過半数で組織する労働組合がある場合においてはその労働組合、労働者の過半数で組織する労働組合がない場合においては労働者の過半数を代表する者に厚生労働省令で定めるところにより任期を定めて指名されていること。

　二　当該委員会の議事について、厚生労働省令で定めるところにより、議事録が作成され、かつ、保存されるとともに、当該事業場の労働者に対する周知が図られていること。

　三　前2号に掲げるもののほか、厚生労働省令で定める要件

3　厚生労働大臣は、対象業務に従事する労働者の適正な労働条件の確保を図るために、労働政策審議会の意見を聴いて、第1項各号に掲げる事項その他同項の委員会が決議する事項について指針を定め、これを公表するものとする。

4　第1項の規定による届出をした使用者は、厚生労働省令で定めるところにより、定期的に、同項第4号に規定する措置の実施状況を行政官庁に報告しなければならない。

5　第1項の委員会においてその委員の5分の4以上の多数による議決により第32条の2第1項、第32条の3第1項、第32条の4第1項及び第2項、第32条の5第1項、第34条第2項ただし書、第36条第1項、第2項及び第5項、第37条第3項、第38条の2第2項、前条第1項並びに次条第4項、第6項及び第9項ただし書に規定する事項について決議が行われた場合における第32条の2第1項、第32条の3第1項、第32条の4第1項から第3項まで、第32条の5第1項、第34条第2項ただし書、第36条、第37条第3項、第38条の2第2項、前条第1項並びに次条第4項、第6項及び第9項ただし書の規定の適用については、第32条の2第1項中「協定」とあるのは「協定若しくは第38条の4第1項に規定する委員会の決議（第106条第1項を除き、以下「決議」という。）」と、第32条の3第1項、第32条の4第1項から第3項まで、第32条の5第1項、第34条第2項ただし書、第36条第2項及び第5項から第7項まで、第37条第3項、第38条の2第2項、前条第1項並びに次条第4項、第6項及び第9項ただし書中「協定」とあるのは「協定又は決議」と、第32条の4第2項中「同意を得て」とあるのは「同意を得て、又は決議に基づき」と、第36条第1項中「届け出た場合」とあるのは「届け出た場合又は決議を行政官庁に届け出た場合」と、「その協定」とあるのは「その協定又は決議」と、同条第8項中「又は労働者の過半数を代表する者」とあるのは「若しくは労働者の過半数を代表する者又は同項の決議をする委員」と、「当該協定」とあるのは「当該協定又は当該決議」と、同条第9項中「又は労働者の過半数

を代表する者」とあるのは「若しくは労働者の過半数を代表する者又は同項の決議をする委員」とする。

（年次有給休暇）

第39条 使用者は、その雇入れの日から起算して６箇月間継続勤務し全労働日の８割以上出勤した労働者に対して、継続し、又は分割した10労働日の有給休暇を与えなければならない。

2 使用者は、１年６箇月以上継続勤務した労働者に対しては、雇入れの日から起算して６箇月を超えて継続勤務する日（以下「６箇月経過日」という。）から起算した継続勤務年数１年ごとに、前項の日数に、次の表の上欄に掲げる６箇月経過日から起算した継続勤務年数の区分に応じ同表の下欄に掲げる労働日を加算した有給休暇を与えなければならない。ただし、継続勤務した期間を６箇月経過日から１年ごとに区分した各期間（最後に１年未満の期間を生じたときは、当該期間）の初日の前日の属する期間において出勤した日数が全労働日の８割未満である者に対しては、当該初日以後の１年間においては有給休暇を与えることを要しない。

６箇月経過日から起算した継続勤務年数	労働日
1年	1労働日
2年	2労働日
3年	4労働日
4年	6労働日
5年	8労働日
6年以上	10労働日

3 次に掲げる労働者（１週間の所定労働時間が厚生労働省令で定める時間以上の者を除く。）の有給休暇の日数については、前２項の規定にかかわらず、これらの規定による有給休暇の日数を基準とし、通常の労働者の１週間の所定労働日数として厚生労働省令で定める日数（第１号において「通常の労働者の週所定労働日数」という。）と当該労働者の１週間の所定労働日数又は１週間当たりの平均所定労働日数との比率を考慮して厚生労働省令で定める日数とする。

　一　１週間の所定労働日数が通常の労働者の週所定労働日数に比し相当程度少ないものとして厚生労働省令で定める日数以下の労働者

　二　週以外の期間によって所定労働日数が定められている労働者については、１年間の所定労働日数が、前号の厚生労働省令で定める日数に１日を加えた日数を１週間の所定労働日数とする労働者の１年間の所定労働日数その他の事情を考慮して厚生労働省令で定める日数以下の労働者

4 使用者は、当該事業場に、労働者の過半数で組織する労働組合があるときはその労働組合、労働者の過半数で組織する労働組合がないときは労働者の過半数を代表する者との書面による協定により、次に掲げる事項を定めた場合において、第１号に掲げる労働者の範囲に属す

る労働者が有給休暇を時間を単位として請求したときは、前３項の規定による有給休暇の日数のうち第２号に掲げる日数については、これらの規定にかかわらず、当該協定で定めるところにより時間を単位として有給休暇を与えることができる。

一　時間を単位として有給休暇を与えることができることとされる労働者の範囲

二　時間を単位として与えることができることとされる有給休暇の日数（５日以内に限る。）

三　その他厚生労働省令で定める事項

5　使用者は、前各項の規定による有給休暇を労働者の請求する時季に与えなければならない。ただし、請求された時季に有給休暇を与えることが事業の正常な運営を妨げる場合においては、他の時季にこれを与えることができる。

6　使用者は、当該事業場に、労働者の過半数で組織する労働組合がある場合においてはその労働組合、労働者の過半数で組織する労働組合がない場合においては労働者の過半数を代表する者との書面による協定により、第１項から第３項までの規定による有給休暇を与える時季に関する定めをしたときは、これらの規定による有給休暇の日数のうち５日を超える部分については、前項の規定にかかわらず、その定めにより有給休暇を与えることができる。

7　使用者は、第１項から第３項までの規定による有給休暇（これらの規定により使用者が与えなければならない有給休暇の日数が10労働日以上である労働者に係るものに限る。以下この項及び次項において同じ。）の日数のうち５日については、基準日（継続勤務した期間を６箇月経過日から１年ごとに区分した各期間（最後に１年未満の期間を生じたときは、当該期間）の初日をいう。以下この項において同じ。）から１年以内の期間に、労働者ごとにその時季を定めることにより与えなければならない。ただし、第１項から第３項までの規定による有給休暇を当該有給休暇に係る基準日より前の日から与えることとしたときは、厚生労働省令で定めるところにより、労働者ごとにその時季を定めることにより与えなければならない。

8　前項の規定にかかわらず、第５項又は第６項の規定により第１項から第３項までの規定による有給休暇を与えた場合においては、当該与えた有給休暇の日数（当該日数が５日を超える場合には、５日とする。）分については、時季を定めることにより与えることを要しない。

9　使用者は、第１項から第３項までの規定による有給休暇の期間又は第４項の規定による有給休暇の時間については、就業規則その他これに準ずるもので定めるところにより、それぞれ、平均賃金若しくは所定労働時間労働した場合に支払われる通常の賃金又はこれらの額を基準として厚生労働省令で定めるところにより算定した額の賃金を支払わなければならない。ただし、当該事業場に、労働者の過半数で組織する労働組合がある場合においてはその労働組合、労働者の過半数で組織する労働組合がない場合においては労働者の過半数を代表する者との書面による協定により、その期間又はその時間について、それぞれ、健康保険法（大正11年法律第70号）第99条第１項に定める標準報酬日額に相当する金額又は当該金額を基準として厚生労働省令で定めるところにより算定した金額を支払う旨を定めたときは、これによらなければならない。

10　労働者が業務上負傷し、又は疾病にかかり療養のために休業した期間及び育児休業、介

護休業等育児又は家族介護を行う労働者の福祉に関する法律第２条第１号に規定する育児休業又は同条第２号に規定する介護休業をした期間並びに産前産後の女性が第65条の規定によって休業した期間は、第１項及び第２項の規定の適用については、これを出勤したものとみなす。

（労働時間及び休憩の特例）

第40条　別表第１第１号から第３号まで、第６号及び第７号に掲げる事業以外の事業で、公衆の不便を避けるために必要なものその他特殊の必要あるものについては、その必要避くべからざる限度で、第32条から第32条の５までの労働時間及び第34条の休憩に関する規定について、厚生労働省令で別段の定めをすることができる。

2　前項の規定による別段の定めは、この法律で定める基準に近いものであって、労働者の健康及び福祉を害しないものでなければならない。

（労働時間等に関する規定の適用除外）

第41条　この章、第６章及び第６章の２で定める労働時間、休憩及び休日に関する規定は、次の各号の一に該当する労働者については適用しない。

一　別表第１第６号（林業を除く。）又は第７号に掲げる事業に従事する者

二　事業の種類にかかわらず監督若しくは管理の地位にある者又は機密の事務を取り扱う者

三　監視又は断続的労働に従事する者で、使用者が行政官庁の許可を受けたもの

第41条の２　賃金、労働時間その他の当該事業場における労働条件に関する事項を調査審議し、事業主に対し当該事項について意見を述べることを目的とする委員会（使用者及び当該事業場の労働者を代表する者を構成員とするものに限る。）が設置された事業場において、当該委員会がその委員の５分の４以上の多数による議決により次に掲げる事項に関する決議をし、かつ、使用者が、厚生労働省令で定めるところにより当該決議を行政官庁に届け出た場合において、第２号に掲げる労働者の範囲に属する労働者（以下この項において「対象労働者」という。）であつて書面その他の厚生労働省令で定める方法によりその同意を得たものを当該事業場における第１号に掲げる業務に就かせたときは、この章で定める労働時間、休憩、休日及び深夜の割増賃金に関する規定は、対象労働者については適用しない。ただし、第３号から第５号までに規定する措置のいずれかを使用者が講じていない場合は、この限りでない。

一　高度の専門的知識等を必要とし、その性質上従事した時間と従事して得た成果との関連性が通常高くないと認められるものとして厚生労働省令で定める業務のうち、労働者に就かせることとする業務（以下この項において「対象業務」という。）

二　この項の規定により労働する期間において次のいずれにも該当する労働者であつて、対象業務に就かせようとするものの範囲

　　イ　使用者との間の書面その他の厚生労働省令で定める方法による合意に基づき職務が明確に定められていること。

　　ロ　労働契約により使用者から支払われると見込まれる賃金の額を１年間当たりの賃金の額に換算した額が基準年間平均給与額（厚生労働省において作成する毎月勤労統計にお

ける毎月きまつて支給する給与の額を基礎として厚生労働省令で定めるところにより算定した労働者1人当たりの給与の平均額をいう。）の3倍の額を相当程度上回る水準として厚生労働省令で定める額以上であること。

三　対象業務に従事する対象労働者の健康管理を行うために当該対象労働者が事業場内にいた時間（この項の委員会が厚生労働省令で定める労働時間以外の時間を除くことを決議したときは、当該決議に係る時間を除いた時間）と事業場外において労働した時間との合計の時間（第5号ロ及びニ並びに第6号において「健康管理時間」という。）を把握する措置（厚生労働省令で定める方法に限る。）を当該決議で定めるところにより使用者が講ずること。

四　対象業務に従事する対象労働者に対し、1年間を通じ104日以上、かつ、4週間を通じ4日以上の休日を当該決議及び就業規則その他これに準ずるもので定めるところにより使用者が与えること。

五　対象業務に従事する対象労働者に対し、次のいずれかに該当する措置を当該決議及び就業規則その他これに準ずるもので定めるところにより使用者が講ずること。

イ　労働者ごとに始業から24時間を経過するまでに厚生労働省令で定める時間以上の継続した休息時間を確保し、かつ、第37条第4項に規定する時刻の間において労働させる回数を1箇月について厚生労働省令で定める回数以内とすること。

ロ　健康管理時間を1箇月又は3箇月についてそれぞれ厚生労働省令で定める時間を超えない範囲内とすること。

ハ　1年に1回以上の継続した2週間（労働者が請求した場合においては、1年に2回以上の継続した1週間）（使用者が当該期間において、第39条の規定による有給休暇を与えたときは、当該有給休暇を与えた日を除く。）について、休日を与えること。

ニ　健康管理時間の状況その他の事項が労働者の健康の保持を考慮して厚生労働省令で定める要件に該当する労働者に健康診断（厚生労働省令で定める項目を含むものに限る。）を実施すること。

六　対象業務に従事する対象労働者の健康管理時間の状況に応じた当該対象労働者の健康及び福祉を確保するための措置であつて、当該対象労働者に対する有給休暇（第39条の規定による有給休暇を除く。）の付与、健康診断の実施その他の厚生労働省令で定める措置のうち当該決議で定めるものを使用者が講ずること。

七　対象労働者のこの項の規定による同意の撤回に関する手続

八　対象業務に従事する対象労働者からの苦情の処理に関する措置を当該決議で定めるところにより使用者が講ずること。

九　使用者は、この項の規定による同意をしなかつた対象労働者に対して解雇その他不利益な取扱いをしてはならないこと。

十　前各号に掲げるもののほか、厚生労働省令で定める事項

2　前項の規定による届出をした使用者は、厚生労働省令で定めるところにより、同項第4号から第6号までに規定する措置の実施状況を行政官庁に報告しなければならない。

3　第38条の４第２項、第３項及び第５項の規定は、第１項の委員会について準用する。

4　第１項の決議をする委員は、当該決議の内容が前項において準用する第38条の４第３項の指針に適合したものとなるようにしなければならない。

5　行政官庁は、第３項において準用する第38条の４第３項の指針に関し、第１項の決議をする委員に対し、必要な助言及び指導を行うことができる。

第９章　就業規則

（作成及び届出の義務）

第89条　常時10人以上の労働者を使用する使用者は、次に掲げる事項について就業規則を作成し、行政官庁に届け出なければならない。次に掲げる事項を変更した場合においても、同様とする。

一　始業及び終業の時刻、休憩時間、休日、休暇並びに労働者を２組以上に分けて交替に就業させる場合においては就業時転換に関する事項

二　賃金（臨時の賃金等を除く。以下この号において同じ。）の決定、計算及び支払の方法、賃金の締切り及び支払の時期並びに昇給に関する事項

三　退職に関する事項（解雇の事由を含む。）

三の二　退職手当の定めをする場合においては、適用される労働者の範囲、退職手当の決定、計算及び支払の方法並びに退職手当の支払の時期に関する事項

四　臨時の賃金等（退職手当を除く。）及び最低賃金額の定めをする場合においては、これに関する事項

五　労働者に食費、作業用品その他の負担をさせる定めをする場合においては、これに関する事項

六　安全及び衛生に関する定めをする場合においては、これに関する事項

七　職業訓練に関する定めをする場合においては、これに関する事項

八　災害補償及び業務外の傷病扶助に関する定めをする場合においては、これに関する事項

九　表彰及び制裁の定めをする場合においては、その種類及び程度に関する事項

十　前各号に掲げるもののほか、当該事業場の労働者のすべてに適用される定めをする場合においては、これに関する事項

（作成の手続）

第90条　使用者は、就業規則の作成又は変更について、当該事業場に、労働者の過半数で組織する労働組合がある場合においてはその労働組合、労働者の過半数で組織する労働組合がない場合においては労働者の過半数を代表する者の意見を聴かなければならない。

2　使用者は、前条の規定により届出をなすについて、前項の意見を記した書面を添付しなければならない。

（制裁規定の制限）

第91条　就業規則で、労働者に対して減給の制裁を定める場合においては、その減給は、１回の額が平均賃金の１日分の半額を超え、総額が１賃金支払期における賃金の総額の10分の１を超えてはならない。

（法令及び労働協約との関係）

第92条　就業規則は、法令又は当該事業場について適用される労働協約に反してはならない。

2　行政官庁は、法令又は労働協約に牴触する就業規則の変更を命ずることができる。

（労働契約との関係）

第93条　労働契約と就業規則との関係については、労働契約法（平成19年法律第128号）第12条の定めるところによる。

第11章　監督機関

（監督機関に対する申告）

第104条　事業場に、この法律又はこの法律に基いて発する命令に違反する事実がある場合においては、労働者は、その事実を行政官庁又は労働基準監督官に申告することができる。

2　使用者は、前項の申告をしたことを理由として、労働者に対して解雇その他不利益な取扱をしてはならない。

第12章　雑則

（法令等の周知義務）

第106条　使用者は、この法律及びこれに基づく命令の要旨、就業規則、第18条第2項、第24条第1項ただし書、第32条の2第1項、第32条の3第1項、第32条の4第1項、第32条の5第1項、第34条第2項ただし書、第36条第1項、第37条第3項、第38条の2第2項、第38条の3第1項並びに第39条第4項、第6項及び第9項ただし書に規定する協定並びに第38条の4第1項及び同条第5項（第41条の2第3項において準用する場合を含む。）並びに第41条の2第1項に規定する決議を、常時各作業場の見やすい場所へ掲示し、又は備え付けること、書面を交付することその他の厚生労働省令で定める方法によって、労働者に周知させなければならない。

2　使用者は、この法律及びこの法律に基いて発する命令のうち、寄宿舎に関する規定及び寄宿舎規則を、寄宿舎の見易い場所に掲示し、又は備え付ける等の方法によって、寄宿舎に寄宿する労働者に周知させなければならない。

（時効）

第115条　この法律の規定による賃金の請求権はこれを行使することができる時から5年間、この法律の規定による災害補償その他の請求権（賃金の請求権を除く。）はこれを行使することができる時から二年間行わない場合においては、時効によって消滅する。

附則　（令和2年3月31日法律第13号）

（施行期日）

（付加金の支払及び時効に関する経過措置）

第2条　この法律による改正後の労働基準法（以下この条において「新法」という。）第114条及び第143条第2項の規定は、この法律の施行の日（以下この条において「施行日」という。）以後に新法第114条に規定する違反がある場合における付加金の支払に係る請求について適用し、施行日前にこの法律による改正前の労働基準法第114条に規定する違反があった場合における付加金の支払に係る請求については、なお従前の例による。

2 　新法第115条及び第143条第三項の規定は、施行日以後に支払期日が到来する労働基準法の規定による賃金（退職手当を除く。以下この項において同じ。）の請求権の時効について適用し、施行日前に支払期日が到来した同法の規定による賃金の請求権の時効については、なお従前の例による。

労働契約法

第1章　総則
（目的）

第1条　この法律は、労働者及び使用者の自主的な交渉の下で、労働契約が合意により成立し、又は変更されるという合意の原則その他労働契約に関する基本的事項を定めることにより、合理的な労働条件の決定又は変更が円滑に行われるようにすることを通じて、労働者の保護を図りつつ、個別の労働関係の安定に資することを目的とする。

（定義）

第2条　この法律において「労働者」とは、使用者に使用されて労働し、賃金を支払われる者をいう。

2 　この法律において「使用者」とは、その使用する労働者に対して賃金を支払う者をいう。

（労働契約の原則）

第3条　労働契約は、労働者及び使用者が対等の立場における合意に基づいて締結し、又は変更すべきものとする。

2 　労働契約は、労働者及び使用者が、就業の実態に応じて、均衡を考慮しつつ締結し、又は変更すべきものとする。

3 　労働契約は、労働者及び使用者が仕事と生活の調和にも配慮しつつ締結し、又は変更すべきものとする。

4 　労働者及び使用者は、労働契約を遵守するとともに、信義に従い誠実に、権利を行使し、及び義務を履行しなければならない。

5 　労働者及び使用者は、労働契約に基づく権利の行使に当たっては、それを濫用することがあってはならない。

（労働契約の内容の理解の促進）

第4条　使用者は、労働者に提示する労働条件及び労働契約の内容について、労働者の理解を深めるようにするものとする。

2 　労働者及び使用者は、労働契約の内容（期間の定めのある労働契約に関する事項を含む。）について、できる限り書面により確認するものとする。

（労働者の安全への配慮）

第5条　使用者は、労働契約に伴い、労働者がその生命、身体等の安全を確保しつつ労働することができるよう、必要な配慮をするものとする。

第2章　労働契約の成立及び変更

（労働契約の成立）

第6条　労働契約は、労働者が使用者に使用されて労働し、使用者がこれに対して賃金を支払うことについて、労働者及び使用者が合意することによって成立する。

第7条　労働者及び使用者が労働契約を締結する場合において、使用者が合理的な労働条件が定められている就業規則を労働者に周知させていた場合には、労働契約の内容は、その就業規則で定める労働条件によるものとする。ただし、労働契約において、労働者及び使用者が就業規則の内容と異なる労働条件を合意していた部分については、第12条に該当する場合を除き、この限りでない。

（労働契約の内容の変更）

第8条　労働者及び使用者は、その合意により、労働契約の内容である労働条件を変更することができる。

（就業規則による労働契約の内容の変更）

第9条　使用者は、労働者と合意することなく、就業規則を変更することにより、労働者の不利益に労働契約の内容である労働条件を変更することはできない。ただし、次条の場合は、この限りでない。

第10条　使用者が就業規則の変更により労働条件を変更する場合において、変更後の就業規則を労働者に周知させ、かつ、就業規則の変更が、労働者の受ける不利益の程度、労働条件の変更の必要性、変更後の就業規則の内容の相当性、労働組合等との交渉の状況その他の就業規則の変更に係る事情に照らして合理的なものであるときは、労働契約の内容である労働条件は、当該変更後の就業規則に定めるところによるものとする。ただし、労働契約において、労働者及び使用者が就業規則の変更によっては変更されない労働条件として合意していた部分については、第12条に該当する場合を除き、この限りでない。

（就業規則の変更に係る手続）

第11条　就業規則の変更の手続に関しては、労働基準法（昭和22年法律第49号）第89条及び第90条の定めるところによる。

（就業規則違反の労働契約）

第12条　就業規則で定める基準に達しない労働条件を定める労働契約は、その部分については、無効とする。この場合において、無効となった部分は、就業規則で定める基準による。

（法令及び労働協約と就業規則との関係）

第13条　就業規則が法令又は労働協約に反する場合には、当該反する部分については、第7条、第10条及び前条の規定は、当該法令又は労働協約の適用を受ける労働者との間の労働契約については、適用しない。

第3章　労働契約の継続及び終了

（出向）

第14条　使用者が労働者に出向を命ずることができる場合において、当該出向の命令が、その必要性、対象労働者の選定に係る事情その他の事情に照らして、その権利を濫用したもの

と認められる場合には、当該命令は、無効とする。

（懲戒）

第15条　使用者が労働者を懲戒することができる場合において、当該懲戒が、当該懲戒に係る労働者の行為の性質及び態様その他の事情に照らして、客観的に合理的な理由を欠き、社会通念上相当であると認められない場合は、その権利を濫用したものとして、当該懲戒は、無効とする。

（解雇）

第16条　解雇は、客観的に合理的な理由を欠き、社会通念上相当であると認められない場合は、その権利を濫用したものとして、無効とする。

第4章　期間の定めのある労働契約

（契約期間中の解雇等）

第17条　使用者は、期間の定めのある労働契約（以下この章において「有期労働契約」という。）について、やむを得ない事由がある場合でなければ、その契約期間が満了するまでの間において、労働者を解雇することができない。

2　使用者は、有期労働契約について、その有期労働契約により労働者を使用する目的に照らして、必要以上に短い期間を定めることにより、その有期労働契約を反復して更新することのないよう配慮しなければならない。

（有期労働契約の期間の定めのない労働契約への転換）

第18条　同一の使用者との間で締結された2以上の有期労働契約（契約期間の始期の到来前のものを除く。以下この条において同じ。）の契約期間を通算した期間（次項において「通算契約期間」という。）が5年を超える労働者が、当該使用者に対し、現に締結している有期労働契約の契約期間が満了する日までの間に、当該満了する日の翌日から労務が提供される期間の定めのない労働契約の締結の申込みをしたときは、使用者は当該申込みを承諾したものとみなす。この場合において、当該申込みに係る期間の定めのない労働契約の内容である労働条件は、現に締結している有期労働契約の内容である労働条件（契約期間を除く。）と同一の労働条件（当該労働条件（契約期間を除く。）について別段の定めがある部分を除く。）とする。

2　当該使用者との間で締結された1の有期労働契約の契約期間が満了した日と当該使用者との間で締結されたその次の有期労働契約の契約期間の初日との間にこれらの契約期間のいずれにも含まれない期間（これらの契約期間が連続すると認められるものとして厚生労働省令で定める基準に該当する場合の当該いずれにも含まれない期間を除く。以下この項において「空白期間」という。）があり、当該空白期間が6月（当該空白期間の直前に満了した1の有期労働契約の契約期間（当該1の有期労働契約を含む2以上の有期労働契約の契約期間の間に空白期間がないときは、当該2以上の有期労働契約の契約期間を通算した期間。以下この項において同じ。）が1年に満たない場合にあっては、当該1の有期労働契約の契約期間に2分の1を乗じて得た期間を基礎として厚生労働省令で定める期間）以上であるときは、当該空白期間前に満了した有期労働契約の契約期間は、通算契約期間に算入しない。

（有期労働契約の更新等）

第19条　有期労働契約であって次の各号のいずれかに該当するものの契約期間が満了する日までの間に労働者が当該有期労働契約の更新の申込みをした場合又は当該契約期間の満了後遅滞なく有期労働契約の締結の申込みをした場合であって、使用者が当該申込みを拒絶することが、客観的に合理的な理由を欠き、社会通念上相当であると認められないときは、使用者は、従前の有期労働契約の内容である労働条件と同一の労働条件で当該申込みを承諾したものとみなす。

一　当該有期労働契約が過去に反復して更新されたことがあるものであって、その契約期間の満了時に当該有期労働契約を更新しないことにより当該有期労働契約を終了させることが、期間の定めのない労働契約を締結している労働者に解雇の意思表示をすることにより当該期間の定めのない労働契約を終了させることと社会通念上同視できると認められること。

二　当該労働者において当該有期労働契約の契約期間の満了時に当該有期労働契約が更新されるものと期待することについて合理的な理由があるものであると認められること。

第5章　雑則

（船員に関する特例）

第20条　第12条及び前章の規定は、船員法（昭和22年法律第100号）の適用を受ける船員（次項において「船員」という。）に関しては、適用しない。

2　船員に関しては、第7条中「第12条」とあるのは「船員法（昭和22年法律第100号）第100条」と、第10条中「第12条」とあるのは「船員法第100条」と、第11条中「労働基準法（昭和22年法律第49号）第89条及び第90条」とあるのは「船員法第97条及び第98条」と、第13条中「前条」とあるのは「船員法第100条」とする。

（適用除外）

第21条　この法律は、国家公務員及び地方公務員については、適用しない。

2　この法律は、使用者が同居の親族のみを使用する場合の労働契約については、適用しない。

附則（抄）

（施行期日）

第1条　この法律は、公布の日から起算して3月を超えない範囲内において政令で定める日から施行する。

附則（平成24年8月10日法律第56号）

（施行期日）

1　この法律は、公布の日から施行する。ただし、第2条並びに次項及び附則第3項の規定は、公布の日から起算して1年を超えない範囲内において政令で定める日から施行する。

（経過措置）

2　第2条の規定による改正後の労働契約法（以下「新労働契約法」という。）第18条の規定は、前項ただし書に規定する規定の施行の日以後の日を契約期間の初日とする期間の定めのある労働契約について適用し、同項ただし書に規定する規定の施行の日前の日が初日である

期間の定めのある労働契約の契約期間は、同条第1項に規定する通算契約期間には、算入しない。

（検討）

3　政府は、附則第1項ただし書に規定する規定の施行後8年を経過した場合において、新労働契約法第18条の規定について、その施行の状況を勘案しつつ検討を加え、必要があると認めるときは、その結果に基づいて必要な措置を講ずるものとする。

短時間労働者及び有期雇用労働者の雇用管理の改善等に関する法律（パート・有期雇用法）（抄）

（不合理な待遇の禁止）

第8条　事業主は、その雇用する短時間・有期雇用労働者の基本給、賞与その他の待遇のそれぞれについて、当該待遇に対応する通常の労働者の待遇との間において、当該短時間・有期雇用労働者及び通常の労働者の業務の内容及び当該業務に伴う責任の程度（以下「職務の内容」という。）、当該職務の内容及び配置の変更の範囲その他の事情のうち、当該待遇の性質及び当該待遇を行う目的に照らして適切と認められるものを考慮して、不合理と認められる相違を設けてはならない。

（通常の労働者と同視すべき短時間・有期雇用労働者に対する差別的取扱いの禁止）

第9条　事業主は、職務の内容が通常の労働者と同一の短時間・有期雇用労働者（第11条第1項において「職務内容同一短時間・有期雇用労働者」という。）であって、当該事業所における慣行その他の事情からみて、当該事業主との雇用関係が終了するまでの全期間において、その職務の内容及び配置が当該通常の労働者の職務の内容及び配置の変更の範囲と同一の範囲で変更されることが見込まれるもの（次条及び同項において「通常の労働者と同視すべき短時間・有期雇用労働者」という。）については、短時間・有期雇用労働者であることを理由として、基本給、賞与その他の待遇のそれぞれについて、差別的取扱いをしてはならない。

労働組合法（抄）

第1章　総　則

（目的）

第1条　この法律は、労働者が使用者との交渉において対等の立場に立つことを促進することにより労働者の地位を向上させること、労働者がその労働条件について交渉するために自ら代表者を選出することその他の団体行動を行うために自主的に労働組合を組織し、団結することを擁護すること並びに使用者と労働者との関係を規制する労働協約を締結するための団体交渉をすること及びその手続を助成することを目的とする。

2　刑法（明治40年法律第45号）第35条の規定は、労働組合の団体交渉その他の行為であっ

て前項に掲げる目的を達成するためにした正当なものについて適用があるものとする。但し、いかなる場合においても、暴力の行使は、労働組合の正当な行為と解釈されてはならない。

（労働組合）

第2条　この法律で「労働組合」とは、労働者が主体となって自主的に労働条件の維持改善その他経済的地位の向上を図ることを主たる目的として組織する団体又はその連合団体をいう。但し、左の各号の一に該当するものは、この限りでない。

　一　役員、雇入解雇昇進又は異動に関して直接の権限を持つ監督的地位にある労働者、使用者の労働関係についての計画と方針とに関する機密の事項に接し、そのためにその職務上の義務と責任とが当該労働組合の組合員としての誠意と責任とに直接にてい触する監督的地位にある労働者その他使用者の利益を代表する者の参加を許すもの

　二　団体の運営のための経費の支出につき使用者の経理上の援助を受けるもの。但し、労働者が労働時間中に時間又は賃金を失うことなく使用者と協議し、又は交渉することを使用者が許すことを妨げるものではなく、且つ、厚生資金又は経済上の不幸若しくは災厄を防止し、若しくは救済するための支出に実際に用いられる福利その他の基金に対する使用者の寄附及び最小限の広さの事務所の供与を除くものとする。

　三　共済事業その他福利事業のみを目的とするもの

　四　主として政治運動又は社会運動を目的とするもの

（労働者）

第3条　この法律で「労働者」とは、職業の種類を問わず、賃金、給料その他これに準ずる収入によって生活する者をいう。

第2章　労働組合

（労働組合として設立されたものの取扱）

第5条　労働組合は、労働委員会に証拠を提出して第2条及び第2項の規定に適合することを立証しなければ、この法律に規定する手続に参与する資格を有せず、且つ、この法律に規定する救済を与えられない。但し、第7条第1号の規定に基く個々の労働者に対する保護を否定する趣旨に解釈されるべきではない。

2　労働組合の規約には、左の各号に掲げる規定を含まなければならない。

　一　名称

　二　主たる事務所の所在地

　三　連合団体である労働組合以外の労働組合（以下「単位労働組合」という。）の組合員は、その労働組合のすべての問題に参与する権利及び均等の取扱を受ける権利を有すること。

　四　何人も、いかなる場合においても、人種、宗教、性別、門地又は身分によって組合員たる資格を奪われないこと。

　五　単位労働組合にあっては、その役員は、組合員の直接無記名投票により選挙されること、及び連合団体である労働組合又は全国的規模をもつ労働組合にあっては、その役員は、単位労働組合の組合員又はその組合員の直接無記名投票により選挙された代議員の直接無記名投票により選挙されること。

六　総会は、少くとも毎年１回開催すること。

七　すべての財源及び使途、主要な寄附者の氏名並びに現在の経理状況を示す会計報告は、組合員によって委嘱された職業的に資格がある会計監査人による正確であることの証明書とともに、少くとも毎年１回組合員に公表されること。

八　同盟罷業は、組合員又は組合員の直接無記名投票により選挙された代議員の直接無記名投票の過半数による決定を経なければ開始しないこと。

九　単位労働組合にあっては、その規約は、組合員の直接無記名投票による過半数の支持を得なければ改正しないこと、及び連合団体である労働組合又は全国的規模をもつ労働組合にあっては、その規約は、単位労働組合の組合員又はその組合員の直接無記名投票により選挙された代議員の直接無記名投票による過半数の支持を得なければ改正しないこと。

（交渉権限）

第６条　労働組合の代表者又は労働組合の委任を受けた者は、労働組合又は組合員のために使用者又はその団体と労働協約の締結その他の事項に関して交渉する権限を有する。

（不当労働行為）

第７条　使用者は、次の各号に掲げる行為をしてはならない。

一　労働者が労働組合の組合員であること、労働組合に加入し、若しくはこれを結成しようとしたこと若しくは労働組合の正当な行為をしたことの故をもって、その労働者を解雇し、その他これに対して不利益な取扱いをすること又は労働者が労働組合に加入せず、若しくは労働組合から脱退することを雇用条件とすること。ただし、労働組合が特定の工場事業場に雇用される労働者の過半数を代表する場合において、その労働者がその労働組合の組合員であることを雇用条件とする労働協約を締結することを妨げるものではない。

二　使用者が雇用する労働者の代表者と団体交渉をすることを正当な理由がなくて拒むこと。

三　労働者が労働組合を結成し、若しくは運営することを支配し、若しくはこれに介入すること、又は労働組合の運営のための経費の支払につき経理上の援助を与えること。ただし、労働者が労働時間中に時間又は賃金を失うことなく使用者と協議し、又は交渉することを使用者が許すことを妨げるものではなく、かつ、厚生資金又は経済上の不幸若しくは災厄を防止し、若しくは救済するための支出に実際に用いられる福利その他の基金に対する使用者の寄附及び最小限の広さの事務所の供与を除くものとする。

四　労働者が労働委員会に対し使用者がこの条の規定に違反した旨の申立てをしたこと若しくは中央労働委員会に対し第27条の12第１項の規定による命令に対する再審査の申立てをしたこと又は労働委員会がこれらの申立てに係る調査若しくは審問をし、若しくは当事者に和解を勧め、若しくは労働関係調整法（昭和21年法律第25号）による労働争議の調整をする場合に労働者が証拠を提示し、若しくは発言をしたことを理由として、その労働者を解雇し、その他これに対して不利益な取扱いをすること。

（損害賠償）

第８条　使用者は、同盟罷業その他の争議行為であって正当なものによって損害を受けたことの故をもって、労働組合又はその組合員に対し賠償を請求することができない。

第3章 労働協約

(労働協約の効力の発生)

第14条 労働組合と使用者又はその団体との間の労働条件その他に関する労働協約は、書面に作成し、両当事者が署名し、又は記名押印することによってその効力を生ずる。

(労働協約の期間)

第15条 労働協約には、3年をこえる有効期間の定をすることができない。

2 3年をこえる有効期間の定をした労働協約は、3年の有効期間の定をした労働協約とみなす。

3 有効期間の定がない労働協約は、当事者の一方が、署名し、又は記名押印した文書によって相手方に予告して、解約することができる。一定の期間を定める労働協約であって、その期間の経過後も期限を定めず効力を存続する旨の定があるものについて、その期間の経過後も、同様とする。

4 前項の予告は、解約しようとする日の少くとも90日前にしなければならない。

(基準の効力)

第16条 労働協約に定める労働条件その他の労働者の待遇に関する基準に違反する労働契約の部分は、無効とする。この場合において無効となった部分は、基準の定めるところによる。労働契約に定がない部分についても、同様とする。

(一般的拘束力)

第17条 一の工場事業場に常時使用される同種の労働者の4分の3以上の数の労働者が一の労働協約の適用を受けるに至ったときは、当該工場事業場に使用される他の同種の労働者に関しても、当該労働協約が適用されるものとする。

(地域的の一般的拘束力)

第18条 一の地域において従業する同種の労働者の大部分が一の労働協約の適用を受けるに至ったときは、当該労働協約の当事者の双方又は一方の申立てに基づき、労働委員会の決議により、厚生労働大臣又は都道府県知事は、当該地域において従業する他の同種の労働者及びその使用者も当該労働協約（第2項の規定により修正があったものを含む。）の適用を受けるべきことの決定をすることができる。

2 労働委員会は、前項の決議をする場合において、当該労働協約に不適当な部分があると認めたときは、これを修正することができる。

3 第1項の決定は、公告によってする。

民法（抄）

(基本原則)

第1条 私権は、公共の福祉に適合しなければならない。

2 権利の行使及び義務の履行は、信義に従い誠実に行わなければならない。

3　権利の濫用は、これを許さない。

（公序良俗）

第90条　公の秩序又は善良の風俗に反する事項を目的とする法律行為は、無効とする。

（任意規定と異なる意思表示）

第91条　法律行為の当事者が法令中の公の秩序に関しない規定と異なる意思を表示したときは、その意思に従う。

（任意規定と異なる慣習）

第92条　法令中の公の秩序に関しない規定と異なる慣習がある場合において、法律行為の当事者がその慣習による意思を有しているものと認められるときは、その慣習に従う。

（心裡留保）

第93条　意思表示は、表意者がその真意ではないことを知ってしたときであっても、そのためにその効力を妨げられない。ただし、相手方が表意者の真意を知り、又は知ることができたときは、その意思表示は、無効とする。

（虚偽表示）

第94条　相手方と通じてした虚偽の意思表示は、無効とする。

2　前項の規定による意思表示の無効は、善意の第三者に対抗することができない。

（錯誤）

第95条　意思表示は、次に掲げる錯誤に基づくものであって、その錯誤が法律行為の目的及び取引上の社会通念に照らして重要なものであるときは、取り消すことができる。

　一　意思表示に対応する意思を欠く錯誤

　二　表意者が法律行為の基礎とした事情についてのその認識が真実に反する錯誤

2　前項第二号の規定による意思表示の取消しは、その事情が法律行為の基礎とされていることが表示されていたときに限り、することができる。

3　錯誤が表意者の重大な過失によるものであった場合には、次に掲げる場合を除き、第一項の規定による意思表示の取消しをすることができない。

　一　相手方が表意者に錯誤があることを知り、又は重大な過失によって知らなかったとき。

　二　相手方が表意者と同一の錯誤に陥っていたとき。

4　第1項の規定による意思表示の取消しは、善意でかつ過失がない第三者に対抗することができない。

（詐欺又は強迫）

第96条　詐欺又は強迫による意思表示は、取り消すことができる。

2　相手方に対する意思表示について第三者が詐欺を行った場合においては、相手方がその事実を知り、又は知ることができたときに限り、その意思表示を取り消すことができる。

3　前二項の規定による詐欺による意思表示の取消しは、善意でかつ過失がない第三者に対抗することができない。

（債権等の消滅時効）

第166条　債権は、次に掲げる場合には、時効によって消滅する。

一　債権者が権利を行使することができることを知った時から5年間行使しないとき。

二　権利を行使することができる時から10年間行使しないとき。

2　債権又は所有権以外の財産権は、権利を行使することができる時から20年間行使しないときは、時効によって消滅する。

3　前二項の規定は、始期付権利又は停止条件付権利の目的物を占有する第三者のために、その占有の開始の時から取得時効が進行することを妨げない。ただし、権利者は、その時効を更新するため、いつでも占有者の承認を求めることができる。

（受領遅滞）

第413条　債権者が債務の履行を受けることを拒み、又は受けることができない場合において、その債務の目的が特定物の引渡しであるときは、債務者は、履行の提供をした時からその引渡しをするまで、自己の財産に対するのと同一の注意をもって、その物を保存すれば足りる。

2　債権者が債務の履行を受けることを拒み、又は受けることができないことによって、その履行の費用が増加したときは、その増加額は、債権者の負担とする。

（債務者の危険負担等）

第536条　当事者双方の責めに帰することができない事由によって債務を履行することができなくなったときは、債権者は、反対給付の履行を拒むことができる。

2　債権者の責めに帰すべき事由によって債務を履行することができなくなったときは、債権者は、反対給付の履行を拒むことができない。この場合において、債務者は、自己の債務を免れたことによって利益を得たときは、これを債権者に償還しなければならない。

（賃貸借の解除の効力）

第620条　賃貸借の解除をした場合には、その解除は、将来に向かってのみその効力を生ずる。この場合においては、損害賠償の請求を妨げない。

（雇用）

第623条　雇用は、当事者の一方が相手方に対して労働に従事することを約し、相手方がこれに対してその報酬を与えることを約することによって、その効力を生ずる。

（報酬の支払時期）

第624条　労働者は、その約した労働を終わった後でなければ、報酬を請求することができない。

2　期間によって定めた報酬は、その期間を経過した後に、請求することができる。

（使用者の権利の譲渡の制限等）

第625条　使用者は、労働者の承諾を得なければ、その権利を第三者に譲り渡すことができない。

2　労働者は、使用者の承諾を得なければ、自己に代わって第三者を労働に従事させることができない。

3　労働者が前項の規定に違反して第三者を労働に従事させたときは、使用者は、契約の解除をすることができる。

（期間の定めのある雇用の解除）

第626条　雇用の期間が5年を超え、又はその終期が不確定であるときは、当事者の一方は、5年を経過した後、いつでも契約の解除をすることができる。

2　前項の規定により契約の解除をしようとする者は、それが使用者であるときは3箇月前、労働者であるときは2週間前に、その予告をしなければならない。

（期間の定めのない雇用の解約の申入れ）

第627条　当事者が雇用の期間を定めなかったときは、各当事者は、いつでも解約の申入れをすることができる。この場合において、雇用は、解約の申入れの日から2週間を経過することによって終了する。

2　期間によって報酬を定めた場合には、使用者からの解約の申入れは、次期以後についてすることができる。ただし、その解約の申入れは、当期の前半にしなければならない。

3　6箇月以上の期間によって報酬を定めた場合には、前項の解約の申入れは、3箇月前にしなければならない。

（やむを得ない事由による雇用の解除）

第628条　当事者が雇用の期間を定めた場合であっても、やむを得ない事由があるときは、各当事者は、直ちに契約の解除をすることができる。この場合において、その事由が当事者の一方の過失によって生じたものであるときは、相手方に対して損害賠償の責任を負う。

（雇用の更新の推定等）

第629条　雇用の期間が満了した後労働者が引き続きその労働に従事する場合において、使用者がこれを知りながら異議を述べないときは、従前の雇用と同一の条件で更に雇用をしたものと推定する。この場合において、各当事者は、第627条の規定により解約の申入れをすることができる。

2　従前の雇用について当事者が担保を供していたときは、その担保は、期間の満了によって消滅する。ただし、身元保証金については、この限りでない。

（雇用の解除の効力）

第630条　第620条の規定は、雇用について準用する。

（使用者についての破産手続の開始による解約の申入れ）

第631条　使用者が破産手続開始の決定を受けた場合には、雇用に期間の定めがあるときであっても、労働者又は破産管財人は、第627条の規定により解約の申入れをすることができる。この場合において、各当事者は、相手方に対し、解約によって生じた損害の賠償を請求することができない。

（請負）

第632条　請負は、当事者の一方がある仕事を完成することを約し、相手方がその仕事の結果に対してその報酬を支払うことを約することによって、その効力を生ずる。

（委任）

第643条　委任は、当事者の一方が法律行為をすることを相手方に委託し、相手方がこれを承諾することによって、その効力を生ずる。

（不法行為による損害賠償）

第709条 故意又は過失によって他人の権利又は法律上保護される利益を侵害した者は、これによって生じた損害を賠償する責任を負う。

（使用者等の責任）

第715条 ある事業のために他人を使用する者は、被用者がその事業の執行について第三者に加えた損害を賠償する責任を負う。ただし、使用者が被用者の選任及びその事業の監督について相当の注意をしたとき、又は相当の注意をしても損害が生ずべきであったときは、この限りでない。

2 使用者に代わって事業を監督する者も、前項の責任を負う。

3 前2項の規定は、使用者又は監督者から被用者に対する求償権の行使を妨げない。

編著者紹介

一般社団法人日本ワークルール検定協会

〒101-0062　東京都千代田区神田駿河台 3-2-11
電話　　　　03-3254-0545
メール　　　jimukyoku @ workrule-kentei.jp
ホームページ　http:// workrule-kentei.jp/

道幸哲也（どうこう・てつなり）：日本ワークルール検定協会会長。
NPO法人・職場の権利教育ネットワーク代表。北海道大
学名誉教授。

加藤智章（かとう・ともゆき）：北海道大学名誉教授。日本ワー
クルール検定協会企画委員。

開本英幸（ひらきもと・ひでゆき）：弁護士。日本ワークルール検
定協会企画委員。

淺野高宏（あさの・たかひろ）：北海学園大学教授・弁護士。
日本ワークルール検定協会企画委員。

國武英生（くにたけ・ひでお）：小樽商科大学教授。北海道労
働委員会公益委員。日本ワークルール検定協会企画委
員。

ワークルール検定──中級テキスト（第5版）

2022 年 4 月10日　第 5 版第 1 刷発行
2023 年 10 月10日　　　　第 2 刷発行

編者　　一般社団法人日本ワークルール検定協会
著者　　道幸哲也・加藤智章・開本英幸・
　　　　淺野高宏・國武英生
装幀　　坂野公一（welle design）
発行者　木内洋育
発行所　株式会社 旬報社
　　　　〒162-0041 東京都新宿区早稲田鶴巻町 544
　　　　　　　　　　　　　　　　　中川ビル4F
　　　　TEL 03-5579-8973 FAX 03-5579-8975
　　　　ホームページ http://www.junposha.com/
印刷製本　株式会社 マチダ印刷